Heinz Lang

Spielen – Spiele – Spiel

Handreichungen für den Spielunterricht
in der Grundschule

Heinz Lang

Spielen – Spiele – Spiel

Handreichungen für den Spielunterricht in der Grundschule

„Neues" hat man vielleicht nur noch nicht entdeckt – „Altes" muss nur lange genug alt und vergessen gewesen sein, um wieder als „neu" empfunden zu werden.

Heinz Lang

hofmann.

Bibliografische Information der Deutschen Nationalbibliothek
Die Deutsche Nationalbibliothek verzeichnet diese Publikation in der Deutschen National-
bibliografie; detaillierte bibliografische Daten sind im Internet über http://dnb.d-nb.de abrufbar.

Bestellnummer 3715

© 1992 by Hofmann-Verlag, 73614 Schorndorf

5., komplett überarbeitete und stark erweiterte Auflage 2009

www.hofmann-verlag.de

Text und Zeichnungen: Heinz Lang

Druck: mediaprint – Paderborn

Printed in Germany · ISBN 978-3-7780-3715-7

Inhaltsverzeichnis

Spielen – Spiele – Spiel. Es geht los mit der Praxis 43

Ein Spiel mit Worten –
ein Wortspiel zum Spielen

Wir spielen in der Schule
Wir spielen Schule
Wir schulen Spiel

Verschulen wir das Spiel?
Verspielen wir die Schulzeit?
Hat Schule verspielt?
Haben wir in der Schule verspielt?

Wir lernen durch Spiel
Wir lernen spielend
Wir spielen lernend

Schulende Schule hat verspielt
Man kann das Spiel verlernen
Man kann das Lernen verlernen

Schule – Lernen – Spielen
Schulen lernen spielen

Von
Else Warns
‚Die spielende Klasse' (1981)
Gelnhausen: Jugenddienstverlag

Der besseren Lesbarkeit wegen werden nur die Begriffe Schüler bzw. Lehrer verwendet; es wird ausdrücklich darauf hingewiesen, dass in allen Fällen Schülerinnen und Schüler, Lehrerinnen und Lehrer gleichermaßen gemeint sind.

Vorwort

Die zentralen Aufgaben des Spielunterrichts in der Grundschule bestehen darin, dass die Schüler ...

- mit Spielpartnern und unterschiedlichen Geräten spielen und erste Spiel-Erfahrungen sammeln,
- sich ein Repertoire neuer und tradierter ‚Kleiner Spiele' aneignen

und

- über den vielfältigen Umgang mit unterschiedlichen Bällen und ‚Kleinen Sportspielen'
- die Grundlagen für die Großen Spiele schaffen.

Dabei führt die Entwicklung – in Anlehnung an einen früheren Bildungsplan –

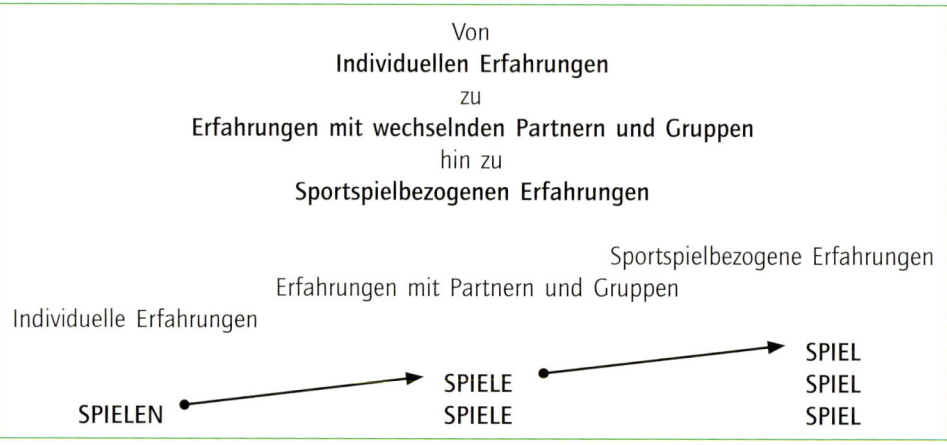

Dieses Spiele-Buch soll Lehrern in der Grundschule Anregungen für einen kind- und altersstufengemäßen Spielunterricht vermitteln und bewährte Praxisbeispiele aufzeigen.

Ganz bewusst wurde auf eine Problematisierung und ausführliche Diskussion der im Grundschulsport ablaufenden Prozesse verzichtet.

Die inhaltliche Reduktion auf fast rezeptartige Empfehlungen und auf zahlreiche direkte Hinweise, was man tun oder besser lassen sollte, kann besonders jenen eine Hilfe sein, die – mehr oder weniger gezwungenermaßen – das Fach Sport in der Grundschule ohne fundierte Ausbildung unterrichten (müssen) und die leicht verständliche und unmittelbar umsetzbare Tipps und Hilfen brauchen.

Ausgebildete Sportlehrkräfte werden viele der tradierten und bewährten Spiele und Spielformen wiedererkennen; gewiss werden aber auch sie die eine oder andere neue Anregung finden.

> **Spielen in der Grundschule muss und kann mehr sein als ‚Faul-Ei' oder das klassische ‚Völkerball'! Wir sind es den Kindern schuldig!**

Um nicht enttäuscht zu sein –
einige Bemerkungen zum Thema
SPIELEN – SPIELE – SPIEL

Wie ‚kompliziert' ist der Sport- und Spielunterricht in der Grundschule?

Den Vorgang des Unterrichtens kann man ungemein kompliziert darstellen. Man könnte ob

- unzähliger ‚Wenn-und-Aber-Situationen',
- beinahe ‚weltanschaulich' geprägter Intentionen des Sportunterrichts,
- produkt- oder prozessorientierter Vorgehensweisen,
- der sportpraktischen, sozialen, kommunikativen, interaktiven und erzieherischen … Dimensionen,
- der vielfältigen Aspekte, wie man methodisch vorgehen sollte oder auch nicht und nicht zuletzt auch
- der Interessen der Sportverbände

wegen leicht den Überblick verlieren und, als logische Folge, resignieren.

Wenn darüber hinaus unbefangene, aber interessierte Lehrkräfte auch noch erfahren, dass … „jedes pädagogische Feld demnach als eine vieldimensionale Faktorenkomplexion aufgefasst werden (muss)" … (Winnefeld), dann mag dies zwar auch für den Sportunterricht zutreffen, wird aber den Leser

- erschrecken und ihn befürchten lassen, möglicherweise niemals diesen hohen Ansprüchen gerecht werden zu können,
- am Weiterlesen hindern und ihn resignieren lassen – ein im Interesse der zu unterrichtenden Schüler sehr unerwünschtes Verhalten – und
- ihn in seiner Zurückhaltung, Sport in der Grundschule zu unterrichten, bestärken.

Dass jeder Unterricht ein komplexes Geschehen darstellt, weiß jeder Lehrer. Die vielen Schüler in Bewegung, der hohe Geräuschpegel, die große Halle, die vielen Geräte, aufkommende Emotionen und die Sicherheitsproblematik verlangen Bewältigungsstrategien, die mit Unterricht im Klassenzimmer nicht vergleichbar sind und die es nur im Sportunterricht gibt.

Diese Strategien sind aber lernbar, können in bewährte Regeln und Empfehlungen gefasst, oder, wie hier, auch als ‚Rezepte' weitergegeben werden.

‚Rezepte' sind eigentlich verpönt und gewiss nicht das Non-Plus-Ultra der Erwachsenenbildung. Eigenes Erproben, verbunden mit der Erfahrung von Erfolg und Misserfolg, stellt nach wie vor für Schüler und Lehrer eine besonders ergiebige und einprägsame Lernsituation dar. Besonders dann, wenn man bereit und in der Lage ist, seinen Unterricht kritisch zu reflektieren, zu analysieren und die richtigen Schlussfolgerungen aus dem Geschehen zu ziehen.

Warum aber sollte man nicht auf Bewährtes zurückgreifen, sich damit Umwege, Misserfolge und Ärger ersparen und so den eigenen Erfahrungsprozess beschleunigen? Dass damit automatisch eine Erfolgsgarantie für einen allseits befriedigenden Sportunterricht verbunden ist, wird niemand erwarten können.

Ein ,guter' Sportunterricht in der Grundschule findet sehr dankbare ,Abnehmer' und kann auch für nicht speziell ausgebildete Lehrkräfte mit viel Freude und Erfolg verbunden sein. Nur Mut! Wir sind es den Kindern schuldig!

> **Ein kind- und altersstufengemäßes Repertoire ist eine wichtige Grundlage für einen interessanten und erfolgreichen Sportunterricht**

Erinnern Sie sich noch, wie Sie tanzen gelernt haben? War es nicht so, dass zunächst exakt vorgegebene Schrittfolgen (die ,Pflicht') eingeübt wurden, über die man sich später, oft zunächst unbeholfen und je nach Begabung und Phantasie mehr oder weniger mutig, als man nicht mehr mit dem Problem konfrontiert war, welcher Fuß nun wohin zu setzen sei, an individuelle Kombinationsmöglichkeiten (die ,Kür') gewagt hat?!

Auch im Sportunterricht geht es für Lehrer und Schüler zunächst darum, ein **Fundamentum** im Sinne eines möglichst breiten Repertoires an Kenntnissen, Verhaltensweisen und Inhalten zu schaffen, aus dem heraus sich später eine ,Kür' entwickeln kann.

Auch deshalb finden sich hier rezeptartig Aussagen zu Organisation, Verhaltensweisen und Inhalten, die für einen durchdachten und relativ störungsfreien Sportunterricht von Bedeutung sind; wohl wissend, dass ohne Reflexion des eigenen Tuns auch die besten ,Rezepte' keinen Sinn ergeben.

> Das Buch wendet sich an all jene,
> - die sich ihrer Sache nicht ganz sicher sind und die, oft ohne spezielle Ausbildung, Sportunterricht in der Grundschule erteilen (müssen oder wollen),
> - die offen sind für Tipps und Anregungen und sich ein ,praktisches Rüstzeug' aneignen möchten – ohne gleich an einen erhobenen Zeigefinger zu denken,
> - die sich ein Repertoire schaffen und damit die Basis für einen fundierten Spielunterricht in der Grundschule legen wollen
> - oder die einfach ihre Kenntnisse auffrischen oder erweitern möchten.

Die Vorschläge orientieren sich an den Lehrplanvorgaben von Baden-Württemberg; wohl wissend, dass diese Inhalte – leicht verändert oder anders angeordnet – auch in anderen Bundesländern eine Grundlage des Spielunterrichts in der Grundschule darstellen können. Bewusst ist auf eine allzu große stoffliche Fülle verzichtet worden; zu jedem Kapitel gibt es ausführliche und ergänzende Literatur im Fachhandel.

Manche der Spiele wurden bereits von den Eltern und Großeltern der Kinder gespielt. Sie müssen deshalb nicht überholt und altmodisch sein; sie haben sich einfach bewährt! Inline-Skating war z. B. bereits zu Kaiser Wilhelms Zeiten erfunden und praktiziert worden – heute ist es eine ,moderne' Sportart. Manches muss also nur lange genug **,out'** gewesen sein, um wiederentdeckt und damit **,in'** werden zu können!

Ganz bewusst verzichtet wurde
- auf ‚modische' Spiele mit allzu großem oder teurem Materialaufwand,
- auf eine exakte Zuordnung zu den einzelnen Klassenstufen – dies ist auch gar nicht möglich,
- auf zu komplizierte Spiele,
- auf eine zu große Stofffülle
- und auf allzu viele Variationen und eine zu breite Problematisierung („Man könnte es so oder so oder aber auch so ... machen").

> Es kann einer Grundschulklasse nichts Schlimmeres widerfahren, als ein ganzes Jahr lang nur ‚Völkerball' spielen zu dürfen, müssen, sollen ...! Spielunterricht soll eine breite – vor allem koordinative – Basis schaffen im Umgang mit unterschiedlichen Spielgeräten, soll Freude bereiten und letztlich auch den ‚Großen Spielen' zuarbeiten.
> Nur der Lehrer, der über fachliche Kenntnisse und einen gesicherten Bestand an Spiel- und Übungsformen verfügt, kann beginnen zu verändern, zu variieren und zu gestalten.

Phantasie, Kreativität und die Möglichkeit, aus dem Unterricht heraus Entwicklungen zu erkennen, diese aufzugreifen und zu nutzen und vor allem auch das erfinderische Potential der Schüler mit in den Unterricht einzubeziehen, setzen voraus, dass sich der Unterrichtende frei und sicher fühlt.

Und dazu bedarf es grundlegender Kenntnisse – oder auch guter ‚Rezepte'. Der Vergleich hinkt etwas; aber lebt nicht auch eine gute Küche von überlieferten und bewährten Rezepten?!

Spielen

Spiele

Spiel

Ganz ohne ‚Theorie'
geht es nicht

Einige gutgemeinte
Ratschläge

Kompetenzen und Inhalte des Sportunterrichts in der Grundschule
(Auszug aus dem Bildungsplan 2004 Baden-Württemberg)

Am Ende des zweiten und des vierten Schuljahres werden die nachfolgend aufgeführten Kompetenzen erwartet. Dabei wird dem Lehrer bei seinen Entscheidungen, wie er diese Kompetenzen erreichen kann, ein hohes Maß an Verantwortung und an Phantasie abverlangt. Inhaltliche Aussagen macht dazu der Lehrplan nur in Ansätzen.

Klasse 2 – Kompetenzen und Inhalte

(zum **Ende der 2. Klasse** zu erreichen)

Die Schülerinnen und Schüler können

- in überschaubaren Situationen sowohl selbst initiierte als auch vorgegebene Spiele spielen;
- einzeln, mit der Partnerin oder dem Partner und in der Gruppe mit unterschiedlichen Spielgeräten, Materialien und Objekten auf vielfältige Art und Weise umgehen und spielen.

Die Schülerinnen und Schüler

- verfügen über ein Repertoire „Kleiner Spiele" (Platzsuchspiele, Platzwechselspiele, Fangspiele, Symbolspiele, darstellende Spiele, kooperative Spiele, Vertrauens- und Wahrnehmungsspiele),
- lernen Regeln kennen, können sie einhalten und bei Bedarf verändern.

Klasse 4 – Kompetenzen und Inhalte

(zum **Ende der 4. Klasse** zu erreichen)

Die Schülerinnen und Schüler können

- komplexe Spielideen verstehen und Spiele selbstständig organisieren;
- Spielregeln akzeptieren, verändern, erfinden und alle Mitspielerinnen und Mitspieler in das Spiel einbeziehen.

Die Schülerinnen und Schüler

- verfügen über ein großes Repertoire gängiger Spiele (Fang-, Kraft-, Gewandtheits-, Wett- und kleine Sportspiele);
- beherrschen grundlegende Verhaltensweisen im Umgang mit unterschiedlichen Spielgeräten;
- lernen und üben Spielfertigkeiten wie Werfen, Fangen, Prellen, Dribbeln, Zuspielen, Annehmen, Abwehren, Schießen und Schmettern und können diese in altersgemäßen Formen der zielorientierten Spiele und Rückschlagspiele anwenden.

Bewegung, Spiel und Sport
in der Grundschule

... am Beispiel des Bildungsplans 2004, Grundschule, Baden-Württemberg (z. T. wörtlich zitiert)

Der Fächerverbund ‚Bewegung, Spiel und Sport' gliedert sich im Grundschul-Bildungsplan von Baden-Württemberg in

zwei Bewegungs- und Erfahrungsfelder

in das

Bewegungs- und Erfahrungsfeld

‚Grundformen der Bewegung'

mit den fünf Teilbereichen
- ‚Auseinandersetzung mit dem eigenen Körper, mit Materialien, Objekten und Kleingeräten' (z. B. Tanz, Gymnastik, Üben und Spielen mit vielfältigen Kleingeräten ...),
- ‚Laufen, Werfen und Springen' (Leichtathletische Grundformen, auch als Grundlagen für zahlreiche andere Sportarten),
- ‚Sich bewegen am Boden, an Großgeräten und in der natürlichen Umgebung' (Mit vielfältigen Turngelegenheiten das Bewegungsrepertoire erweitern und typisch turnerische Bewegungsformen erlernen),
- ‚Spielen und sich bewegen im Wasser' (Lernen, sich im Wasser sicher und ökonomisch zu bewegen)

und zusätzlich in den Schuljahren 3 und 4
- ‚Sich bewegen in weiteren Bewegungs- und Erfahrungsfeldern' (Freiraum zum Kennenlernen neuer Spiel- und Bewegungsmöglichkeiten; auch auf der Ebene des außerschulischen Sports).

und in das

Bewegungs- und Erfahrungsfeld

‚Spielen – Spiel'

Im Bewegungs- und Erfahrungsfeld ‚Spielen - Spiel' erweitern die Kinder ihre

- grundlegende Spielfähigkeit und
- soziale Handlungsfähigkeit.

Die Kinder erwerben in diesen Erfahrungsfeldern **fachliche** und **übergreifende** Kompetenzen.

Einige zentrale Aufgaben des Fächerverbundes ‚Bewegung, Spiel und Sport'

Bewegung ...

- ist elementares Prinzip allen Lernens in allen Fächern und Fächerverbünden (Lernen durch, mit und über Bewegung als zentrales Unterrichtsprinzip);
- lässt vieles aus den anderen Fächern besser ‚begreifen': Texte, Strukturen, Räume, Mengen, Maße, geometrische Formen, naturwissenschaftliche Phänomene ...;
- ist unabdingbar für die körperliche und geistige Entwicklung im Kindes- und Jugendalter und trägt darüber hinaus zum Wohlbefinden bei;
- bietet Anlass für kreatives Handeln, z. B. über Rhythmus, Sprache (Bewegungsgeschichten) oder Musik und wird über ihren Ausdruck zu einem Baustein der ästhetischen Erziehung;
- hilft, den eigenen Aktionsradius zu erweitern und sich die Umgebung (z. B. auch über außerschulische Lernorte) zu erschließen.

Bewegungs-, Spiel- und Sportunterricht ermöglicht unter anderem ...

- Lernmöglichkeiten im Umgang mit Partnern, Gegnern, mit Sieg und Niederlage, Gewinn und Verlust, Rollenzuweisungen und Regeln in einem sozialen Handlungs- und Lernfeld von Miteinander, Füreinander, Gegeneinander und Voneinander;
- den bzw. die Mitspieler als Partner und Gegner kennen zu lernen, sie zu respektieren, ihnen zu helfen und für ihre körperlichen Probleme oder Vorzüge Verständnis aufzubringen;
- den Kindern ein differenzierteres Verstehen der Bewegungspotentiale ihres Körpers und der sie umgebenden Umwelt;
- selbstständig in den Dialog mit der Umwelt einzutreten und sich und seine Reaktionen auf Ereignisse besser kennen zu lernen;
- das Kennenlernen zahlreicher freudvoller Spiel- und Bewegungsmöglichkeiten;
- festgefügte Bewegungsmuster zu verlassen und diese unter veränderten Lernbedingungen zu variieren, erproben, erweitern und zu gestalten;
- selbstständiges Handeln, Erfinden, Abwandeln und Entdecken;
- die Erkenntnis, dass man durch konsequentes Üben Erfolge erzielen und die eigene Leistungsfähigkeit verbessern kann;
- sicheres Wahrnehmen, Entscheiden und Handeln und trägt so über eine fundierte Schulung koordinativer Fähigkeiten auch zur Sicherheit im täglichen Bewegungsleben bei (z. B. im Straßenverkehr, beim Fahrrad fahren ...);
- hilft Aggressionen zu vermeiden oder sie besser zu beherrschen;
- ...

> Dies können gewichtige Argumente für einen regelmäßigen Sportunterricht in der Grundschule sein gegenüber Schulleitung, Kollegium oder (einzelne) Eltern, wenn die Sportstunden wieder einmal ausfallen sollten.

Ziele des Spielunterrichts in der Grundschule

Vier übergeordneten Zielen, die mit, durch und über Schulsport erreicht werden sollen, kommt ganz besondere Bedeutung zu. Sie zeigen, was alles im Spielunterricht ‚steckt' und welche erzieherischen Möglichkeiten der Lehrkraft gegeben sind.

Sporttreiben lernen und können –
Die Könnensebene

- Unterschiedliche Spiele kennen lernen, deren Sinn und den Ablauf verstehen.
- Die für ein Spiel notwendigen technischen Fertigkeiten lernen und beherrschen können (z. B. einen Ball sicher prellen, fangen und werfen oder ein Indiaca schlagen können ...) und vielfältige motorische Erfahrungen sammeln.
- Spielsituationen begreifen und durchschauen, Spielaufgaben zum eigenen Vorteil und dem der Gruppe/Mannschaft lösen können, Spielgedanken verstehen und Spielideen umsetzen können.
- Eigene Spielideen entwickeln, sie formulieren und auch außerhalb von Schule und Verein umsetzen können.
- ...

Durch Bewegung, Spiel und Sport unmittelbare Erfahrungen machen –
Die Erfahrungs- und Erfahrensebene

- Sich an gemeinsames Spielen gewöhnen (im Miteinander und Gegeneinander).
- Erfahrungen machen mit den eigenen körperlichen Möglichkeiten, dem eigenen Können und den psychischen Befindlichkeiten.
- Erfahren, dass man durch Übung ‚besser' werden kann.
- Im Spiel erfahren, dass andere Schüler ‚besser' oder auch ‚schlechter' sein können – und damit umgehen können.
- Mit dem ‚Siegen' und ‚Verlieren' umgehen können.
- Die eigenen Grenzen und Besonderheiten kennen lernen.
- Vorlieben entwickeln.
- ...

Wissen erwerben – *Die Regelebene*

- Die wichtigsten Regeln der Spiele erfahren, verstehen, einhalten und ggf. sinnvoll verändern können.
- Gefahrenquellen kennen lernen und zu vermeiden wissen.
- Den Mitspielern ein Spiel erklären können.
- Ein Spiel leiten können.
- ...

Haltungen, Einstellungen und Gewohnheiten entwickeln – *Die Soziale Ebene*

- Verständnis für den schwächeren Mitspieler aufbringen bzw. ihm helfen, seine Schwäche zu überwinden oder auszugleichen.
- ‚Fair' sein und Rücksicht nehmen auf andere.
- Ehrlich sein, wenn es darum geht, Fehler zuzugeben und sich keine Vorteile auf Kosten anderer ‚ergaunern'.
- Unliebsame Entscheidungen des Schiedsrichters – auch wenn dies ein Mitschüler ist – akzeptieren.
- Differenzen und Konflikte angemessen austragen.
- Verlieren ohne enttäuscht zu sein oder wütend zu werden, aber auch gewinnen können, ohne sich allzu wichtig zu nehmen.
- ...

Zusammengefasst:

HANDLUNGSKOMPETENZ

beinhaltet

Physische Leistungsgrundlagen	Kognitive Kompetenz
Technomotorische Fertigkeiten	Interaktionskompetenz
Taktische Fähigkeiten	Emotional-affektive Kompetenz

Soziale Kompetenzen

Das Erfahrungsfeld ‚Spielen – Spiel' lässt unterschiedliche Gestaltungsmöglichkeiten zu

Spielen (lassen)

Im Mittelpunkt stehen
- Erlebnis, Faszination, Freude.
- Individuelles Spielen oder Spielen in der Gemeinschaft.
- Begegnung mit anderen.
- Geselligkeit.
- Kreativität, Spontaneität, Phantasie.
- Selbstständiges Entdecken, Erfahren, Verändern, Wiederholen von Spiel-situationen.
- Selbstständiges Leiten und Entscheiden.

Ein Spiel unterrichten

Ein Lernprozess wird vom Lehrer initiiert:
- Ein neues und unbekanntes Spiel wird eingeführt.

Gefördert, gelehrt oder initiiert werden
- Spielfähigkeit (Spielverständnis, Regel-kenntnis ...),
- Spielfertigkeiten (z. B. spieltypische technische Fertigkeiten und taktische Fähigkeiten),
- Kondition und Koordination.

Spielen miteinander

z. B.:
- Ein ‚Sieger' wird nicht ermittelt.
- Miteinander spielen, ‚einfach so'; z. B. mit einem Ball, einem Seil, mit Feder-ball und Badmintonschlägern – ohne die Punkte zu zählen!
- Sich einen Gegenstand (Ball) zuspielen und dabei alle gleichermaßen ins Spiel mit einbeziehen.
- So spielen, dass die Mitspieler den gespielten Ball erreichen, dieser im Spiel bleibt und das Spiel über eine längere Zeit hinweg gelingt (‚Miteinan-der spielen' – nicht gegeneinander)
- Nicht unbedingt ‚siegen' müssen!

Spielen gegeneinander

z. B.:
- Gegeneinander! Wettbewerb! Überbie-tung! Das bedeutet:
  - sich gegenseitig ausspielen, umspie-len, Finten einsetzen, schneller und besser sein als der Gegenspieler;
  - so spielen, dass der ‚Gegner' es schwer hat, an den Ball zu kommen oder einen Treffer zu erzielen;
  - alle erlaubten Regeln nützen, um für sich oder die eigene Mannschaft Vorteile zu erringen;
  - einen Sieger und einen Verlierer ermitteln
  - ...

SPIELEN UND ÜBEN

sind zwei typische Merkmale und Inhalte des Spielunterrichts.
Sie müssen angemessen gewichtet werden!

Organisation ist – fast – alles!

Wie ein Spiel vorbereitet werden kann
ein (fast immer passendes) 6-Punkte-Programm

Möglichst alle Materialien	... bereits **VOR dem geplanten Spiel bereitstellen oder bereithalten** (z. B. an der Hallenwand, wo sie nicht stören). Die eleganteste Lösung: Notwendige Materialien wie Parteibänder, Bälle, Markierungshütchen, Male oder Kastenteile ... möglichst bereits in den Stundenbeginn integrieren.
Die Spielidee	... mit ganz **wenigen** und besonders **wichtigen Spielregeln** erklären, um das Spiel zu starten und dem Spiel einen möglichst attraktiven **Namen** geben, damit es die Kinder später wiedererkennen. Je nach Verlauf des Spiels können diese Regeln (durch die Schüler oder den Lehrer) verändert, differenziert, angepasst oder ergänzt werden.
Spielgruppen	... bilden. **Nicht wählen lassen!** Es gibt andere, viel elegantere und bessere Möglichkeiten. Siehe Seite 31 ff.
Spielmodus	... festlegen. Wie lange geht das Spiel? Wann und unter welchen Bedingungen ist das Ziel des Spiels erreicht? Was ist erlaubt? Was ist nicht erlaubt? Wie werden Regelübertretungen geahndet? Auffälligkeiten im Spielverlauf können Anlass für eine – möglichst durch die Schüler selbst – neu zu erstellende Regel sein!
Das Spielfeld	... festlegen. Als Spielfeldgrenzen nehmen wir vorhandene (Hallen-)Linien, Markierungshütchen, Markierungen aus Weichplastik, Matten (z. B. als Start- und Zielmarkierungen für Staffelspiele), ausgelegte Seilchen oder Taue. **Wichtig: Das Ziel (z. B. bei allen Laufspielen) darf NIE die Wand sein! Das Ziel kann z. B. eine weit genug von der Wand entfernte Linie darstellen (Einen ‚Auslauf' zum Abbremsen ermöglichen)! Alle Spielfeldgrenzen müssen weit genug von der Wand entfernt sein.**
Die Spielleitung	... – sofern notwendig – klären. Der Lehrer selbst, Schüler, vom Sport befreite oder verletzte Schüler, Lehrer unter Assistenz von Schülern ... können ein Spiel leiten.

Alle sechs Punkte lassen sich unter Einbeziehung der Ideen und Vorschläge der Schüler gestalten. Diese Chance sollte möglichst intensiv genutzt werden!

Woran man DENKEN sollte
... und was man WISSEN muss!
einige Beispiele

Kein zu schneller Wechsel der Spiele

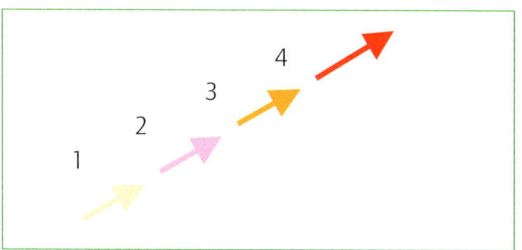

Ein Spiel sollte mehrmals wiederholt – und ggf. variiert werden, um darin wirklich ‚heimisch' zu werden und es sich zu ‚erspielen'. Die ersten Versuche dienen vor allem dazu, sich die wichtigsten Regeln zu eigen zu machen. Erst nachfolgende Wiederholungen ermöglichen taktisches Denken und Handeln.

Genügend Zeit einplanen

In den letzten drei Minuten der Stunde lässt sich kein Spiel mehr organisieren! Die Schüler sollten ein Spiel mindestens einmal wiederholen, um sich z. B. für eine Niederlage ‚revanchieren' zu können! Auf keinen Fall sollte das Spiel mitten im Geschehen wegen der Pausenklingel abgebrochen werden müssen!

Optimale Spielintensität für alle anstreben

So möglichst nicht!

- In mehreren Kleingruppen arbeiten (z. B. bei Staffeln).
- Mehrere Gruppen gleichzeitig spielen lassen (z. B. kleine Spielfelder quer zur Halle aufbauen).
- Lange Wartezeiten vermeiden.
- Mehrere Spielgeräte, Stationen, Bälle, Fänger ... gleichzeitig einsetzen.
- ‚Überzählige', abgetroffene, ausgeschiedene ... Spieler so schnell wie möglich wieder einwechseln (ein vom Sport befreiter Schüler kann ein ‚Zeitwächter' sein, der das Einwechseln regelt).

Kein Schüler soll (für längere Zeit) ausscheiden müssen!

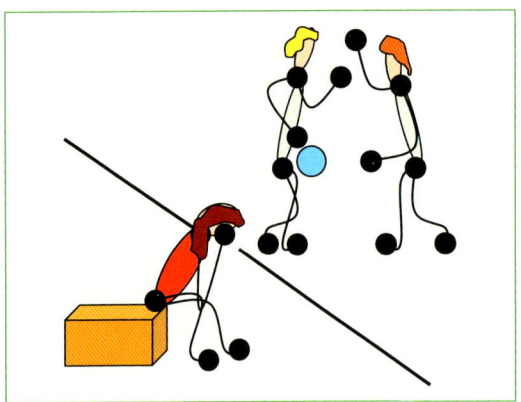

Es gibt Spiele, bei denen vor allem die schwächeren Mitspieler gleich zu Beginn und dann für lange Zeit oder bis zum Spielende ausscheiden müssen. Diese Spiele sollten so verändert werden, dass
- ein Ausscheiden nicht notwendig wird oder
- der Spieler schnell wieder eingewechselt werden kann!

Variieren verändert ein Spiel

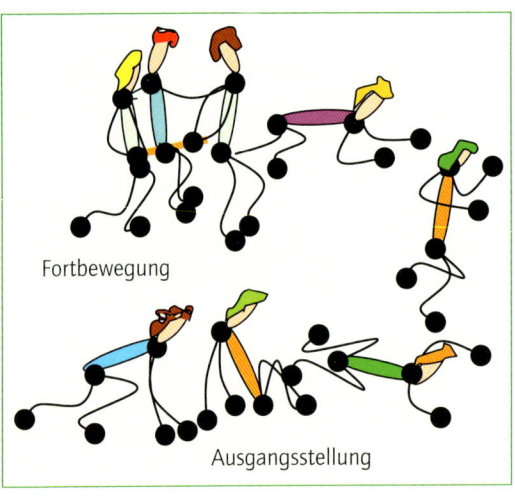

Fortbewegung

Ausgangsstellung

Variieren kann man z. B.
- die Anzahl der Mitspieler,
- die Anzahl der Fänger,
- die Spielfeldgröße,
- die Laufwege,
- die Art der Ausgangsstellung,
- die Art der Fortbewegung,
- die zu erledigenden Aufgaben ...

Damit ändert sich meist auch die Struktur des Spiels; es kann schneller oder langsamer, komplexer oder überschaubarer, langweiliger oder spannender werden.

Spannend sollen/müssen die Spiele sein

Spannend kann ein Spiel dann werden, wenn der Ausgang ungewiss ist; wenn man sich also nicht sicher sein kann, ob man

- gewinnen oder verlieren wird,
- gefangen wird oder nicht,
- treffen oder daneben schießen wird,
- getroffen wird oder noch ausweichen kann,
- einen Ball noch erwischt oder ihn durchlassen muss ...

Erfolg – möglichst für alle – macht ein Spiel erst ‚schön'

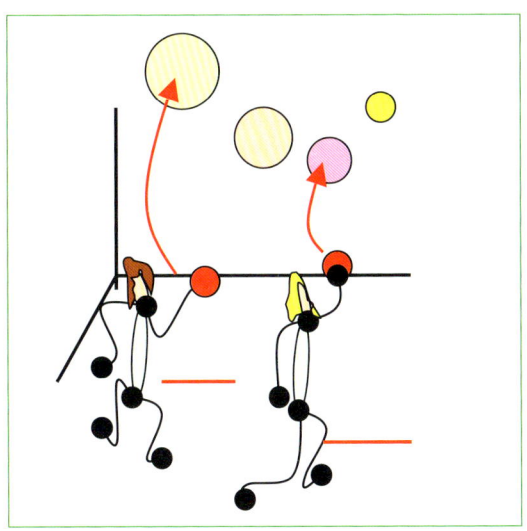

Wer bei Spiel und Sport immer zu den Verlierern gehört, ist frustriert und entzieht sich deshalb oft auf Dauer der Bewegung.

Das Spielgeschehen sollte so gestaltet werden, dass nicht immer die gleichen Schüler Erfolge oder Misserfolge erleben. Man kann z. B.

- Ziele, die zu treffen sind, in verschiedenen Größen anbieten;
- die Tore bzw. Ziele groß genug gestalten, um möglichst vielen Mitspielern einen Treffer zu ermöglichen. Ein Spielstand von 10:12 ist ein besseres Ergebnis als 1:0, weil mehr Schüler die Gelegenheit hatten, einen Treffer zu erzielen;
- Handicaps' für allzu ‚gute' Schüler einbauen (diese müssen z. B. mit ‚links' werfen ...);
- den Spielerfolg (z. B. bei einer Staffel) nicht nur vom Können abhängig machen, sondern auch vom Zufall, vom Glück, vom Geschick (es muss z. B. der zuletzt angekommene Läufer eine 6 würfeln, damit die Staffel gewinnt).

Spiele können auch von Schülern verändert oder neu erfunden werden

Schüler können und müssen in alle Phasen der Spielgestaltung mit einbezogen werden. Phantasievolle Vorschläge und Ideen entwickeln die Spiele weiter, bieten gute Gesprächsanlässe und erweitern das Regelwerk. Die von den Schülern selbst festgelegten Regeln werden erfahrungsgemäß viel konsequenter eingehalten.

‚Stärkere' Schüler bekommen mehr ‚Pflichten'

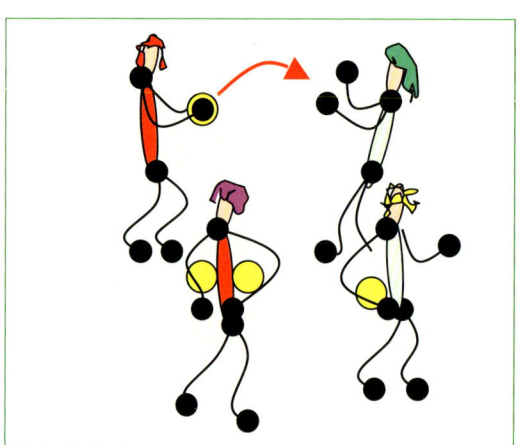

Von ihnen wird erwartet, dass sie z. B.
* besonders ‚fair' spielen,
* regelgerecht spielen (ohne Sonderregeln),
* den ‚schwächeren' Mitspielern helfen,
* ihr Wissen und Können (etwa aus dem Vereinssport) ihren schwächeren Mitschülern vermitteln,
* Leistungen anderer – vor allem der weniger sportlichen Mitspieler – anerkennen,
* ...

‚Schwächere' Schüler bekommen zusätzliche ‚Rechte'

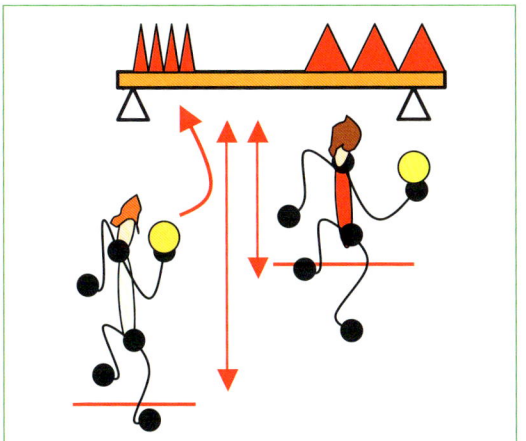

Gerade auch diesen Schülern müssen Erfolgserlebnisse vermittelt werden; selbst auf die Gefahr hin, dass sie sich ihrer Sonderrolle (allzu) bewusst werden. So ...

- dürfen sie den Ball mit beiden Händen fangen,
- können sie beim Zielwerfen auf größere Ziele oder aus geringerer Distanz werfen
- oder auf ein größeres Tor spielen,
- gelten für sie gemeinsam gefundene und vereinbarte Regelerleichterungen
- ...

Klare Kennzeichnung der Spielgruppen und der Fänger ...

Es eignen sich Mannschaftsbänder (die aber auf keinen Fall nur um den Hals geschlungen werden dürfen – Gefahr des Strangulierens!) in unterschiedlichen Farben, spezielle Mannschaftstrikots, die Sportkleidung (lange ‚gegen' kurze Hosen,) usw.

Fänger lassen sich sehr gut mit einer Mütze oder einem Hut kennzeichnen oder auch mit einem Ball, einem Band, einem Trikot, das sie in der Hand tragen.

Wichtig ist, dass diese Gegenstände, z. B. bei einem Wechsel des Fängers, schnell weitergereicht werden können und das Spiel nicht unnötig verzögert wird.

Eindeutige Organisationsformen schaffen

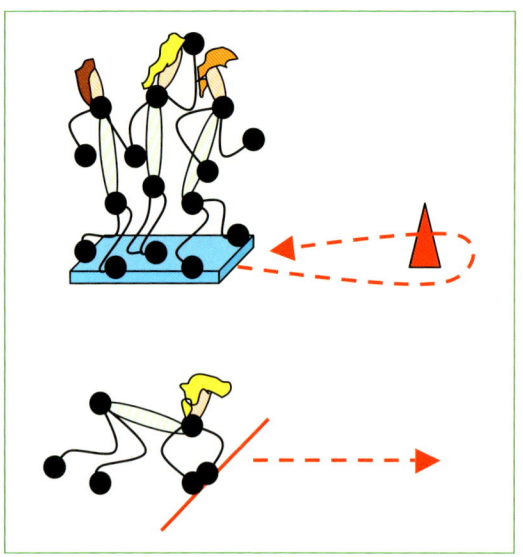

Damit ein Spiel gelingt, bedarf es eines eindeutigen und für alle verbindlichen Rahmens, der, vor allem bei Vergleichen, unbedingt eingehalten werden muss. Notwendige Fachbegriffe (wie Innen- oder Außenstirnkreis, Reihe, Linie, usw.) müssen den Kindern bekannt sein. Eindeutig festgelegt werden müssen z. B. auch

- die Spielfeldgrenzen (mit einem ausreichenden Sicherheitsabstand zur Wand),
- eindeutige Start- und Zielmarkierungen bei Staffeln,
- Matten, Hütchen usw. als Orientierungshilfen,
- Laufwege,
- Aufstellungsformen im Kreis, in der Reihe, in einer Linie, frei in der Halle
- ...

(Möglichst) objektive Spielentscheidungen treffen

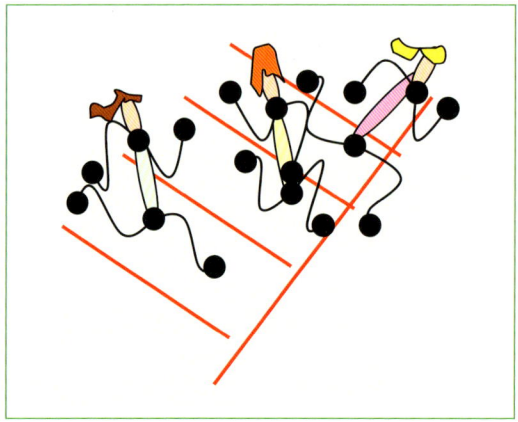

Eindeutig festlegen,
- **wann** ein Spiel zu Ende ist (z. B. nach 10 Minuten, nach Erreichen von 10 Punkten, nach 3 Durchgängen, wenn alle Spieler gefangen sind ...),
- **wo,** z. B. bei Staffeln, gestartet oder gewendet wird,
- **wie** die Ablösung erfolgen soll,
- **welche** Grenzen einzuhalten sind,
- **wo** das Ziel ist,
- **was** erlaubt bzw. nicht erlaubt ist,
- **welche** Sanktionen bei einem Regelverstoß getroffen werden müssen,
- ...

Eine ganze Reihe von Tipps finden sich in den betreffenden Abschnitten dieses Buches.

Manche Spiele eignen sich mehr für die Halle und weniger für das Freigelände

Z. B. rollen bei Jägerball- und Völkerball-spielen im Freien bei Fehlwürfen die Bälle weit weg und müssen umständlich geholt werden. Langeweile – und damit Unruhe – kann entstehen, da die Spiel-intensität zu gering wird.

Möglichst viele Spiele sollten allerdings, sofern sich dies ermöglichen lässt, im Freien gespielt werden.

Schüler können und sollen bei der Vorbereitung, bei der Durchführung und beim Aufräumen helfen

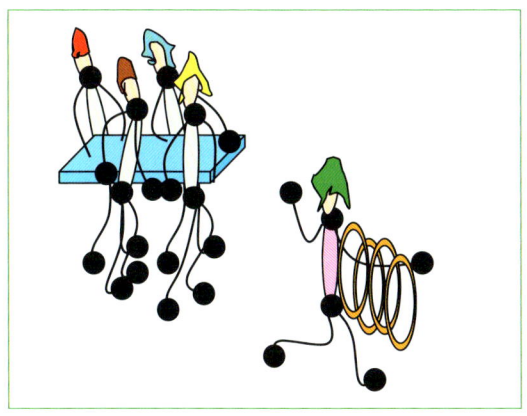

- Beim Auf- und Abbau der Spielfelder (ggf. anhand eines Plans);
- beim Bereitstellen und Wegräumen der notwendigen Materialien;
- als Schiedsrichter, Punkt- oder Linien-richter, Zeitnehmer ...

Sie müssen genau angewiesen werden, wer, zusammen mit wem, welche Tätig-keiten auszuführen hat und sie müssen wissen, wie Geräte zu handhaben sind.

Spiele können in jeder Phase der Sportstunde eingesetzt werden

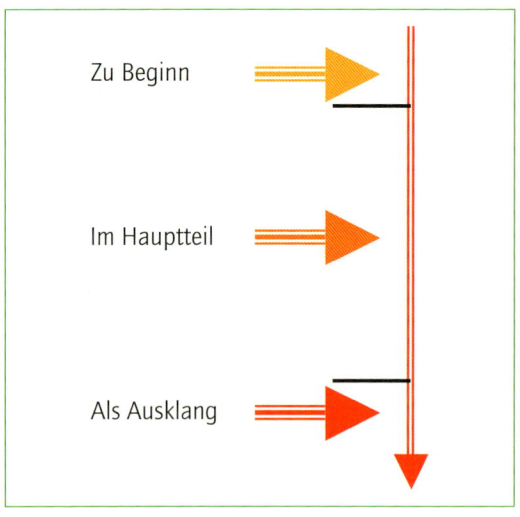

- **Zu Beginn der Unterrichtsstunde** als freudvoller Beginn, Einstimmung, Erwärmung;
- **im Hauptteil** als reine Spielstunde, in der ein neues Spiel erlernt wird, in der bekannte und beliebte Spiele gespielt werden ...,
- **als Ausklang** der Unterrichtsstunde. ,Beruhigende' Spiele wird man dann wählen, wenn nachfolgend eine Arbeit geschrieben wird oder die Kinder stark belastet waren; ein körperlich belastendes oder aufregendes Spiel eher dann, wenn der Hauptteil der Stunde nicht sehr anstrengend war, vor der großen Pause oder am Ende des Vormittags.

Mit Spielen kann man unterschiedliche Ziele verfolgen

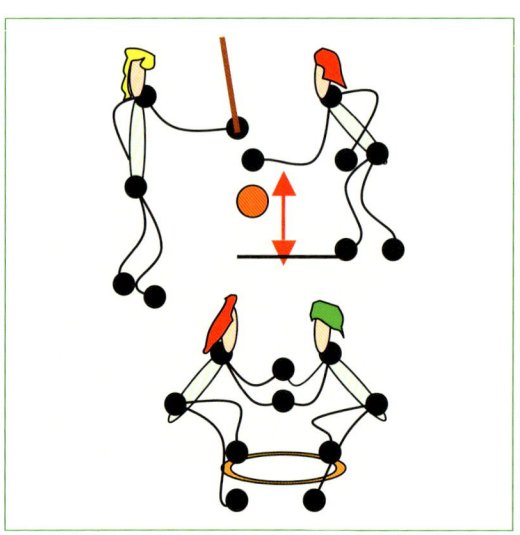

Zum Beispiel kann man
- die ,Großen Sportspiele' in ihren Grundstrukturen vorbereiten,
- Kraft, Ausdauer, Schnelligkeit (Reaktion), Geschicklichkeit, Gewandtheit schulen,
- sportliche Techniken erwerben (werfen, fangen, pritschen, schmettern, dribbeln, prellen ...),
- taktische Kompetenzen erwerben,
- soziale Verhaltensweisen im Umgang mit Regeln, Mitspielern und ,Gegnern' ... einüben oder
- sich und anderen einfach eine Freude bereiten.

Gruppen und Mannschaften bilden

Einige Grundsätze sollte man dabei immer beachten:

- Beim ‚Miteinander' dürfen durchaus auch Freunde zusammengehen.
- Beim ‚Gegeneinander' sollte die (Spiel)Stärke in etwa ausgeglichen sein – es hat keinen Sinn, nur die ‚Guten' gegen die ‚Schwachen' spielen zu lassen.
- **Kein Schüler darf bei der Gruppenbildung diskriminiert werden! Nicht, oder zuallerletzt ‚gewählt' zu werden, ist für einen Schüler ein öffentliches Zur-Schau-Stellen seiner Unfähigkeit und Unbeliebtheit. Wer freut sich schon darüber!?**
- Auch bei der besten Organisation bleibt manchmal ein Schüler übrig. Hier ist die Lehrkraft gefordert, ihn ‚unterzubringen'.
- **Alles was ein Lehrer tut, um Gruppen zu bilden, ist besser als ‚wählen lassen'!!** Bei Ungereimtheiten muss er sich die letzte Entscheidung vorbehalten.

Es gibt kein garantiert funktionierendes ‚Rezept', um Gruppen oder Mannschaften zu bilden – es gibt aber einige Möglichkeiten, diesen Vorgang für Lehrer und Schüler relativ stressfrei zu bewerkstelligen.

Paarbildung

- Alle laufen kreuz und quer durch die Halle. Auf ein Zeichen hin (Klatschen, Musikstopp …) in Zweiergruppen zusammengehen.
- Die Schüler spielen und üben (z. B.) mit roten und blauen Gymnastikbällen. Es geht immer ein Schüler mit einem blauen Ball zu einem Schüler mit einem roten.
- Gleich zu Beginn der Stunde bekommen die Schüler von der Lehrkraft ein rotes oder ein blaues Band umgehängt. Schüler mit einem roten und einem blauen Band gehen zusammen.

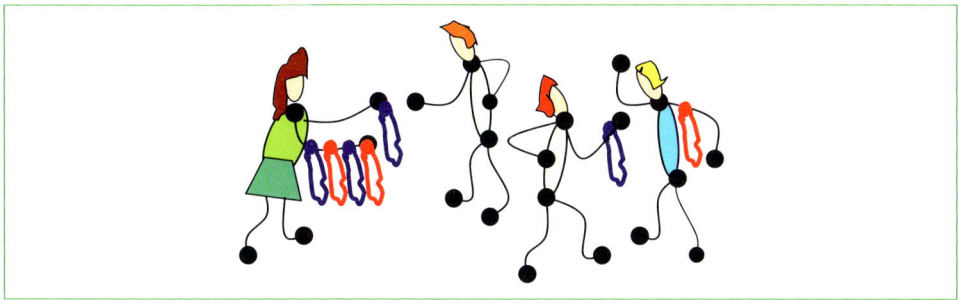

- Fangspiel: ‚Paarfangen'. Ein zuvor bestimmtes Schülerpaar beginnt (mit Handfassung) die anderen zu fangen. Wer gefangen wurde, schließt sich an. Ist das erste Fängerpaar zur Viererkette geworden, teilt sich diese; nun fangen zwei Paare … Die Paare bleiben am Schluss beieinander.

Klassenteilung (2 gleich große Gruppen)

- Alle laufen kreuz und quer durch die Halle. Auf ein Zeichen hin (Klatschen, Musikstopp …) in Zweiergruppen zusammengehen. Einer der beiden Schüler stellt sich auf die rechte, der andere auf die linke Seite des Spielfeldes bzw. der Halle.
- Die Schüler spielen und üben mit roten und blauen Gymnastikbällen. Alle Schüler mit roten Bällen stellen sich nach links, alle mit blauen Bällen nach rechts.

- Gleich zu Beginn der Stunde (z. B. wenn die Schüler die Halle betreten) bekommt jeder ein rotes oder ein blaues Band umgehängt. Schüler mit roten Bändern stellen sich nach links, alle mit blauen Bändern nach rechts.
- Fangspiel: Der Fänger hat ein rotes Band um. Gelingt es ihm, einen Mitspieler abzuschlagen, geht dieser zur Lehrkraft, bekommt dort ein blaues Band und hilft dem Fänger. Der nächste ‚Gefangene' bekommt wieder ein rotes Band ... usw. bis niemand mehr übrig ist. Schüler mit roten Bändern stellen sich nach links, alle mit blauen Bändern nach rechts.

Gruppenbildung

- Alle laufen kreuz und quer durch die Halle. Auf ein Zeichen hin (Klatschen, Musikstopp ...) in Dreier-, Vierer- oder Fünfergruppen zusammengehen und eine vorgegebene Aufgabe erledigen (z. B. alle liegen nebeneinander, halten sich an den Händen, nur vier Füße dürfen den Boden berühren, alle vier Schüler sitzen/stehen hintereinander ...). Die Gruppen bleiben zusammen.

- Die Lehrkraft bestimmt z. B. 4 Schüler, die etwa gleich ‚stark' sind. Alle anderen verteilen sich hinter diesen Schülern ‚gleichmäßig' (gelegentlich muss hier die Lehrkraft ausgleichen).

- Eine Klasse mit z. B. 24 Schülern bekommt Gymnastikbälle (oder Bänder) in 4 verschiedenen Farben. Damit lassen sich verschiedene Gruppen bilden:
  - *Sechsergruppen:*
    Alle (gleichen) Farben gehen zusammen.
  - *Zweiergruppen:*
    Immer zwei unterschiedliche Farben gehen zusammen.
  - *Vierergruppen:*
    In jeder Gruppe muss ein Ball oder ein Band von jeder Farbe sein.
  - *2 gleich große Gruppen:*
    Rot und Grün gehen auf die eine, blau und gelb auf die andere Seite.

- Die Schüler sitzen nebeneinander auf einer Bank und zählen laut 1-2-3-4 … 1-2 … Jeder merkt sich seine Zahl. Alle 1er – 2er – 3er – 4er – gehen zusammen und bilden jeweils eine Gruppe/Mannschaft.

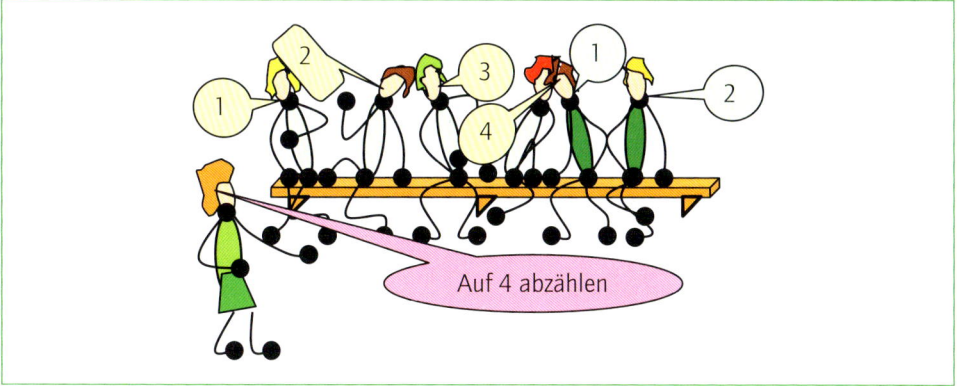

- Jeder Schüler darf ‚blind' in ein Säckchen greifen, in dem sich beschriftete (Filzschrift) Tischtennisbälle, Bierdeckel oder Zettel (z. B. mit den Zahlen 1–24 bei entsprechender Schülerzahl) befinden. 1-2-3 gehen zusammen; 4-5-6 gehen zusammen … so ergeben sich Dreiergruppen. Die entnommenen Tischtennisbälle usw. müssen, wenn die Wahl beendet ist, wieder zurückgelegt werden.

- Wie oben. Auf diese Weise lassen sich auch Paargruppen, zwei gleich große Gruppen (alle geraden/ungeraden Zahlen; 1-12/13-24 gehen zusammen) und andere Formationen nach dem Zufallsprinzip organisieren.
- Wie oben. Es ist denkbar, dieses Prinzip nach jedem neuen Spieldurchgang zu praktizieren. So kommen auf diese Weise immer wieder neue Konstellationen (Mannschaften) zustande; Unzufriedene wissen, dass bald wieder neu ‚gemischt' wird.
- In der Halle verteilt liegen beschriftete Bierdeckel (1-24) mit den Ziffern nach unten. Die Schüler laufen durcheinander, überspringen die Bierdeckel, spielen damit ‚Bäumchen wechsle dich' ... Zuletzt darf jeder einen Bierdeckel aufheben. Gruppenbildung (Siehe oben).
- Recht elegant lassen sich im Sportunterricht Gruppen bilden, indem zum Beispiel Spielkarten (As - König - Dame - Bube - 10 - 9) der verschiedenen Farben (Kreuz/Pik/Herz/Karo) ausgeteilt werden.
  - Gehen die entsprechenden **Farben** (also alle Kreuz, Pik usw.) zusammen, wäre in unserem Beispiel eine Klasse mit 24 Kindern in 4 Gruppen mit je 6 Schülern aufgeteilt. ‚Gruppenleiter' bzw. Ansprechpartner wird dann das Kind, das den König (z. B. bei den Buben) oder die Dame (z. B. bei den Mädchen) gezogen hat.
  - Gehen die entsprechenden **Werte** (also alle Asse, Könige usw.) bei einer gleich großen Klasse (24 Schüler) zusammen, hätte man in diesem Fall 6 Gruppen mit je 4 Schülern. ‚Gruppenleiter' bzw. Ansprechpartner wird das Kind, das die höchste Farbe in der Reihenfolge Kreuz-Pik-Herz-Karo gezogen hat (z. B. das Kreuz-As bei der Gruppe der Asse, der Kreuz-König bei der Gruppe der Könige usw.).

Dieses System lässt sich auf alle Klassengrößen anwenden; auch dann, wenn die Schülerzahl ungerade ist – dann bekommt eben eine Farbe eine Karte mehr oder einen ‚Joker', der dann Schiedsrichter, Helfer usw. sein darf.

Weitere Möglichkeiten

- Trennung bzw. Zusammengehen nach den Geburtsmonaten (Januar–Juni in Gruppe 1, Juli–Dezember in Gruppe 2).
- Trennung nach Kleidern (lange Hosen/kurze Hosen).
- Trennung nach Anfangsbuchstaben des Vornamens (A–K in Gruppe 1, L–Z in Gruppe 2).
- ‚Der Zufall will es'! Kreisaufstellung. Die Spielführer stehen mit verbundenen Augen (sie werden zunächst einige Male um die eigene Achse gedreht) in der Kreismitte und zeigen nacheinander nach außen auf einen Schüler. Dieser wird Teammitglied.

Bei extremer Unausgewogenheit muss der Lehrer ausgleichen

Wie lange sollen Gruppen und Mannschaften bestehen bleiben ?

Es ist durchaus zweckmäßig, Gruppen oder Mannschaften über eine längere Zeit beieinander zu lassen.

Einige Vorteile:

- Die Gruppenmitglieder lernen so, sich und ihre Stärken (oder auch ihre Schwächen) besser zu kennen.
- Es entsteht ein erwünschtes motivierendes ‚Wir-Gefühl', das zu spannenden Vergleichen mit anderen Teams führen kann.
- Für die Lehrkraft entfällt das manchmal zeitraubende neue Zusammenstellen in jeder Unterrichtsstunde – vor allem, wenn die Zeit knapp ist.
- Die einzelnen Gruppen können als Ganzes beim Aufbau von Stationen Funktionen übernehmen.
- ...

Einige Nachteile:

- Es entsteht gegenüber anderen Gruppen ein zu starkes Konkurrenzdenken.
- Zu intensive und enge ‚Blockbildung' innerhalb der Klasse ist dem Zusammengehörigkeitsgefühl abträglich.
- Die Schüler müssen sich nicht mehr an neue Partner und deren Stärken und Schwächen anpassen; es geht ein Lernprozess verloren.
- ...

Gelegentliche Wechsel – etwa im Monatsrhythmus – sind also angesagt. Eine allgemeingültige und für alle Situationen zutreffende Antwort kann nicht gegeben werden, weil auch die Bildung spontaner und wechselnder Gruppen in manchen Spiel-Situationen angebracht ist (Siehe Turnierformen bzw. Gruppenbildung nach dem Zufallsprinzip) und sich bewährt hat.

Was man alles VERÄNDERN kann
einige (unvollständige) Beispiele

Aufstellungsformen

 Blickrichtung

Linie

Mit/ohne Handfassung

Reihe

Mit/ohne Kontakt zum Vordermann

Gasse
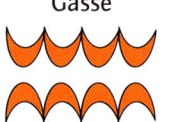

Gasse – auf Lücke
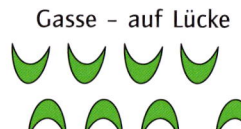

Mit/ohne Handfassung

Kreuz

Kleingruppe

Innenstirnkreis
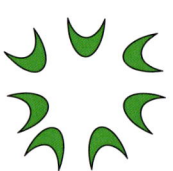

Außenstirnkreis

Mit/ohne Handfassung

Flankenkreis

Doppelkreis (Innenstirnkreis)

Paare mit Handfassung

Fortbewegungsarten

Gehen/laufen/rennen vorwärts/rückwärts

Hüpfen auf einem Bein
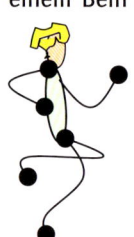

Schlusssprung

Sich bewegen auf allen Vieren
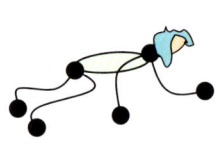

‚Froschhüpfen' (Hüpfen auf allen Vieren)

‚Krebsgang'

Paarweise mit Handfassung

Schubkarre

Zwei tragen einen Dritten

Rollen um die
Längsachse

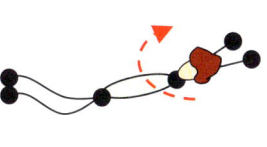

Ein Gerät (Ball)
rollen ...

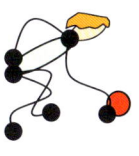

Einen Ball prellen

Einen Ball dribbeln
(mit der Hand)

Den Ball führen/dribbeln
(mit dem Fuß)

Ball/Bälle
tragen

... mit Hilfe zweier
Teppichfliesen

Laufwege

Laufen
... bis zu einem Mal

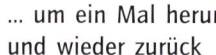

... um ein Mal herum
und wieder zurück

... um den Kreis herum

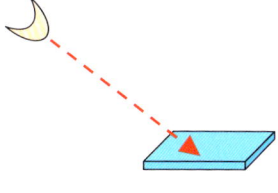

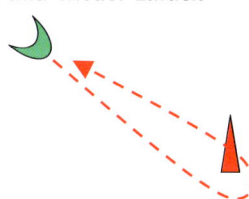

Laufen im Slalom
... um Geräte/Mitspieler/Markierungen

... im Kreis um die Markierungshütchen herum

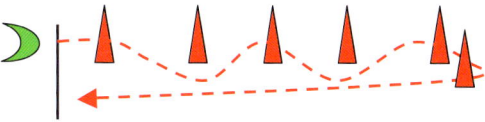

Laufen – Hindernisse in den Laufweg einbauen
(Bank, Matte, Bock, Reifen ...)

... darüber hinweglaufen/-springen

... darunter hindurchkriechen

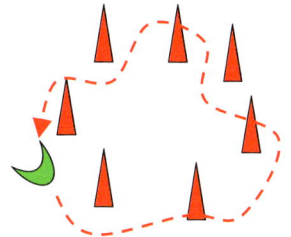

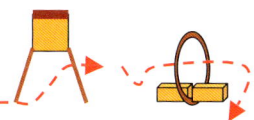

Ausgangsstellungen

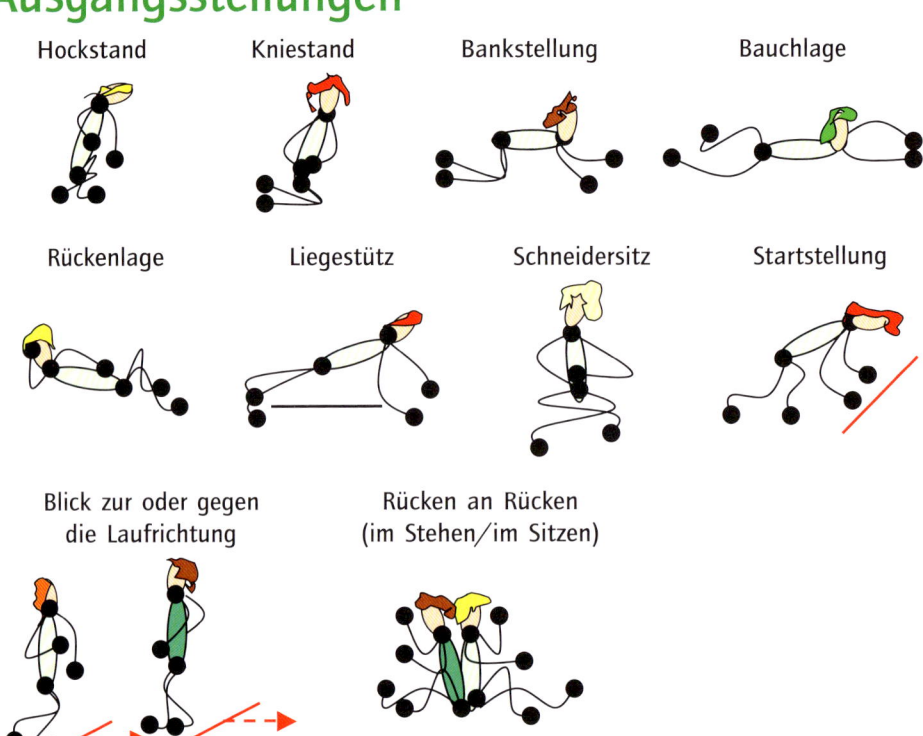

Hockstand   Kniestand   Bankstellung   Bauchlage

Rückenlage   Liegestütz   Schneidersitz   Startstellung

Blick zur oder gegen
die Laufrichtung

Rücken an Rücken
(im Stehen/im Sitzen)

Das Spiel-Umfeld. Was braucht man dazu? Nichts als etwas Phantasie!!

Das Spielfeld

Groß – klein – 1 Feld – mehrere kleine Felder – quer oder längs zur Halle – Linien als Begrenzung – Bänke/Wand (Vorsicht!) als Grenze …

Die Mannschaft – die Gruppe – das Team

Die Anzahl der Mitspieler (Kleine oder große Gruppen) – in Gleichzahl oder Überzahl – homogene Gruppen – inhomogene Gruppen – nur Buben – nur Mädchen – Buben und Mädchen – Anzahl der Fänger – mit oder ohne Torwart – mit oder ohne Ersatzspieler – mit oder ohne Ausscheiden …

Das Spielgerät

Ein Ball (Spielgerät) oder mehrere – leichte, schwere, große, kleine, weiche, harte Bälle – Kleingeräte – wertloses Material wie Zeitungspapier – normierte Spielgeräte wie Badmintonschläger, Indiacas, Tischtennisschläger … – nicht normierte Spielgeräte wie Schweifball, zusammengeknotete Bändel …

Das Ziel

Hochgehängt oder niedrig/flach – klein und schwer zu treffen oder groß und leicht zu treffen – ruhig oder beweglich (z. B. ein Mitspieler, ein rollender Reifen oder Medizinball) – ein Tor an der Wand oder eine Matte auf dem Boden – ein Kastenteil …

Die Netz-/Leinenhöhe

Volleyballnetz – ein straff gespanntes Baustellenband – hochgehängt – niedrig/flach gespannt – als ‚Fenster' – darüber hinweg – darunter durch …

Wurfart/Schussart

Mit dem Fuß – mit einem Spielgerät (z. B. Speckbrett) – mit der Hand – Schlagwurf – beidhändiger Wurf – zwischen den Beinen hindurch – rückwärts über den Kopf …

Spielmodus

Spielen auf Zeit – eine vorgegebene Aufgabe erreichen – einen Gegner besiegen – sich vergleichen – ein Turnier spielen – Jeder gegen Jeden spielen – einfach ‚nur so' spielen …

Es muss sehr wohl bedacht sein, ob man ein großes oder kleines Feld, einen weichen oder harten Ball, ein hohes oder flaches, ein großes oder ein kleines Ziel, einen oder mehrere Fänger wählt oder mit bzw. ohne Ausscheiden spielt.
Alle diese Faktoren zeitigen Folgen für das Spiel und das soziale Miteinander. Oft genügen kleinste Veränderungen, um ein Spiel tödlich langweilig oder rasant spannend werden zu lassen oder um das Mitspielen-Können der schwächeren Schüler zu ermöglichen oder auch nicht.

Alle aufgezeigten Faktoren sind für ein gutes Gelingen bedeutsam; alle möglichen Auswirkungen auf das Spielgeschehen darzustellen wäre allerdings undenkbar. Es lohnt sich deshalb, die Klasse und deren Verhalten genau zu beobachten und daraus – die richtigen – Folgerungen abzuleiten, was für eine optimale Spielgestaltung zu verändern wäre. Die Schüler danken es durch Spielfreude und ‚Feuereifer' – und das nützt auch dem Lehrer.

Unfälle vermeiden – den Sportunterricht sicher gestalten

Jede Form von Bewegung ist mit einem mehr oder weniger großen Verletzungsrisiko verbunden. Ein Unfall im Sportunterricht kann also nie ganz ausgeschlossen werden. Deshalb nun alle Bewegungsmöglichkeiten der Kinder rigoros einzuschränken wäre fatal, zeigen doch Untersuchungen, dass durch vielseitige und vermehrte Bewegung das Unfallrisiko sinkt. Absolut kein ‚Risiko' mehr einzugehen, alle Maßnahmen nur unter dem Aspekt der Sicherheit zu sehen und stets ein drohendes Gefühl der Angst in sich zu tragen, entspräche darüber hinaus einer Situation, die mit kindgemäßem Sport- und Spielunterricht nichts mehr gemein hätte.

Es ist unmöglich, für alle Kinder und alle denkbaren Situationen Handlungsanweisungen für einen absolut sicheren Spiel- und Sportunterricht bereit zu haben. Die folgenden – gewiss unvollständigen – Hinweise zu einem sicheren Spielunterricht sind Tipps aus der Praxis, deren Umsetzung unauffällig ist und die das Unterrichtsgeschehen nicht negativ beeinflussen. Sie stellen eine Grundlage an Verhaltensweisen dar, die in Abhängigkeit von der jeweiligen räumlichen und schülerbezogenen Situation durch eigene Erfahrungen Ergänzung finden muss.

Es ist darauf zu achten, dass **Sportkleidung und Sportschuhe** – auch aus hygienischen Gründen – mitgebracht und nach der Sportstunde gewechselt werden.

Uhren und Schmuck (große Ohrringe, kantige Ringe, Armreifen) ablegen und sicher bis zum Ende des Unterricht in einem Karton verwahren. **Piercing** muss gegebenenfalls abgeklebt werden.
Kaugummi gehört in den Mülleimer.

Kinder mit besonders **langen und offen getragenen Haaren** sollten diese festknoten.

Funktionelle **Sportkleidung** trägt wesentlich zur Sicherheit bei. Besonders wichtig sind gut geformte **Sportschuhe!** Keinesfalls barfuß oder auf Socken spielen lassen.

Im Spielfeld selbst dürfen keine **Hindernisse** (Bälle, Reifen ...) liegen – außer sie sind Teil des Spielgeschehens. Wenn z. B. bei Staffeln Hindernisse in den Laufweg eingebaut werden, sollten diese möglichst groß und feststehend (Kasten, Barren ...) sein oder leicht und beweglich (Bananenkisten, Markierungshütchen ...).

Spielfeldgrenzen müssen weit genug von der Wand entfernt sein. Bänke eignen sich nur bedingt als Feldmarkierungen oder Begrenzungen. Besonders geeignet sind – je nach Spiel – bereits vorhandene Linien, Kreidestriche, Hütchen, Klebestreifen, Seilchen, Baustellenbänder, Markierungskegel, farbige Streifen aus Weichplastik ...

Die **Wand** darf bei Fang-, Laufspielen oder Staffeln nie das Ziel oder der Wendepunkt sein! Für genügend Abstand und Auslauf bei bewegungsbetonten Spielen sorgen.

Für die **passenden Spielgeräte** sorgen! **Weichbälle** müssen immer dann benützt werden, wenn auf andere Schüler, vor allem mit mehreren Bällen gleichzeitig, geworfen wird, wie dies bei manchen Abschuss- und Jägerballspielen üblich ist.

Die **Ziele** fest verankern und gegen Umfallen sichern (z. B. Handballtore, Tore aus Hilfskonstruktionen …).

Altersstufengemäße Anforderungen stellen und die **Schüler nicht überfordern.** Komplexe Fangspiele mit mehreren Fängern sind für Erstklässler zu unübersichtlich; hier sollten zunächst solche Fangspiele bevorzugt werden, bei denen sich alle – Fänger und die zu fangenden Schüler – in die gleiche Richtung bewegen.

Die **Schüler nicht unterfordern.** Sie suchen sonst, wenn es ihnen zu langweilig wird, nach ‚Ersatzhandlungen‘, um sich und ihre Mitspieler zu ‚beschäftigen‘. Daraus können gefährliche Situationen erwachsen.
Deshalb: – Keine zu langen Wartezeiten!
– Möglichst das Ausscheiden ganz vermeiden
– oder nur auf kurze Wartezeiten beschränken.

Wettbewerbsorientierte Bewegungsformen, z. B. bei Staffeln, nie mit **Gleichgewichtsaufgaben** verbinden (z. B. Wendestaffel, bei der eine umgedrehte Langbank überlaufen werden soll).

‚**Schubkarren fahren**‘ eignet sich nicht als Wettbewerb (Staffel). Der ‚Fahrer‘, der die ‚Schubkarre‘ (Schüler im Liegestütz) an den gestreckten Beinen hochhebt, ist auf jeden Fall schneller und bringt die ‚Schubkarre‘ zu Fall! Gesichts- und Zahnverletzungen sind die Folge.

Klare Ordnungs- und Aufstellungsformen und von allen akzeptierte **Regeln** sind eine gute Gewähr für einen sicheren Spielunterricht.

Zahlreiche Kinder haben, oftmals unbemerkt von der Lehrkraft, vor der Teilnahme am Sportunterricht Angst. Deshalb: **Ängste abbauen, Vertrauen schaffen, Erfolge gewährleisten und Diskriminierungen und Blamage vermeiden.** Kinder, die sich z. B. vor einem harten Lederball fürchten, dürfen mit dem weichen Softball spielen.

Die Lehrkraft muss unter dem Aspekt der Sicherheitserziehung zwei Schülergruppen besonders beachten:
* Den sportschwachen Schüler und
* den risikofreudigen Schüler

Um dem sportschwachen Schüler gerecht zu werden, muss die Lehrkraft ...
* alle Spiel- und Übungsformen mit Bedacht auswählen und systematisch ordnen,
* die Unterrichtsorganisation auf mögliche Diskriminierungen hin bedenken (z. B. beim ‚Wählen' von Mannschaften ...),
* das eigene Lehrer- und (Mit-)Schülerverhalten kontrollieren (z. B. Lachen über mangelnde oder missglückte Leistungen),
* die Zielorientierung variabel gestalten (nicht alle müssen die gleichen Leistungen erbringen bzw. erreichen),
* dem sportschwachen Schüler Erfolge vermitteln und vor allem dessen Erfolge und Fortschritte, mögen sie auch noch so gering sein, zumindest wahrnehmen und auch ‚würdigen' ...
* ...

Um dem risikofreudigen Schüler gerecht zu werden, muss die Lehrkraft ...
* ihm die Relativität sportlicher Handlungsziele vor Augen führen und immer wieder bewusst machen,
* Stress-Situationen vermeiden oder den Schüler von diesen entlasten,
* gelegentlich Inhalte anbieten, in denen er sich beweisen kann ...
* ...

Für beide Gruppen ist es von zentraler Bedeutung, ein realistisches Selbstkonzept im und durch Sport entwickeln zu können.

(Aus „Unfallverhütung beim Handballspiel", Sicherheit im Schulsport, BAGUV)

Spielen

Spiele

Spiel

Es geht los –
mit der **Praxis**

Spielen – alleine
und in Gruppen

Spielen – alleine und in Gruppen
Materialerfahrungen machen und Handlungen phantasievoll gestalten

Auch ohne detaillierte Vorgaben durch Erwachsene können Kinder – Grundschulkinder erst recht – den Umgang mit den unterschiedlichsten Materialien erproben; sie wissen mit kleinen und großen Geräten umzugehen und verstehen es, die Geräte einer ,Funktion' zuzuführen, sie ,lebendig' werden zu lassen und mit ihnen zu spielen.

1. und 2. Schuljahr

In überschaubaren Situationen werden Schüler zum Finden, Erproben, Entdecken und Gestalten von Spielmöglichkeiten mit Materialien und Geräten angeregt. Sie versuchen dabei einfache Spielaufgaben zu lösen und diese ihren Mitschülern zu präsentieren.

3. und 4. Schuljahr

Die Schüler entwickeln Spielideen, lösen Spielaufgaben, erfinden Regeln, wandeln Spiele ab und sind in der Lage, Gefundenes und Entdecktes darzustellen und anderen zu präsentieren.

Geeignete Materialien und Geräte

Im Sportgerätehandel finden sich die unterschiedlichsten Materialien und Kleingeräte aus Holz und Plastik für alle möglichen Tätigkeitsbereiche. Ständig werden auch im Handel neue Geräte angeboten, deren Anschaffung aus finanziellen Gründen oft nicht möglich erscheint. Es muss nicht immer eine ,neues' Spielgerät sein; auch die meist zahlreich vorhandenen ,klassischen' Kleingeräte (z. B. Seilchen) und billige Behelfsmaterialien (z. B. Zeitungen, Chiffontücher ...) bieten ansprechende Möglichkeiten für abwechslungsreiches und kreatives Tun.
Ein – unvollständiger – Überblick über weiteres, im Grundschulsport verwendbares Spielmaterial findet sich im Kapitel ,Geräteausstattung' auf Seite 206.
Besonders reizvoll und mit hohem Aufforderungscharakter verbunden – allerdings auch mit entsprechendem Anspruch an die Kreativität – ist die Kombination unterschiedlicher Materialien und Gegenstände.

Mögliche Vorgehensweisen

Manche Schüler sind ausgesprochen kreativ und phantasiebegabt, andere weniger und wieder andere bedürfen konkreter Vorgaben oder Hilfen durch die Lehrkraft.

- Beim individuellen Entdecken und Erfinden ist der Lehrer **Berater** jener, die Umsetzungsprobleme haben.
- Gruppen sollten so zusammengesetzt sein, dass sich in jeder Gruppe **phantasiebegabte** Kinder finden.
- Ausgehend von **offenen Handlungsspielräumen** sollen die Schüler Spielmöglichkeiten suchen, finden, erproben, gestalten und – später – den anderen präsentieren. Sie selbst sind die ‚Produzenten‘, die Ideen entwerfen und sie umzusetzen versuchen.
- **Eingeschränkte Handlungsmöglichkeiten** (Raumbegrenzungen, Sicherheitsaspekte, organisatorische Vorgabe ...) engen den ‚Spiel‘-Raum ein. Sie werden begründet vom Lehrer vorgegeben und verlangen vom Schüler, dass er innerhalb dieses Rahmens handelt.
- **Handlungsanweisungen** machen den Schüler zum Konsumenten, der auf die Ideen des Lehrers wartet (oder warten muss), um sie in der von ihm gewünschten Weise durchzuführen. Manchmal allerdings sind auch mehr oder weniger detaillierte Vorgaben notwendig und gerechtfertigt, vor allem, wenn es sich um Sicherheitsbelange handelt.

Es ist von besonderer Bedeutung, dass

- die Schüler **längere Zeit an einem Gerät** verweilen,
- die Zahl der angebotenen unterschiedlichen **Geräte ‚begrenzt‘** bleibt,
- Geräte mit Gefährdungspotenzial (z.B. Barren, Sprossenwand...) **mit Matten abgesichert** werden,
- Die Lehrkraft ihren **Blick für mögliche Gefahren** schärft, um rechtzeitig eingreifen zu können.

> **Es ist an diese Stelle nicht möglich, alle denkbaren Tätigkeiten und Kombinationsmöglichkeiten aufzuzeigen.**
> **Beispielhaft sollen einige Möglichkeiten dargestellt werden.**

Spielen mit Geräten, Materialien und Gegenständen – auch aus dem Alltagsbereich

Ein besonderer Reiz liegt in der Kombination von Geräten, da damit eine wesentliche Erweiterung der Spielmöglichkeiten gelingt. Viele dieser Formen tangieren auch andere Bereiche des Sportunterrichts; sie schulen vor allem die Hand-Auge-Koordination und werden so u. a. zu Wegbereitern normierter Bewegungen und der ‚Großen Spiele'.
Die Schüler erproben zunächst alleine die Möglichkeiten, die die angebotenen Geräte oder Gerätekombinationen bieten. Sie bekommen Hilfen nur dann, wenn erkennbar Unsicherheit herrscht. Am Ende der Einheit sollten sie ihre (oder besonders originelle) Lösungen den anderen präsentieren können.

Mit dem Chiffontuch unterwegs

In gleicher oder ähnlicher Weise können die Schüler mit **Luftballons, Badebällen, Japanischen Papierbällen,** einer **Zeitungsseite** … spielen.

Jeder Schüler bekommt ein buntes Chiffontuch, mit dem er ‚spielen' darf. Er kann es zum Beispiel
- hochwerfen und zuschauen, wie es zu Boden sinkt,
- versuchen, es durch kräftiges Blasen in der Luft zu halten,
- entlang einer Linie auf dem Hallenboden treiben,
- als ‚Dach' benützen und damit durch die Halle laufen,
- ausgebreitet auf die Brust legen und, ohne es festzuhalten, durch die Halle laufen, dabei Hindernisse umrunden, über etwas hinwegspringen usw.

Mit einem oder mehreren Mitschülern lassen sich durch Hochwerfen, Übergeben, Zuwerfen usw. vielfältige Bewegungsformen gestalten.

Sich fortbewegen

- Mit Hilfe unterschiedlicher Geräte und Materialien (Stelzen, Teppichfliesen, Dosen, Holzklötzen, Rollwagen, einem umgedrehten Kastendeckel – auf Bällen rollend ...)
- ... und dabei Hindernisse übersteigen, umfahren, unterfahren ...

In Ziele treffen

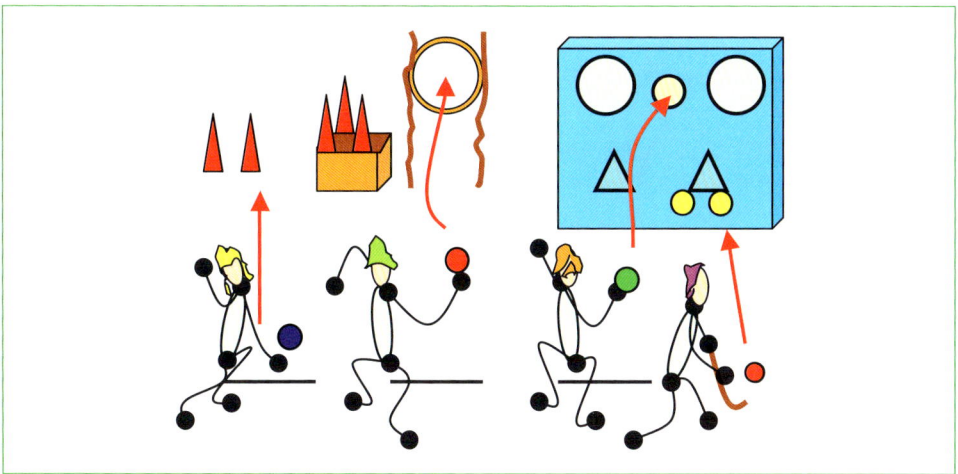

- mit Hand und/oder Fuß oder mit Hilfe eines Spielgerätes (z. B. Speckbrettchen, Hockeyschläger) auf oder in Ziele treffen (auf Markierungen an der Wand, in markierte Ziele auf senkrecht gestellten Weichbodenmatten, in Ziele auf der anderen Seite einer hochgespannten Leine), in Tore, etwas umwerfen, abschießen ...

Jonglieren und Balancieren

- ... mit den unterschiedlichsten Materialien (Chiffontücher, Tennisbälle, Stäbe, Jonglierteller),
- ... im Stand oder in der Bewegung oder in Kombination mit Balancieraufgaben ...

Kombination von Kleingeräten

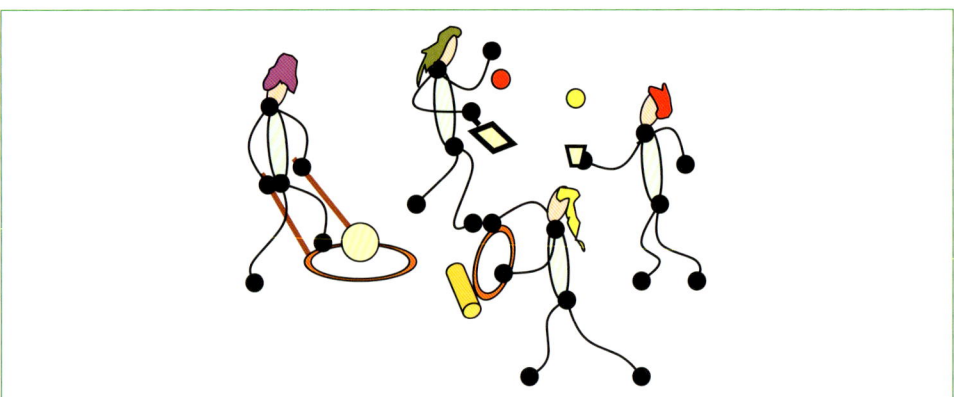

- z. B. ein Tischtennisball mit einem Plastikbecher (Joghurtbecher),
- ein Reifen mit einem Ball,
- Hockeyschläger und Tennisball,
- Luftballons, Zeitlupenbälle und eine hochgespannte Leine (Baustellenband),
- ein kleiner Schaumstoffball und ein ‚Speckbrett',
- ein Rugby-Ball und zwei Stäbe,
- eine Speed-Play-Keule und leichte Plastikbälle,
- unterschiedliche ‚Jonglierbälle',
- Erdball, Push-Ball und Reifen,
- .....

und andere, vor allem ausgefallene Kleingeräte oder Gerätekombinationen.

Langbänke (Mattensicherung!)

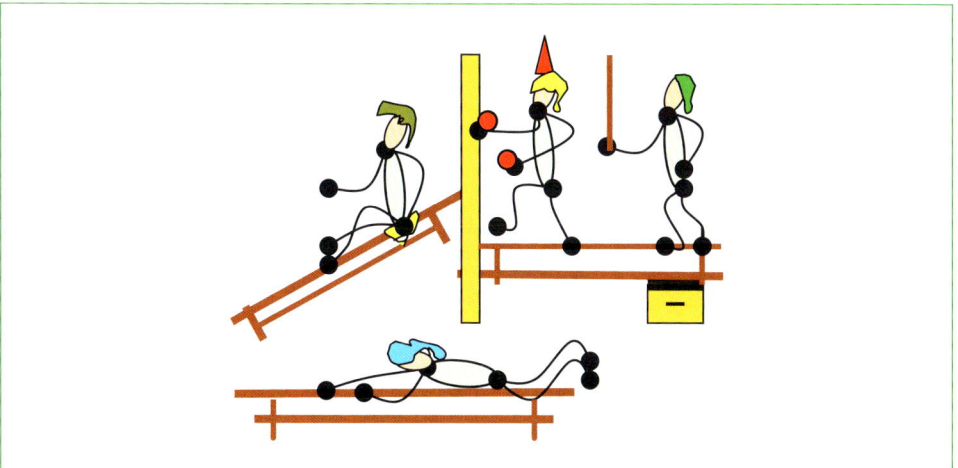

- … veranlassen die Kinder zum Übersteigen, Entlangziehen, Unterkriechen, Umsteigen …
- … veranlassen die Kinder zum Balancieren (normale Langbank, umgedrehte Langbank, schräge Langbank, wackelige Langbank – auf einer Matte aufliegend …) auch unter Mitnahme von Geräten, mit Übersteigen eingebauter Hindernisse …
- … können in die Sprossenwand oder in niedere Kästen eingehängt werden. Sie ermöglichen so das Steigen, Rutschen (z. B. in Kombination mit Teppichfliesen), Balancieren, Überqueren …

Weichbodenmatten

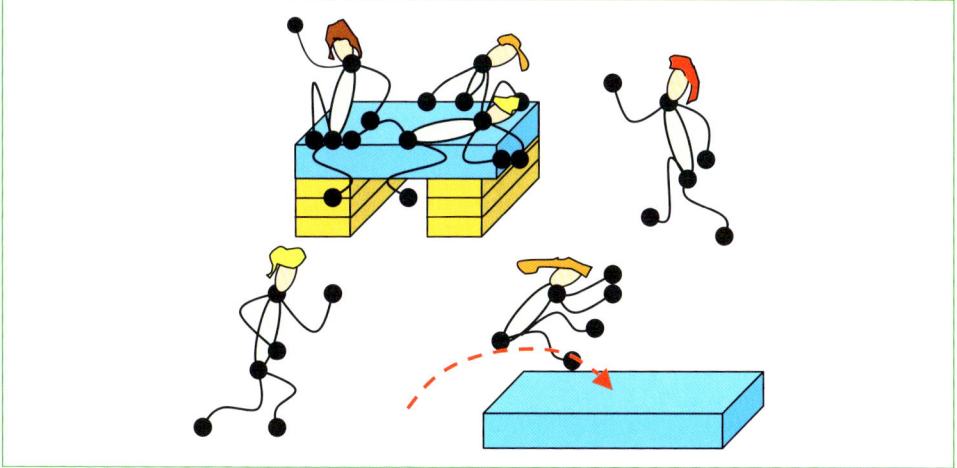

- … veranlassen die Kinder zum Hüpfen, Umfallen, Unterkriechen, Draufspringen, mit und ohne Anlauf, Weitspringen, Rollen …
- … können, auf mehreren gleich großen und hohen Kästen gelagert, zur ‚Burg' werden, die man erklimmen muss; vielleicht sogar mit Hilfe der Mitschüler …

Barren, Pferd und Kasten

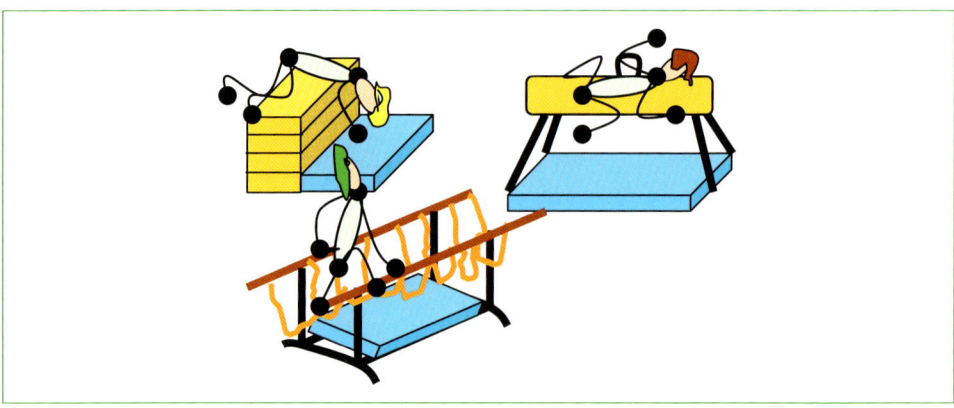

- bieten vielfältige Möglichkeiten des Überwindens, Durchsteigens, Überkletterns, Überspringens ... Dabei ist eine ausreichende Mattensicherung unumgänglich!

Kletterstangen (Mattensicherung!)

- Klettern auf unterschiedliche Weise an den Kletterstangen; z. B. Klettern an nur einer Stange, Klettern mit Hilfe zweier Stangen, ‚Wanderklettern' von einer zur anderen Stange, vorgegebene Markierungen (Klebestreifen) in unterschiedlichen Höhen erreichen ...

Themen in Bewegung umsetzen

Die Themen können zwar eng formuliert sein, aber dennoch die Möglichkeit eröffnen, sie mit bewegungsreichem Leben zu erfüllen. Beispiele ergeben sich aus Themenbereichen des täglichen Lebens, aus großen Sportereignissen oder auch aus kleinen aus dem regionalen Bereich. Dabei sollen die Bewegungsformen, Installationen und Gerätekombinationen möglichst von den Schülern selbst ge- und erfunden werden. Der Lehrer gibt, wo notwendig, Impulse und achtet auf eine sichere Gestaltung und Umsetzung.

Zunehmend sollen Aufgaben bevorzugt werden, die, ohne die Mithilfe anderer Mitschüler, nicht mehr gelöst werden können. Diese Prozesse sind bewusst zu fördern. Gerade hier, und besonders in Verbindung mit Aufgaben, die sich nicht an den Vorgaben des institutionalisierten Sports orientieren, kann es gelingen, auch Außenseiterkinder in eine Gruppe zu integrieren.

Bei der Umsetzung kann so vorgegangen werden, dass ...
- die Schüler sich mit den angebotenen Geräten selbst beschäftigen,
- die Schüler den anderen besonders geglückte Lösungen präsentieren,
- die Schüler Bewegungsformen vorschlagen, die dann von allen Kinder umgesetzt werden,
- durch oder zusammen mit den Kindern, Bewegungsstationen erarbeitet werden, an denen ein Teilbereich dargestellt wird.

Am nachfolgenden Beispiel soll dies aufgezeigt werden.

Wir treiben Wintersport und bereiten uns auf die Olympiade vor

Station 1 – Schlittenfahren

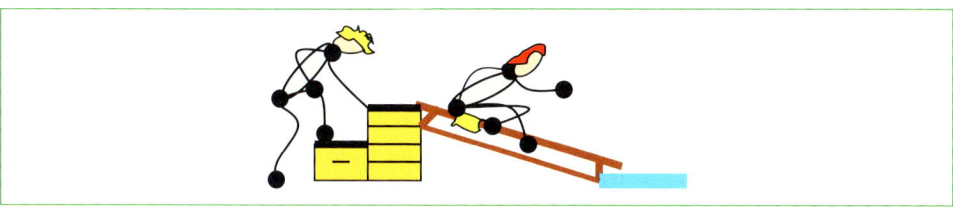

Die Kinder steigen auf den Kasten und rutschen auf der Bank abwärts. Es empfiehlt sich, dabei eine Teppichfliese unterzulegen.

Station 2 – Schlittschuhlaufen

Die Kinder bewegen sich auf zwei Teppichfliesen wie Schlittschuhläufer fort, umrunden Hindernisse, machen kleine Wettbewerbe.

Station 3 – Schneewanderung

Tief sinken beim Gehen durch den Schnee alle ein und kommen nur mühsam vorwärts. Es werden Hindernisse überwunden, Hänge erstiegen (z. B. leicht schräg gestellte Weichboden-matten, Bänke ...).

Station 4 – Schanzenspringen

Anlauf über eine Kastentreppe mit weitem Sprung auf eine Weichbodenmatte, auf der unter-schiedliche ‚Weiten' in Form von Buchstaben oder Zahlen aufgezeichnet sind, die getroffen werden sollen (die Zahlen sollen dann addiert oder es soll mit dem getroffenen Anfangsbuch-staben ein Wort gebildet werden).

Station 5 – Eishockeyspielen

Sich auf zwei Teppichfliesen fortbewegen und mit einem Hockeyschläger einen kleinen Ball oder mit einem Stab einen Ringtennisring um Hindernisse bewegen oder in Tore schießen.

Station 6 – Slalomabfahrt

Mit geschlossenen Beinen nach rechts und links über ein ausgelegtes Tau springen.

Station 7 – Eisstockschießen

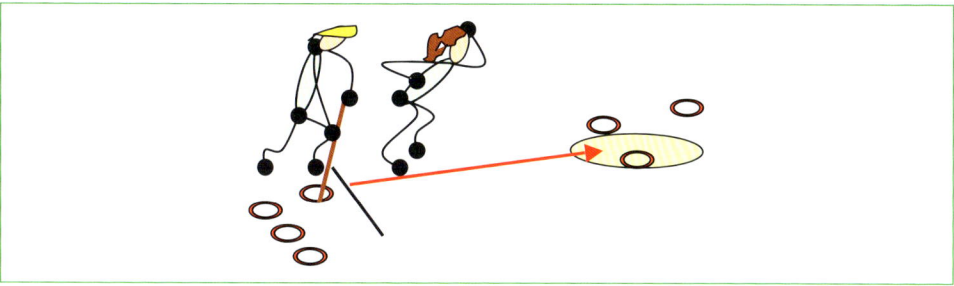

Gummipucks, Eisenfüße von Malstangen, Ringhockeyringe (mit einem Stab ‚geschlenzt') in einen weit entfernten Kreis treffen.

Station 8 – Schneeballwerfen

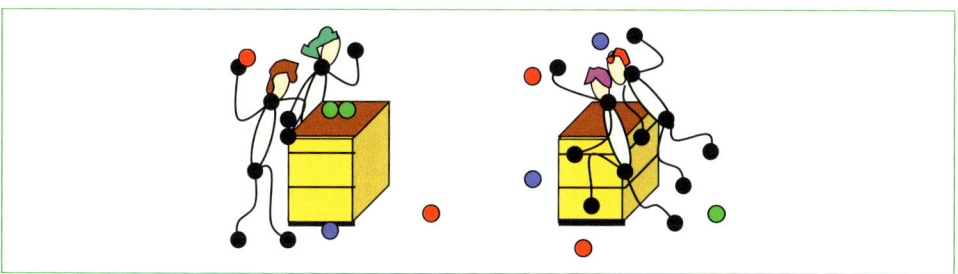

Hinter Kästen versteckt darf mit kleinen Weichbällen oder Schaumstoffbällen auf Mitspieler geworfen werden.

Station 9 – Biathlon

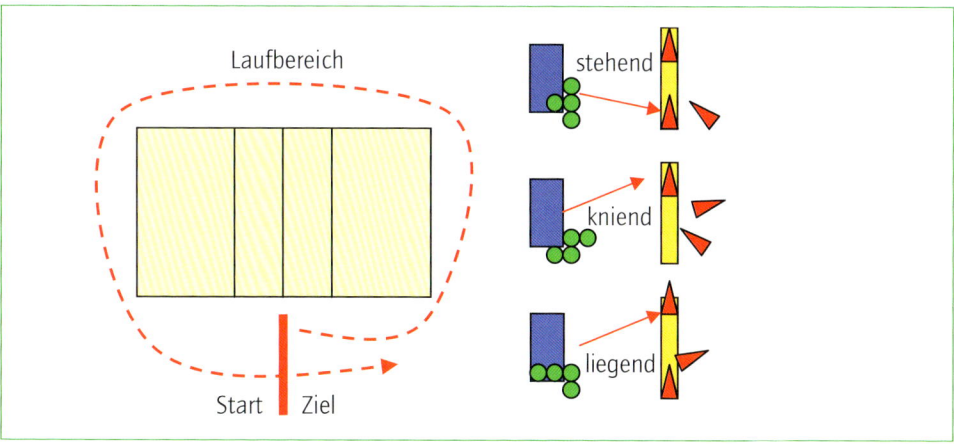

Nach einer oder mehreren Runde(n) – z. B. um das Volleyballfeld – sollen von einer Matte aus liegend, kniend, stehend Markierungskegel abgetroffen werden, die auf einer Bank aufgereiht sind. Getroffene Kegel müssen wieder aufgestellt und Bälle zurückgelegt werden. Bei Fehlschüssen muss eine kurze ‚Strafrunde' gelaufen, ein Basketballtreffer erzielt, über eine Bank balanciert … werden.

Die Gruppengröße orientiert sich dabei an der Schülerzahl und der Anzahl der Stationen; die Kinder wechseln dabei die Stationen selbstständig (dann sollte es mehr Stationen als Gruppen geben) oder auf ein Zeichen der Lehrkraft.

Einige weitere Beispiele für Themen, die so oder in ähnlicher Weise erarbeitet werden können:

Ein Unfall ist geschehen

- Zwei Omnibusse (z. B. leere Mattenwagen) sind zusammengestoßen.
- Polizei, Feuerwehr, Krankenwagen (mit entsprechenden Sirenentönen) eilen herbei.
- Verletzte werden geborgen und kommen ins Krankenhaus (zwei hintereinander stehende ‚Träger', die Sanitäter, halten zwei Stäbe, in die sich die Verletzten zum Abtransport ins Krankenhaus einhängen können).
- Die Busse werden abgeschleppt, repariert und fahren danach wieder ihre Runden.
- ...

Im Zirkus

- Clowns treten auf.
- Dressierte Tiere treten auf, die Kunststückchen vorführen können (z. B. durch einen Reifen springen, auf den ‚Tatzen' stehen, ‚Männchen' machen).
- Trapezkünstler schwingen am Tau.
- Einige können geschickt mit Bällen umgehen oder sie gar jonglieren.
- ‚Fliegende' Menschen zeigen ihre Kunst.
- Balanceakt über dem Abgrund (schwierige Balanceübung).
- Eine Menschenpyramide wird gebaut.
- ...

Durch den Dschungel

- Bäume und Felsen (Kästen, Barren ...) müssen überwunden werden.
- Reißende Flüsse müssen in ‚Einbäumen' überquert werden (Rollbrett und Seil).
- Über Schluchten balancieren wir auf schmalen Brücken (z. B. Reckstange auf zwei Kästchen).
- Kletternd bezwingen wir Felswände (z. B. von Kletterstange zu Kletterstange).
- Manchmal schwingen wir uns von Baum zu Baum (Mit Hilfe der Taue/Ringe von einem Kasten auf den anderen schwingen).
- Wir konstruieren ein Baumhaus (z. B. mit hohen Kästen und einer Weichbodenmatte).
- ...

Akustische Impulse in Bewegung umsetzen

Geräusche in Bewegung umsetzen, sich anpassen oder schnell reagieren

Der Lehrer	Die Schüler
• klatscht in die Hände, • schlägt ein Tamburin, oder eine Triangel, • ‚macht' Musik (Kassette), • ...	passen sich dem vorgegebenen Rhythmus, der Lautstärke, dem Tempo ... an und • laufen laut oder leise, • schnell oder langsam, • geradeaus oder in Kurven, • machen lange oder kurze Schritte, • bewegen sich leichtfüßig oder schwerfällig ...
Der Lehrer • prellt einen gut springenden Ball auf den Boden und zwar hoch – tief – schnell oder möglichst langsam.	**Die Schüler** • springen (ein- oder beidbeinig) möglichst ‚genau so' wie der Ball es ihnen vormacht, • haben Bälle, mit denen sie prellend den Rhythmus aufnehmen, so dass man nur das Aufprellen **eines** Balles hört.
Der Lehrer • pfeift, klatscht in die Hände, schlägt ein Tamburin • oder spricht ein „Zauberwort", auf das hin die Schüler reagieren müssen	**Die Schüler** • starten (auch aus verschiedenen Ausgangsstellungen wie Sitz, Bauch- oder Rückenlage usw.) und laufen – um ein Mal herum – hinter eine Linie – in ihr ‚Haus' (Matte); • laufen im Raum und stoppen auf das vereinbarte Zeichen hin schnell ab – sie machen sich klein – sie machen sich ganz groß – sie erstarren zu einer ‚Salzsäule' ...

Einen Laufrhythmus erkennen – nach vorgegebenem Rhythmus laufen

Längs der Halle sind in gleichen Abständen auf dem Boden Matten, Seilchen oder Teppichfliesen (rutschige Seite nach oben!) oder Reifen ausgelegt. Die Schüler überlaufen die ‚Hindernisse'

• einzeln,
• paarweise mit Handfassung,
• oder in Gruppen.

Die Schüler versuchen,
• den durch die Abstände vorgegebenen Rhythmus zu erkennen,
• klatschen ihn nach,
• versuchen, den Laufrhythmus zu verändern,
• verändern die Abstände,
• bauen sich neue ‚Laufwege'.

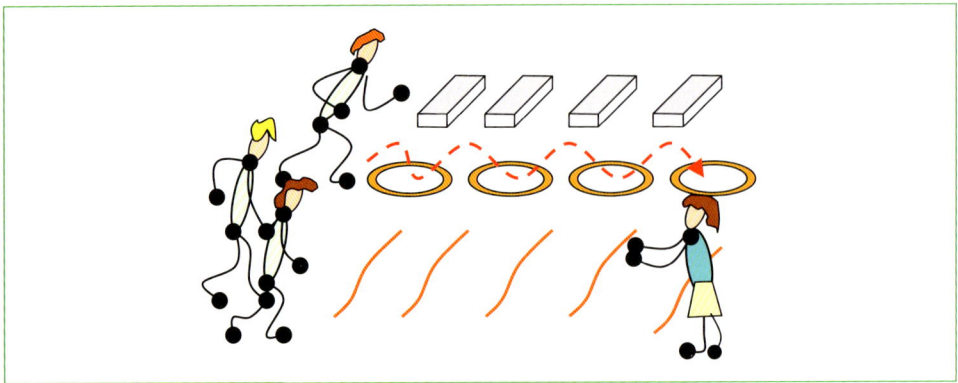

Zur Erleichterung kann die Lehrkraft einen Laufrhythmus z. B. durch Klatschen vorgeben oder die Läufe einzelner Schüler damit begleiten.

Erhöhte Anforderungen ergeben sich dann, wenn aus dem flachen Überlaufen ein leichter ‚Hürdenlauf' wird. Dabei werden niedere und ungefährliche Hindernisse wie Bananenkartons, Kastendeckel oder Kinderhürden, die in gleichmäßigen Abständen ausgelegt sind, überlaufen.

Tätigkeiten nachahmen und Berufe, Personen oder Tiere darstellen

Tiere darstellen

Alle Schüler bewegen sich ...
- wie eine Schlange – ein Frosch – ein Pferd – ein lahmer Esel – eine schnatternde Gans – eine Katze, die eine Maus fängt – ein Tiger, der sich anschleicht – ein Hund, der das Haus verteidigt – ein Elefant – ein Äffchen, das zeigen will, was es alles kann ...

Personen darstellen

Alle bewegen sich ...
- wie die Großmutter – der Großvater – die flotte Liese – der lustige Fritz – der bedrückte Hans – jemand, der müde ist – jemand, der fröhlich ist – jemand, der eine Last trägt – jemand, der viel gearbeitet hat – Vater bei verschiedenen Gartenarbeiten – Mutter beim Schaufensterbummel – jemand, der durch eine Wiese geht und keine Blume zertreten möchte – wie der „Storch im Salat" ...
- Können die anderen Schüler erraten wer dargestellt wird?

In gleicher Weise lassen sich vielfältige Bewegungsformen aus der Welt des Sports, des Verkehrs, des Urlaubserlebens darstellen und mit Spielen verbinden.

Tätigkeiten darstellen

Schüler setzen Situationen, die sie aus dem täglichen Leben kennen, in Bewegung um. Sie werden zu Piloten, Renn- oder Omnibusfahrern und bewegen sich so geräuschvoll – oder so leise –, als ob ...

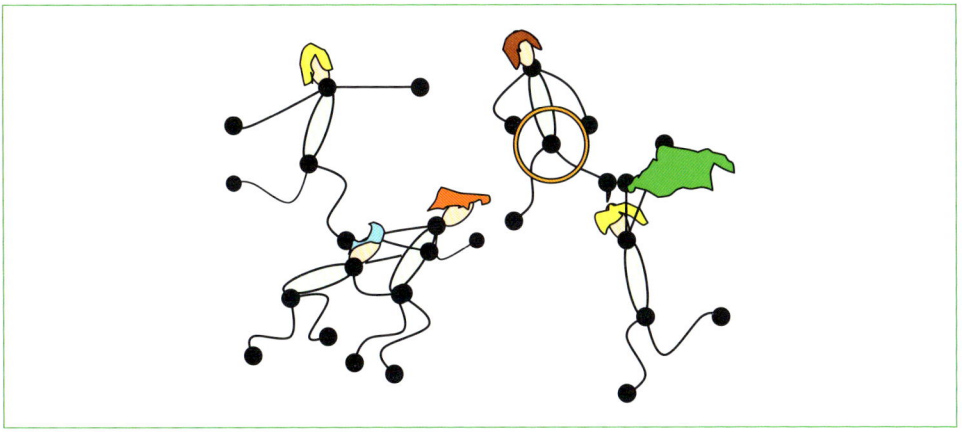

- ein Auto-, Motorrad- oder Fahrradrennen stattfinden würde,
- Düsenflugzeuge starten und landen,
- Segelflugzeuge leise ihre Kreise drehen,
- Lokomotiven einen schweren Zug ziehen oder
- Lastwagen eine Steigung erklimmen würden …

Dabei können sie sich auch verschiedener Geräte oder Materialien bedienen, um die Illusion zu vervollständigen.

Spiel „Hans, was bist du?"

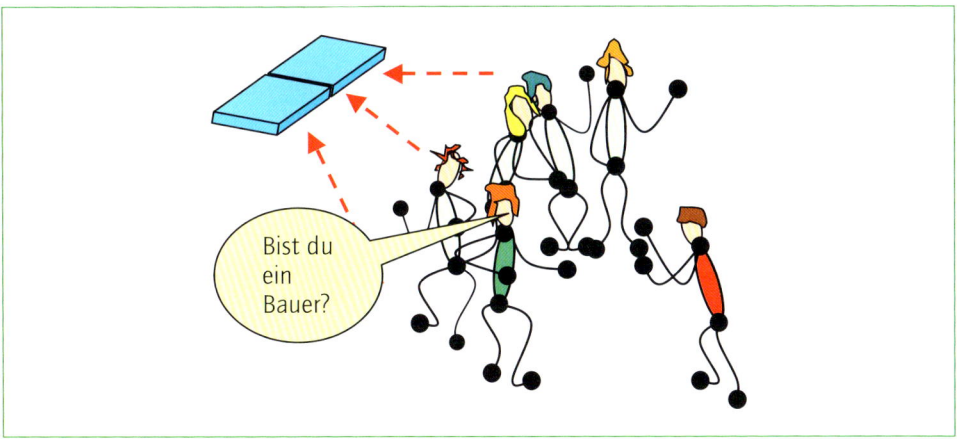

‚Hans', ein phantasiebegabter Schüler, darf einen Beruf, eine Tätigkeit, ein Tier, eine bekannte Person (z. B. eine Lehrkraft) vor dem Rest der Klasse darstellen. Sie fragen ihn immer wieder, ob er dieses oder jenes darstelle.
Gelingt es ihnen, das Rätsel zu lösen, darf ‚Hans' sofort versuchen, seine Mitschüler zu fangen. Diese rennen davon und bringen sich hinter einem zuvor festgelegten Freimal (z. B. auf Matten, hinter einer Linie oder in einem Taukreis) in Sicherheit.
- Wer erwischt wird, darf/muss der neue ‚Hans' sein.
- Alle, die von ‚Hans' berührt werden, sind beim nächsten Durchgang seine Helfer.

Das Zauberspiel

Eines der Kinder stellt, ausgestattet mit einem ‚Zauberstab' (Holzstab), den Zauberer dar. Hält dieser seinen Stock in die Höhe, laufen alle kreuz und quer durcheinander. Lässt er ihn fallen, dann kann er seine Mitschüler verzaubern, z. B. zu einer Schaufensterpuppe, einem Straßenkehrer, einer Lokomotive, einem Waldarbeiter …

Geschichten und Spiellieder

Viele *Geschichten* aus Märchen (z. B. die Heinzelmännchen aus Köln, Geschichten aus Max und Moritz) lassen sich mit darstellender Bewegung verbinden. Selbst erfundene und möglicherweise drehbuchartig aufbereitete Geschichten aus dem Lebensbereich der Schüler, bei denen die jeweils genannten Tätigkeiten in Bewegung umgesetzt werden sollen, ermöglichen z. B. einen engen Bezug zum Deutschunterricht.

In Verbindung mit dem Fach Musik, oft in Verbindung mit einem Lied, lässt sich mit Phantasie, Geschick und (etwas) musikalischem Sachverstand eine Vielzahl von *Spielliedern* erarbeiten. Solche Darstellungsspiele sprechen vor allem die jüngeren Schüler an; sie sind besonders gut geeignet, die Phantasie der Kinder anzuregen. Mit etwas Phantasie gelingt es, Musik bzw. ein Lied mit Bewegung zu verbinden.

Spielen

Spiele

Spiel

Erfahrungen mit
Partner und Gruppe

Zusammen und
miteinander spielen

Spiele erfinden – gemeinsam planen, entdecken und gestalten

Es muss nicht immer der Lehrer sein, der ein ‚fertiges' Spiel samt zugehörigem Regelwerk, den Lösungsmöglichkeiten oder gar den Varianten vorgibt. Auch Grundschüler sind in der Lage, gemeinsam und selbstständig zu spielen und zu üben. Der Lehrer sollte dabei nur dann eingreifen, wenn Schwierigkeiten auftreten, Fragen zu klären sind oder die Sicherheit nicht mehr gewährleistet ist.

Die dabei auftretenden Lernprozesse sind von großer Bedeutung.

Die Schüler
- lernen neue Spiele kennen, sammeln vielfältige Bewegungserfahrungen und gewinnen Bewegungssicherheit bei nicht normierten Bewegungsformen,
- erfinden und entdecken – phantasiebegabt und kreativ wie sie sind – neue und andere Spielmöglichkeiten,
- lernen Spiele selbst zu organisieren,
- erfinden, gestalten und akzeptieren ihre Spielregeln und Ordnungsformen,
- lernen leistungsschwächere Schüler in das Spiel mit einzubeziehen – manchmal allerdings nur mit Hilfe und Unterstützung der Lehrkraft und
- lernen die Umgebung als Raum und die vorhandenen Geräte als Möglichkeiten für das Sporttreiben kennen.

Wir erfinden Spiele und Bewegungsformen

So ergeben sich z. B. aus der Kombination unterschiedlicher Geräte in unterschiedlicher Anzahl vielfältige Möglichkeiten – Phantasie und Kreativität vorausgesetzt –, Bewegungsformen zu erfinden, zu entdecken, miteinander zu spielen und, bei besonders geglückten Formen, diese den Mitschülern am Schluss der Stunde zu präsentieren.

Beispiele
Jeweils 3 Schüler erhalten
- 1 Ball und 1 Reifen,
- 2 Bälle und 2 Hütchen (Markierungskegel),
- 1 Stab und eine Teppichfliese,
- 1 Tischtennisball und 3 Plastikbecher (Joghurtbecher),
- 1 Zauberschnur und einen gut springenden Ball,
- 6 Reifen und 3 Bälle,
- 1 Handtuch und einen Ball,
- 3 Chiffontücher,
- Sprungseile,
- 3 Bälle und die ‚Kletterwand' als Spielplatz,
- ... usw.

Sie suchen nach Möglichkeiten, sich mit diesen Geräten auseinanderzusetzen und ‚Kunststücke' zu erfinden, bei denen alle beteiligt sind.

Wir halten das Gleichgewicht

Es gibt unterschiedlich schwierige Möglichkeiten, dieses attraktive Thema umzusetzen. Balancieren kann man auf
* schmalen oder breiten,
* ebenen oder schräggestellten,
* festen oder beweglichen Untergründen.

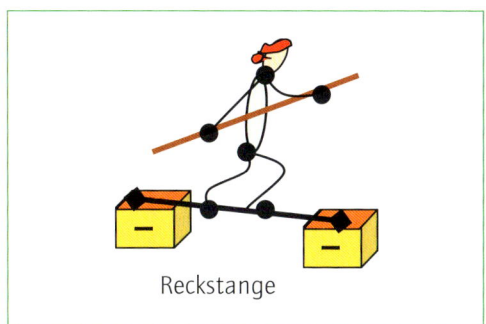

Reckstange

Balancieren kann man unendlich schwierig machen durch ...
* den Transport von Gegenständen (z. B. das Tragen oder Rollen eines Balles, den Transport eines Sandsäckchens auf dem Kopf, das gleichzeitige Balancieren eines Stabes auf der Hand ...),

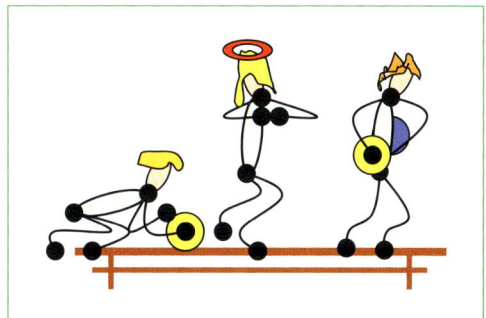

* das vorsichtige Übersteigen von unterschiedlichen Hindernissen, (Markierungshütchen, Schaumstoffwürfeln oder von unterschiedlichen Bällen, die auf Ringtennisringen liegen ...),

* das Durchkriechen von Hindernissen (z. B. von senkrecht gestellten Reifen, die zwischen zwei Holzklötze eingeklemmt sind ...)

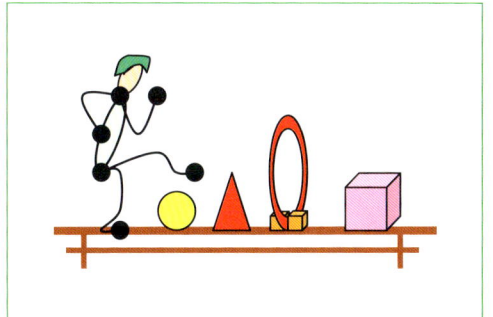

* das Passieren eines entgegenkommenden Mitspielers,

* Rückwärtsgehen oder durch

* Balancieren mit geschlossenen oder verbundenen Augen. Bei ängstlichen oder unsicheren Schülern führt dabei ein Mitschüler über das Hindernis, indem er eine Hand als Hilfe anbietet.

Wir bauen einen Laufsteg, eine Brücke

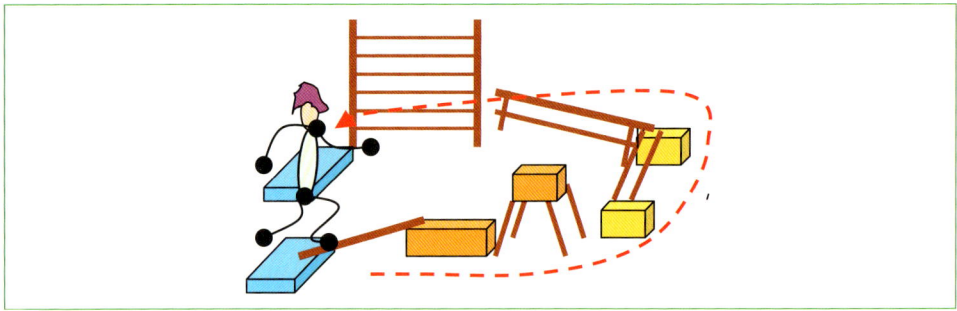

Mit Hilfe der vorhandenen Geräte lässt sich ein ‚Laufsteg' bauen, mit dessen Hilfe wir bei einigem Geschick die ganze Halle von einer Wand zur anderen durchqueren können, ohne dabei die Füße auf den Boden setzen zu müssen. Manchmal wird daraus auch ein anspruchsvoller Klettersteig, wenn wir die Kletterstangen und Sprossenwände mit einbeziehen.

Wir bauen uns ein Fahrzeug

Es gibt die unterschiedlichsten Möglichkeiten, um sich mit einem selbstgebauten Fahrzeug durch die Sporthalle zu bewegen. Der Lehrer muss dabei beratend tätig sein, um die Unversehrtheit der Kinder zu gewährleisten.

- Ein umgedrehter Kastendeckel oder eine feste Matte kann auf mehreren gleich großen Bällen rollen (Tennis-, Gymnastik-, Volley-, Fußbälle ...)

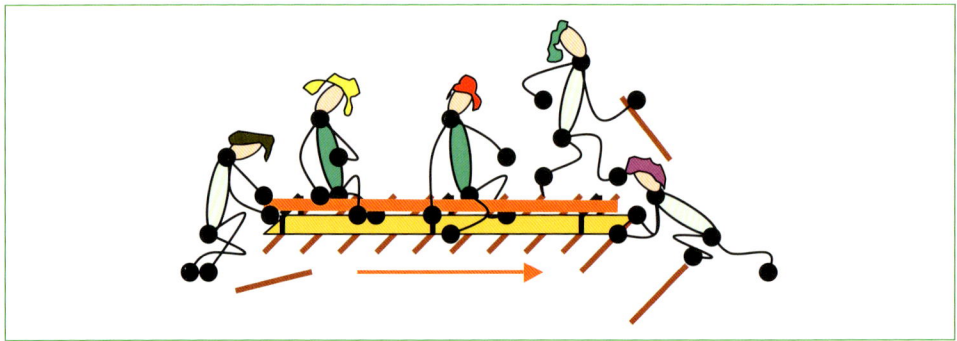

- Eine umgedrehte Bank – eine ‚Galeere' – lässt sich auf mehreren Stäben leicht fortbewegen.

- Ein Pedalo kann der Antrieb für ein Rollbrett sein.
- Ein leerer Mattenwagen in Kombination mit Pedalos oder Rollbrettern ergibt ein recht komfortables Gefährt.

Wir lösen – jede Gruppe auf ihre Weise – schwierige Aufgaben

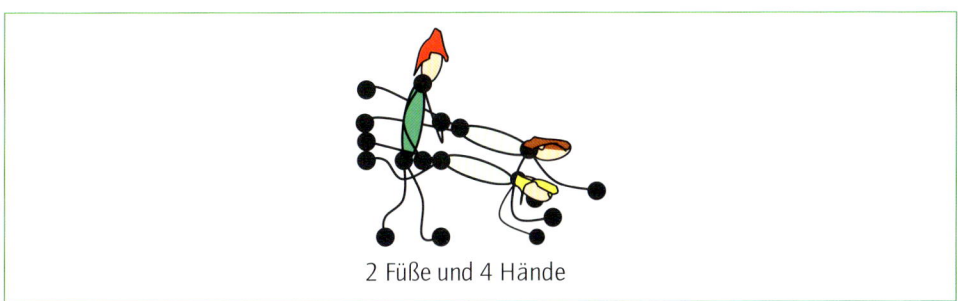

2 Füße und 4 Hände

- Eine Dreiergruppe soll sich gemeinsam (nicht als Wettbewerb) über eine vorgegebene kurze Strecke fortbewegen. Dabei wird, festgelegt durch den Lehrer oder die Schüler, der Boden nur mit
  – 2 Füßen und 4 Händen oder
  – 4 Füßen oder
  – 3 Füßen und 2 Händen ...
  berührt.

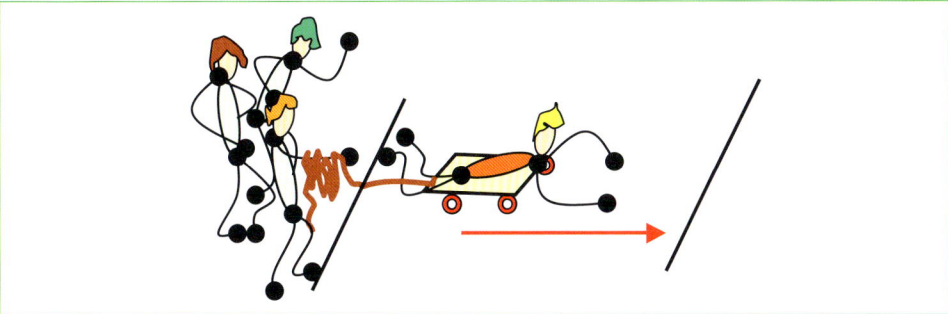

- Eine große Gruppe soll einen Fluss überqueren. Als einzige Hilfsmittel stehen ein langes Seil (länger als die zu überwindende Strecke) und ein Rollbrett zur Verfügung. Lediglich die Hände dürfen dabei ins ‚Wasser' greifen um vorwärts zu kommen. Wichtige Vorgabe: Auf dem Rollbrett darf man nicht stehen.

Spiele ‚ohne Tränen'

Viele Spiele leben vom Wettbewerb und dem Vergleich. Vor allem die sportlich leistungsstärkeren Schüler – oft sind dies nicht nur die Buben – sind daran interessiert, sich zu vergleichen; bekommen sie doch dadurch die Möglichkeit, sich selbst zu beweisen und sich und ihr Können in den Vordergrund zu stellen. Damit verbunden sind oft herbe Enttäuschungen für jene, denen die Gunst des Siegen-Dürfens immer wieder und oft auf Dauer versagt bleibt.

Viele Spiele können gespielt werden, ohne dass dabei Sieger oder Verlierer festgestellt werden müssen – einfach so, um Freude daran zu haben! Verlierer gibt es keine – die Freude am Tun gewinnt! Sieger sind dann letztendlich alle!

Zahnräder drehen sich

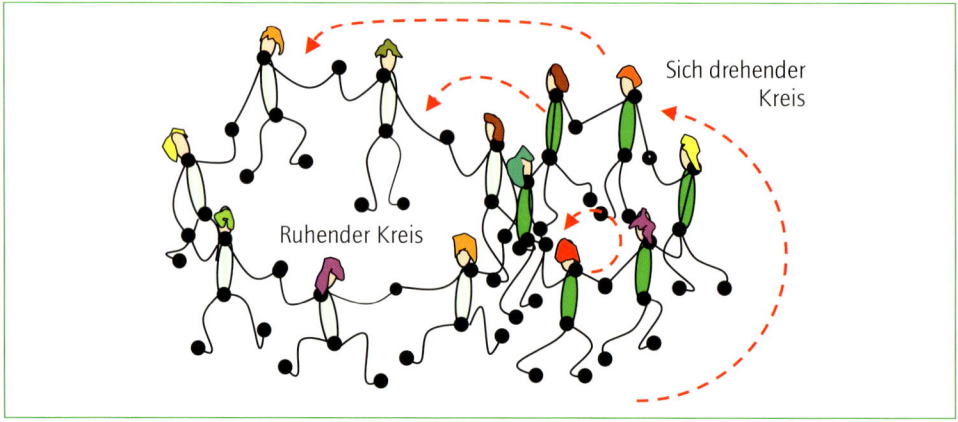

Die Schüler bilden zwei gleich große Kreise (Innenstirnkreis mit Handfassung).
- Einer der Kreise bleibt – straff gespannt – stehen, der andere Kreis dreht sich wie ein Zahnrad um ihn, möglichst ohne seine Form zu verlieren. Dabei berühren sich die Schüler jeweils Rücken an Rücken.
- Ein großer Kreis bleibt stehen, zwei oder drei kleine Kreise drehen sich in der gleichen Richtung wie Zahnräder um ihn.

Hüpfmaschine

Die Schüler bilden einen ganz engen Kreis; die linke Schulter zeigt dabei zur Kreismitte (Flankenkreis). Alle legen ihre linke Hand auf die linke Schulter des Vordermanns. Mit der rechten Hand wird dessen nach hinten hochgehaltenes rechtes Bein im Knöchelbereich festgehalten.
- Der ganze Kreis bewegt sich hüpfenderweise vorwärts/rückwärts. Gelingt eine ganze Runde?

‚Massensitzen'

Ganz enger Flankenkreis (siehe oben). Alle halten sich mit beiden Händen an den Hüften des Vordermannes fest und setzen sich gemeinsam langsam und vorsichtig auf die Oberschenkel des nachfolgenden Schülers.
- Gelingt es, sitzen zu bleiben?
- Gelingt es, sich gemeinsam ohne umzufallen vorwärts/rückwärts zu bewegen?

Wir lösen den Knoten I

Etwa 10 Schüler bilden mit Handfassung einen Kreis (Innenstirnkreis). Ein weiterer Schüler steht seitwärts und schließt die Augen. Die Kreisspieler sollen nun, ohne die Handfassung zu lösen, kreuz und quer durcheinander gehen, sich übersteigen und unterkriechen. Der freie Schüler hat danach die Aufgabe, das durcheinander geratene Knäuel wieder zu lösen und in die Ausgangsform zu bringen.
- Wesentlich schwieriger wird es, wenn in den Kreis einige Reifen, Stäbe oder Seilchen mit eingebaut werden.

Wir lösen den Knoten II

Innenstirnkreis. Etwa 10 Schüler halten die ausgestreckten Arme in Richtung Kreismitte. Jede Hand muss nun eine andere ergreifen.
- Gelingt es gemeinsam, diesen Knoten zu entwirren, ohne dabei die Hände zu lösen?

Eine ‚Mumie' wird transportiert

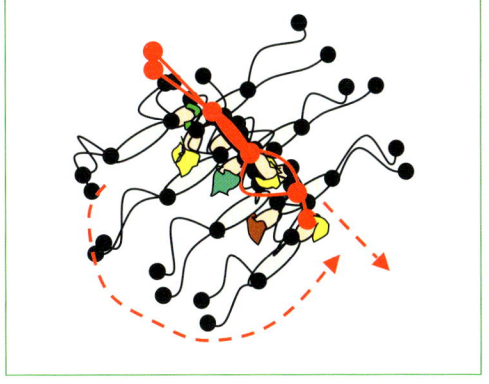

Die Schüler liegen (die ganze Klasse) in Rückenlage im Reißverschlusssystem Kopf an Kopf ganz eng nebeneinander. Ihre Hände haben sie nach oben gestreckt. Auf die ausgestreckten Arme legt sich vorsichtig rücklings ein leichtgewichtiger Mitschüler, der sich steif macht (Körperspannung) und so auf den hochgehaltenen Armen bzw. Händen vorsichtig weiter transportiert wird (Turnschuhe zuvor ausziehen).
- Gelingt es, ihn bis zum Ende der Gruppe zu transportieren?
- Wer von der ‚Mumie' passiert wurde, läuft an die Spitze der Gruppe und legt sich dort wieder hin (Reißverschlusssystem). Auf diese Weise ist ein Endlostransport bis zur nächsten Hallenwand möglich.

Nicht alle Schüler sind bereit, sich diesen intensiven Kontakten auszusetzen, manche sind einfach zu schwer und andere können die erforderliche Körperspannung nicht halten. Gezwungen werden, eine ‚Mumie' zu sein, sollte keiner.

Ein ‚Denkmal' biegen – eine ‚Maschine' bauen

Die Schüler gehen paarweise zusammen. Einer der beiden wird der ‚Künstler', der die Aufgabe bekommt, den anderen zu einem ‚Denkmal' zu formen.
- Besonders originelle ‚Denkmale' dürfen den anderen demonstriert und erläutert werden.
- Alle ‚Künstler' gehen nach einer Weile auf ein Zeichen des Lehrers von einem ‚Denkmal' zum anderen und verändern dies.
- Ein oder mehrere ‚Künstler' gestalten aus 4, 5, 6 … Mitschülern ein ‚Denkmal'.
- Ein oder mehrere ‚Künstler' gestalten aus 4, 5, 6 … Mitschülern eine ‚Maschine', die sich bewegt und Laute von sich gibt. Alle Teile der Maschine müssen dabei Kontakt miteinander haben.

Gruppenbilder gestalten

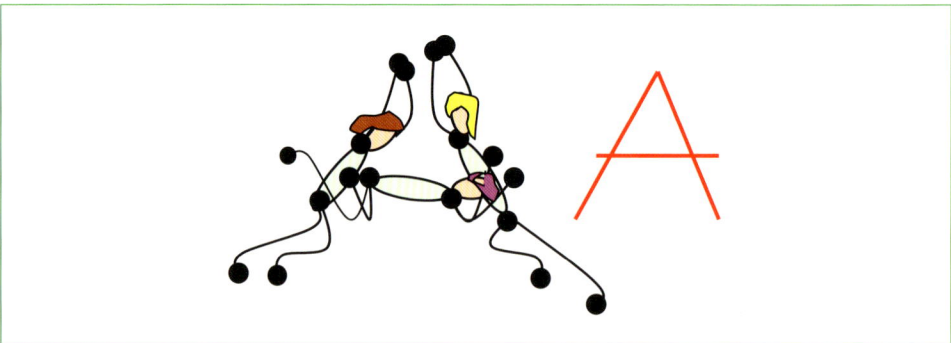

Eine Gruppe von 6 bis 10 Schülern soll nach Vorgabe des Lehrers oder nach eigener Idee gemeinsam etwas gestalten. Sie sollen
- ein Dreieck oder eine andere geometrische Figur bilden (Bezug zur Mathematik);
- einen Buchstaben oder eine Zahl darstellen;
- ein Auto formen;
- einen Baum, eine Blume.. darstellen.

Affe – Elefant – Palme

Elefant   ‚Palme' mit ‚Oase'

Die Kinder sind in Dreiergruppen eingeteilt und laufen – z. B. auf Musik – durch die Halle. Auf den Ruf des Lehrers („Affe", „Elefant" oder „Palme") bilden sie schnell die geforderte Figur:

- ‚AFFE': Einer kniet auf den Boden und ‚beißt auf eine Kokosnuss' – die beiden anderen bilden rechts und links von ihm mit ihren Daumen und Zeigefingern ein ‚Brillenglas'.
- ‚ELEFANT': Einer bildet mit den Armen einen Rüssel; die beiden anderen bilden rechts und links von ihm mit ihren Armen die großen Ohren.
- ‚PALME': Einer bildet mit erhobenen Armen eine sich im Wind wiegende ‚Palme', die beiden anderen bilden liegend einen Kreis um ihn und stellen die ‚Oase' dar.

Welcher Gruppe gelingt die Aufgabe am schnellsten?

Der wandernde Reifen

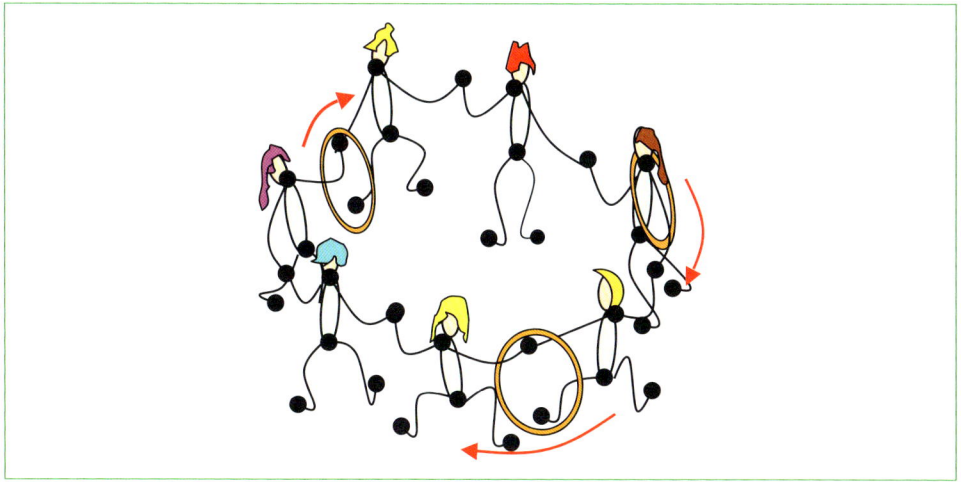

Innenstirnkreis aus etwa 5 bis 8 Schülern mit Handfassung. Über den gefassten Händen hängt zwischen zwei Schülern ein Reifen.

- Der Reifen soll den ganzen Kreis durchwandern, ohne dass dabei die Hände gelöst werden.
- Gelingt dies auch im Sitzen?
- Es sind zwei, drei Reifen ‚unterwegs'.
- Ein zweiter, kleinerer Reifen begegnet dem ersten und wandert in die andere Richtung.

Familie Maier geht in den Zoo

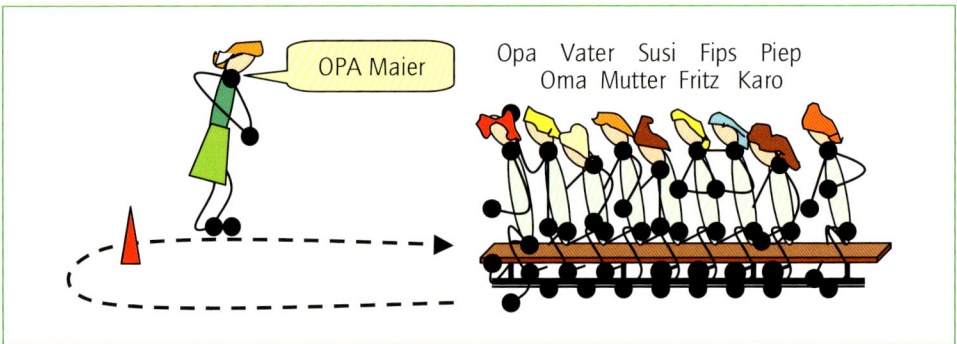

OPA Maier

Opa   Vater   Susi   Fips   Piep
Oma   Mutter   Fritz   Karo

Auf zwei oder drei Bänken (je nach Klassengröße) sitzen rittlings gleich große Schülergruppen. Jeweils der erste Schüler ist ‚Mutter Maier', der zweite ‚Vater Maier' … und so geht es weiter mit Oma, Opa, Susi und Fritz, Fips dem Hund usw. … In einiger Entfernung vor jeder Bank steht ein Mal.

- Der Lehrer erzählt eine Geschichte, wie Familie Maier den Zoobesuch vorbereitet und ausführt. Werden dabei Namen genannt, dann starten die Genannten, umlaufen ein Mal und setzen sich schnell wieder auf ihren angestammten Platz.
- Beim Begriff ‚Eltern', ‚Großeltern', ‚Kinder', ‚Tiere' … laufen jeweils alle, die zu diesen Gruppen gehören.
- Ist von ‚Familie Maier' die Rede, laufen alle gemeinsam los!

Es ist dabei nicht zwingend notwendig, einen Sieger oder Verlierer zu ermitteln.

Schwungtuchspiele

Die Kinder stehen im Kreis um das Tuch und halten es hoch.

- Sie bewegen das Tuch durch Rütteln und Schwingen;
- sie erzeugen Wellen;
- sie lassen einen Ball auf dem Tuch kreisen;
- sie schleudern einen Ball hoch in die Luft und fangen ihn wieder auf;
- sie schwingen gleichzeitig und gemeinsam das Tuch hoch und erzeugen so einen Pilz;
- sie erzeugen einen Pilz – einige zuvor festgelegte Schüler (z. B. jeder zweite oder dritte Schüler) tauschen unter dem Pilz hindurch die Plätze;
- sie schwingen gemeinsam und gleichzeitig das Tuch hoch, lassen es los, setzen sich schnell hin und lassen sich vom herabsinkenden Tuch einhüllen;
- sie lassen das Tuch durch Weiterreichen kreisen …

Spiele (und spielen) zur Schulung der Sinne

Konzentriertes Sehen, Hören oder Fühlen und angemessenes Reagieren auf die entsprechenden Reize sind Eigenschaften, die bei diesen Spielen besonders gefordert und gefördert werden. Sorgfalt und Konzentration bei der Durchführung sind dabei wichtiger als Wettkampf oder Vergleich. Manche dieser Spiele werden mit geschlossenen oder verbundenen Augen durchgeführt; dabei ist besondere Sorgfalt bei der Organisation und Durchführung geboten (z. B. Gehen oder Laufen mit reduziertem Tempo, ‚Stolperfallen‘ und Hindernisse entfernen, das Spielfeld begrenzen, vorsorgliche Begleitung durch einen umsichtigen ‚sehenden‘ Partner organisieren …).

Solche Spiele sind besonders geeignet für den Stundenabschluss, weil sie wegen ihres (in der Regel) ruhigen Verlaufs eine gute Vorbereitung auf nachfolgende Stunden im Klassenzimmer (wenn z. B. ein Test vorgesehen ist) gewährleisten.

Familien Maier, Baier, Laier, Saier …

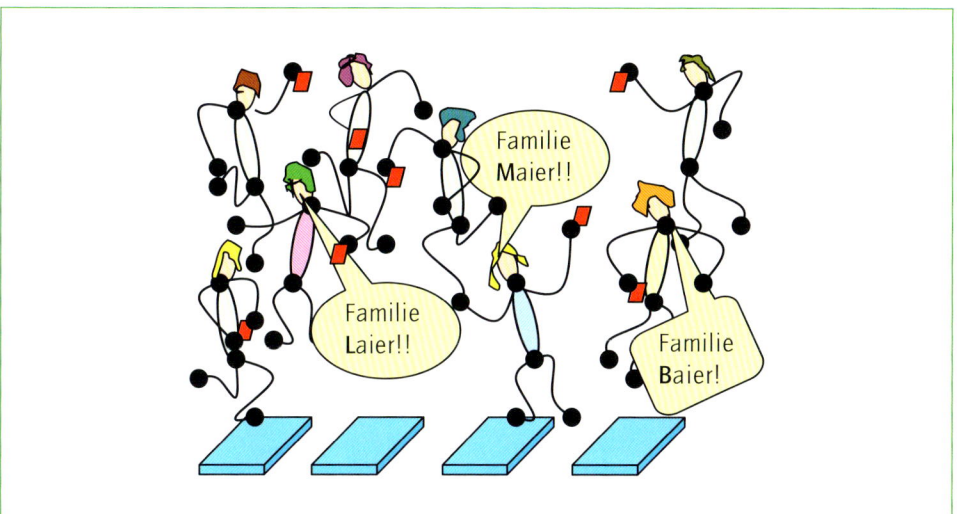

Auf einem Kärtchen steht jeweils der Name eines Familienmitglieds (Opa Maier, Oma Maier, Mutter M., Vater M., Susi M., Fritz M. bzw. Opa Baier, Oma Baier usw.). Bei vier verschiedenen Familien ergeben sich so 24 Kärtchen. Auf diese Weise (mit mehr oder weniger Familien bzw. Familienmitgliedern) lässt sich die Zahl der Kärtchen an die Klassengröße anpassen.
Alle Schüler laufen nun durcheinander (z. B. auf Musik) und tauschen, wenn sie sich begegnen, die Kärtchen. Bei Musikstopp finden sich die jeweiligen Familien in einer zuvor vereinbarten Weise zusammen.

Sie …
- setzen sich jeweils auf eine Matte,
- stellen sich gemeinsam auf einen Kleinkasten,
- legen sich auf eine Matte oder entlang einer Linie nebeneinander … oder
- nehmen beim Hintereinandersitzen eine vorgegebene Reihenfolge ein (Vorne sitzt der Opa, dann kommt die Oma, der Vater, Mutter, Fritz, Susi … usw.).

Turnschuhrauben

Die Schüler sitzen im Kreis; der Rücken zeigt dabei zur Kreismitte und die Augen sind geschlossen. Hinter jedem Schüler liegt einer seiner Turnschuhe. Im Kreis bewegt sich ein ‚Dieb', der, sich vorsichtig anschleichend, einen der Turnschuhe ‚rauben' will. Hört ein Schüler, wie der ‚Dieb' näher kommt, braucht er nur die Hand zu heben und der ‚Dieb' muss unverrichteter Dinge wieder abziehen.

- Gelingt es dem ‚Dieb' unbemerkt einen Schuh zu rauben?
- Wer an der ‚falschen' Stelle die Hand hebt, muss bzw. darf ‚Dieb' werden.
- Der ‚Dieb' muss bei seiner Tätigkeit immer ganz leise summen.

Schätze bewachen

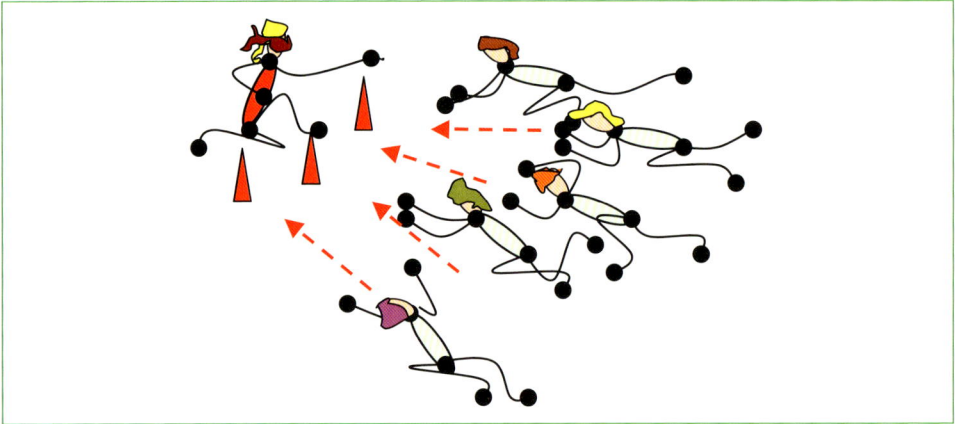

Einem Schüler sind die Augen verbunden. Um ihn herum liegen einige Bälle, die er ‚bewachen' muss. Aus gehöriger Entfernung schleichen sich die ‚Diebe' an. Hört der den Schatz bewachende Schüler ein Geräusch und zeigt die genaue Richtung an, muss der ertappte Schüler wieder an seinen Ausgangspunkt zurück.

- Wer als erster einen der Bälle berührt, darf neuer Schatzwächter werden und das Spiel beginnt von vorne.

Ochs am Berg

Ein Kind, der ‚Ochs am Berg', steht, mit dem Rücken zur Klasse, vor der Hallenwand. Hinter ihm, am anderen Ende der Halle, steht die ganze Klasse startbereit hinter einer Linie. Ruft er „Eins-zwei-drei-Ochs am Berg!" – und dies mit wechselnder Geschwindigkeit – setzen sich die Kinder in Bewegung. Sofort nach seinem Kommando dreht sich der ‚Ochse' um und schickt alle, die sich jetzt noch bewegen und nicht ‚erstarrt' sind, an die Startlinie (oder auch nur 5 Schritte) zurück. Wer zuerst ‚am Berg' beim ‚Ochsen' angekommen ist, darf beim nächsten Durchgang das Kommando geben.
• Die Kinder nähern sich auf allen Vieren, auf einem Bein hüpfend ...

Bälle zählen

In einem umgedrehten Kastendeckel liegen zahlreiche unterschiedlich große Bälle und Kleingeräte. Mit verbundenen Augen sollen die Schüler den Inhalt zählen. Diese Aufgabe eignet sich als mögliche Station innerhalb weiterer ‚Sinnesstationen' mit ähnlichen Aufgaben.
Die Schüler ...
• zählen nur die Bälle;
• zählen nur bestimmte Bälle (z. B. alle Tennisbälle);
• zählen nur die Kleingeräte;
• zählen alles, was sich im Kastendeckel befindet ...

Richtungshören

Die Schüler sind im Raum bzw. in der ganzen Halle verteilt und haben die Augen geschlossen bzw. verbunden. Leise bewegt sich der Lehrer oder ein Schüler durch den Raum.
- Die Schüler drehen sich mit und zeigen auf die Geräuschquelle.
- An unterschiedlichen Stellen im Raum schlägt der Lehrer vorsichtig eine Triangel, spricht ein paar Worte, klingelt mit dem Schlüsselbund, klatscht leise in die Hände ... Die Schüler zeigen in Richtung der Geräuschquelle.

Tiere finden sich

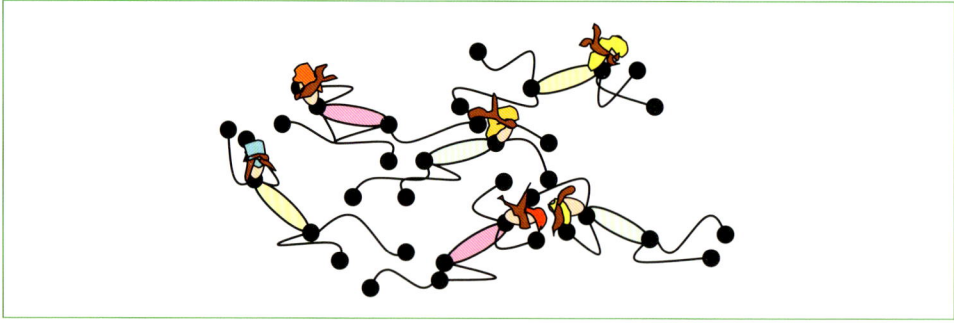

Immer zwei, drei oder vier Schüler bekommen ein Kärtchen mit dem gleichen Tiersymbol – sie dürfen aber niemandem verraten, welches Tier sie darstellen. Alle verteilen sich in der Halle, schließen die Augen – gesprochen werden darf nicht – und versuchen, die Stimme des ihnen zugedachten Tieres nachzuahmen.
Die gleichen Tiere sollen sich zusammenfinden (dabei aber nicht laufen, sondern ganz vorsichtig gehen und dabei die Arme nach vorne strecken).
- Alle bewegen sich dabei auf allen Vieren.
- Alle laufen kreuz und quer durch die Halle und tauschen, wenn sie sich begegnen, die Kärtchen aus. Auf ein Zeichen des Lehrers schließen sie die Augen, ahmen die zugehörige Tierstimme nach und versuchen sich zu finden (Vorsicht: Nicht laufen! Arme nach vorne strecken ...)

Wer fängt den Ball?

4 bis 6 Schüler verteilen sich um einen weiteren Schüler, der einen Ball (z. B. Gymnastikball) hält. Während des möglichst senkrechten Hochwerfens ruft er laut den Namen eines Mitschülers.

- Der aufgerufene Schüler soll den Ball fangen, bevor dieser auf den Boden fällt. Gelingt ihm dies, darf er selbst den Ball hochwerfen und einen neuen Namen rufen.
- Der aufgerufene Schüler soll den Ball fangen, nachdem dieser auf den Boden geprellt und wieder hochgesprungen ist. Gelingt ihm dies, darf er selbst den Ball hochwerfen und einen neuen Namen rufen.
- Die umstehenden Schüler haben zunächst die Augen geschlossen.
- Die umstehenden Schüler stehen mit dem Rücken zum Werfer; sie müssen sich nach dem Ruf umdrehen und dürfen dann erst den Ball fangen.

Nichts sehen, aber gut hören – ‚Blindenführer'

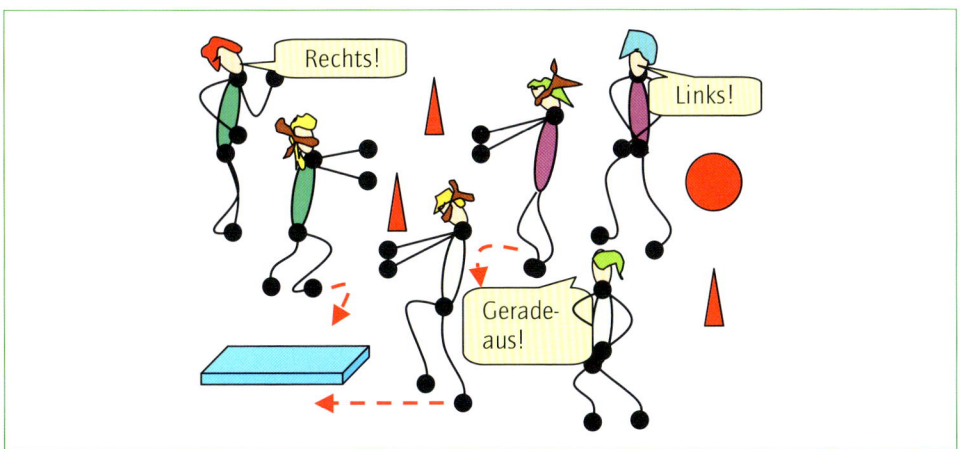

Jedem ‚Blinden' zugeordnet ist ein ‚Führer'. Dieser bleibt an einer Stelle stehen (z. B. in der Hallenmitte) und lenkt seinen ‚Blinden' aus der Distanz nur durch Zuruf (Stopp-vorwärts-zurück-rechts-links).

Wichtig: Gehtempo, beide Arme vorgestreckt, ‚Sicherungsschüler' an den Hallenwänden oder an kritischen Stellen, keine gefährdenden Hindernisse in der Halle (z. B. Barren) …
- Der ‚Blindenführer' lenkt den ‚Blinden' auf oder in ein Ziel (z. B. auf eine ausgelegte Matte, in einen ausgelegten Reifen oder einen Taukreis …);
- er lenkt ihn um Hindernisse (z. B. aufgestellte Markierungskegel …) herum;
- er lenkt ihn kreuz und quer durch die Halle und wieder zu sich zurück.

Führen und geführt werden

Ein ‚Blindenführer' **(A)** führt einen ‚Blinden' **(B)** durch die Halle – meist mit Hilfe taktiler Reize –

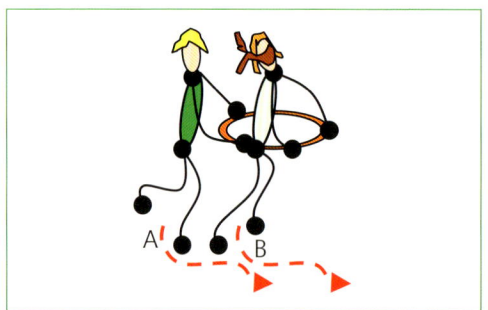

- **B** geht/läuft in einem großen Reifen, an dem er sich festhalten darf und der von **A** wie mit einem Steuerrad durch die Halle gelenkt wird. **A** verändert (dosiert) Tempo und Richtung; **B** muss die Impulse über den Kontakt mit dem Reifen erspüren und entsprechend reagieren.

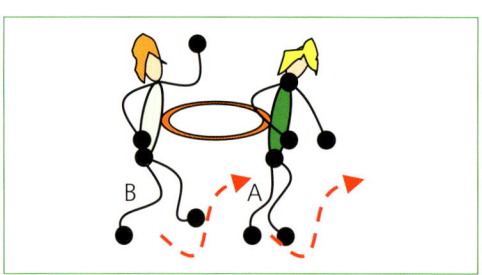

- Zwischen **A** und **B** ist ein Gymnastikreifen eingeklemmt. Die Hände sollen dabei nicht benützt werden und der Reifen soll nicht auf den Boden fallen. Dabei kann sich **A** vor oder hinter **B** befinden oder der Reifen ist eingeklemmt zwischen Bauch-Bauch, Rücken-Rücken oder Bauch-Rücken … – alles ist möglich.

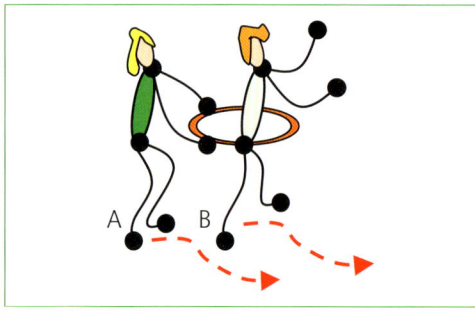

- **B** läuft in einem von **A** waagerecht gehaltenen Reifen, den er nicht berühren darf. Beide haben die Augen geöffnet. **A** verändert (dosiert) Richtung und Tempo, **B** passt sich an.

- **A** geht hinter **B** und führt diesen nur über leichte Berührungen mit dem Finger. Zuvor muss geregelt werden, welchen Berührungen an welcher Stelle des Rückens welche Bedeutung zukommt bezüglich
schnell-langsam/rechts-links/
starten-stoppen/vorwärts-rückwärts

Finger an Finger

Die Partner stehen sich gegenüber und berühren sich nur mit den Spitzen ihrer Zeigefinger – der Kontakt darf NIE abbrechen!

- Gemeinsam hinsetzen, hinlegen, sich drehen ...
- Gemeinsam durch die Halle gehen, über Hindernisse steigen ...
- Zwischen den (Zeige-)Fingerspitzen beider Schüler ist ein dünner Stab (Strohhalm, Bleistift, Holzstäbchen ...) eingeklemmt, der nicht verloren gehen darf.

Bleistifttransport

Die Partner stehen sich gegenüber. Zwischen ihren Zeige- bzw. Fingerspitzen der rechten/linken Hand ist ein Strohhalm, ein Bleistift oder ein dünnes Stöckchen eingeklemmt, das nur durch den Druck der Fingerspitzen gehalten wird.

- Gemeinsam hinsetzen, hinlegen, sich drehen ...
- Gemeinsam durch die Halle gehen, über Hindernisse steigen ...

Die Teppichfliese wiederfinden

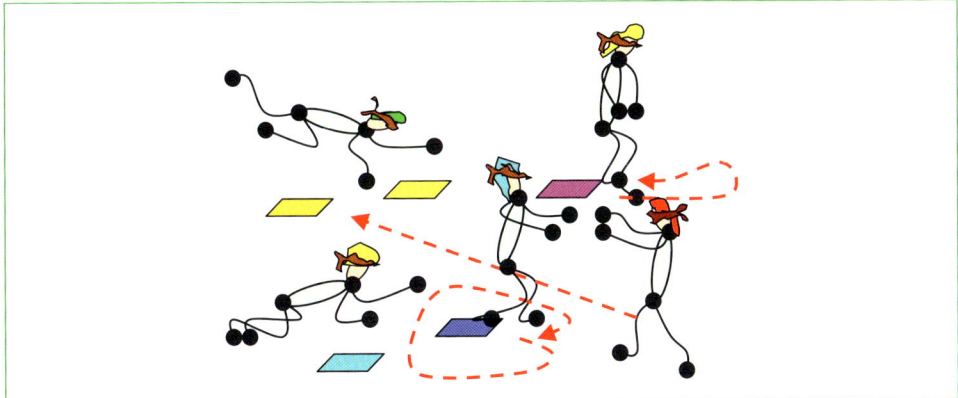

Gleichmäßig im Raum verteilt liegen Teppichfliesen, die von je einem Schüler 'besetzt' sind. Alle schließen die Augen ...

- Auf allen Vieren kriechend versuchen die Schüler, eine andere Fliese zu finden.
- Sie gehen ('blind') ein-zwei-drei ... Schritte vor oder zurück und versuchen dann, durch Zurück- oder Vorwärtsgehen, die soeben verlassene Fliese wieder zu finden.
- Sie bewegen sich ('blind') einige Schritte von der Fliese weg, drehen sich um und versuchen, ihre Fliese zu finden.
- Sie gehen ('blind') zwei-drei ... Schritte vor, 'umrunden' ihre Fliese und versuchen sie dann wieder zu finden.
- Alle stehen an der Hallenwand. 'Blind' versuchen sie von dort aus, ihre in der Halle liegende Fliese zu finden, wobei sie zuvor Richtung und Entfernung abgeschätzt haben.
- Zwei Schüler starten – nach Blickkontakt – mit vorgestreckten Armen gleichzeitig von ihrer Fliese aus und versuchen, 'blind' die Fliesen zu tauschen.

Blinde Brückenwächter

Eine Gruppe Schüler sperrt eine ‚Brücke'. Mit geschlossenen Augen und weit gegrätschten Beinen stehen sie dabei in der Hallenmitte nebeneinander (Abstand: Die ausgestreckten Arme sollen sich berühren können). Sie dürfen Körper und Arme bewegen; der Stand darf aber nicht verlassen werden. Eine zweite Gruppe soll nun versuchen (von vorne oder von hinten), ohne erwischt zu werden, über bzw. durch die gesperrte Brücke zu gelangen.
• Hören die Brückenwächter Geräusche, so versuchen sie, den Verursacher zu berühren, der dann wieder von vorne beginnen muss.

In der ‚Geisterbahn'

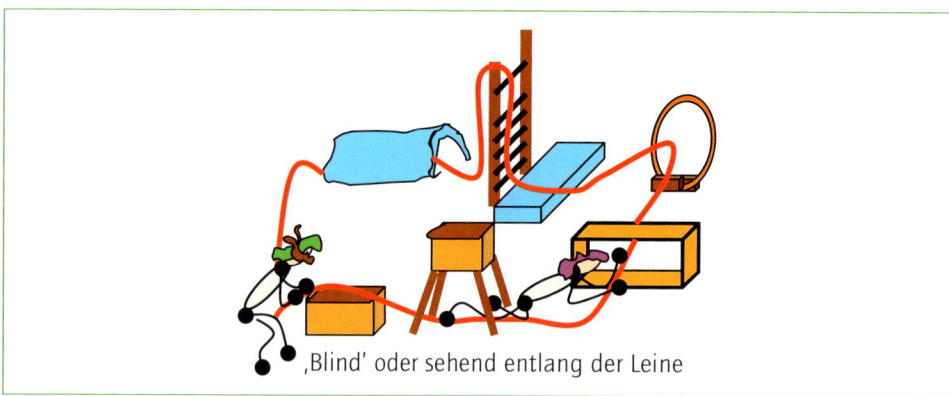

‚Blind' oder sehend entlang der Leine

Ein langer Hindernisparcours durch die ganze Halle aus Kästen, Bänken, Kriechtunnel, Reck, Kastenteilen usw. ist aufgebaut, der (vorsichtig und mit Sorgfalt) überwunden werden soll. Die Hindernisse sollen dabei jeweils durchkrochen, überstiegen ... werden. Sie sind dem Leistungsvermögen der Kinder angepasst und gut gesichert. Durch die ganze Hindernisbahn geleitet werden die ‚blinden' Schüler (Augen verbinden) durch ein *Baustellenband*, das über die gesamte Anlage als ‚Leitfaden' dient und an dem entlang man sich bewegt.
• Begonnen wird mit kurzen und wenig anspruchsvollen Strecken.
• Zunächst den Parcours mit offenen Augen durchlaufen lassen.
• Besonders ängstliche Kinder werden von einem Partner begleitet, der auf sie ‚aufpasst'!

‚Charly'

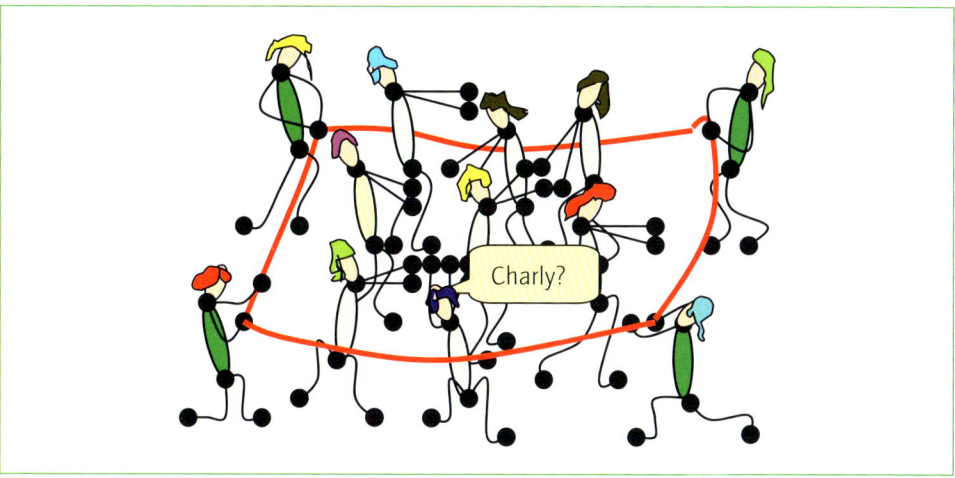

Ein Spielfeld wird durch ein langes Baustellenband begrenzt, das von 4 Schülern gehalten wird. Alle anderen Schüler bewegen sich ‚blind' und mit ausgestreckten Armen innerhalb dieses Feldes. Einer dieser Schüler ist – von der Lehrkraft bestimmt, ohne dass es die anderen erfahren – der ‚Charly'.

Berührt man während des langsamen Gehens einen der Mitschüler, fragt man leise „Charly?". Ist er der ‚Charly', gibt er sich (auch ganz leise) zu erkennen. Man darf sich ihm anschließen, indem man ihm die Hände auf die Schultern legt. Nun ist man selbst auch ein ‚Charly' und muss auf entsprechende Fragen mit „JA" antworten.

Es dauert nicht allzu lange, bis alle Schüler eine lange Schlange bilden.

Platzsuch- und Platzwechselspiele; Spiele zur Orientierung

Genau zuhören, richtig verstehen und schnell reagieren, Positionen erkennen, sie verändern und einnehmen, sich neu orientieren – alle diese Fähigkeiten sind hier gefordert. So gesehen unterscheiden sich diese Spielformen nur unwesentlich von den Spielen zur Schulung der Sinne, denn ‚Sinne' sind immer gefordert, will man Aufgaben erfolgreich lösen oder ein Spiel gewinnen. Oft finden sich auch Überschneidungen zu Fangspielen.

Feuer – Wasser – Sturm

Jedem dieser Begriffe wird eine Tätigkeit zugeordnet, die durchaus auch von den Schülern selbst gefunden und vor Beginn des Spiels immer wieder neu vereinbart werden kann. Alle laufen (auf Musik, auf Klatschen der Lehrkraft ...) durch die Halle; wird einer der drei Begriffe genannt, führen die Schüler die vereinbarte Tätigkeit aus.

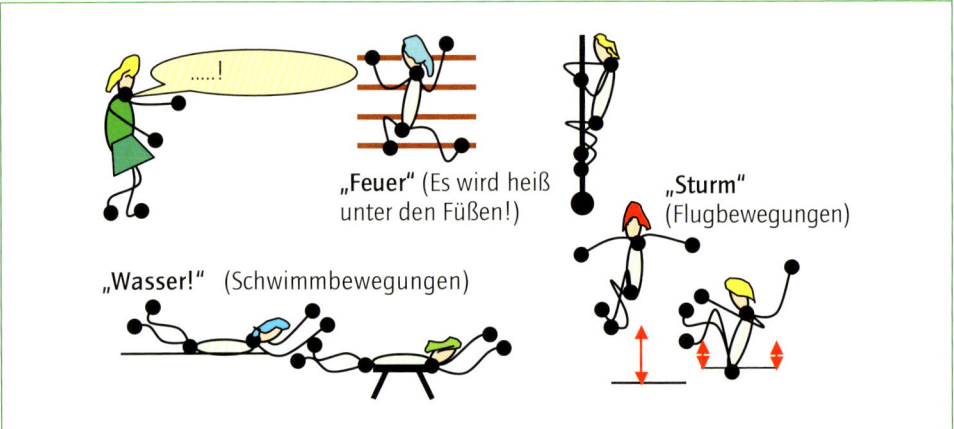

„Feuer" (Es wird heiß unter den Füßen!)

„Sturm" (Flugbewegungen)

„Wasser!" (Schwimmbewegungen)

Feuer = der Boden wird heiß und wir hüpfen alle auf der Stelle, um unsere Füße zu kühlen/ wir bringen uns in Sicherheit und steigen auf Bänke und Kästen/wir hängen uns an Taue ...

Wasser = wir ‚schwimmen', indem wir uns bäuchlings auf den Boden legen und Schwimmbewegungen ausführen/wir gehen in den ‚Schwebesitz', damit die Füße nicht nass werden ...

Sturm = wir lassen uns vom Sturm treiben/stehen fest auf dem Boden und schwanken wie eine Palme im Wind ...

Freunde suchen

Alle laufen (auf Musik, auf Klatschen des Lehrers ...) durcheinander, ohne zusammenzustoßen. Auf den Ruf „ZWEI!" finden sich immer ZWEI Schüler zusammen (entsprechend bei 3, 4, 5 ...). Findet ein Schüler keinen ‚Freund', hat dies keine Folgen; beim nächsten Durchgang hat er dann bestimmt Erfolg!
Diese Grundform kann durch zahlreiche zusätzliche Aufgaben erweitert werden, die von den jeweiligen Gruppierungen möglichst schnell – ohne daraus unbedingt einen Wettbewerb zu machen – gelöst werden sollen.
Die aufgerufenen Schülergruppen ...
• halten sich an der Hand;
• haken sich ein;

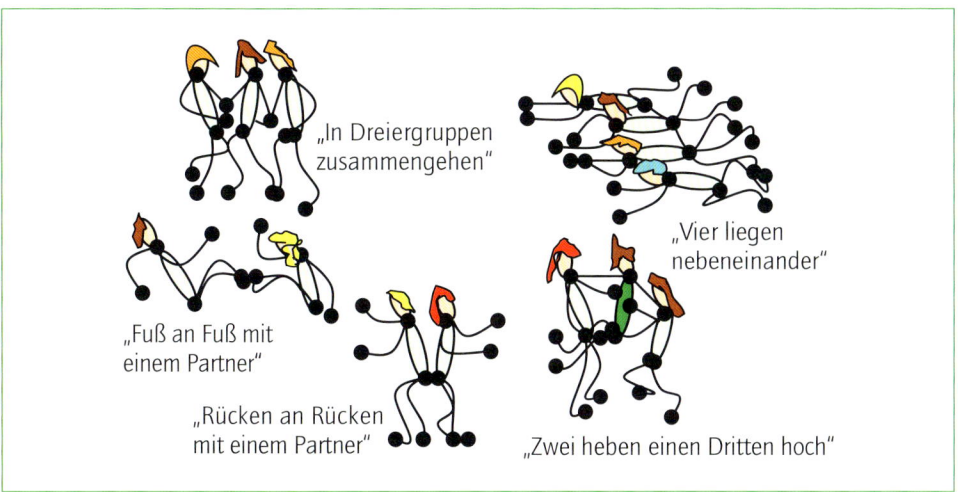

- bilden stehend/liegend einen Kreis;
- sitzen hintereinander/nebeneinander;
- stehen Rücken an Rücken, Kopf an Kopf …;
- stellen liegend oder stehend einen Buchstaben dar;
- legen sich auf den Boden – dabei müssen aber alle Füße in der Luft sein;
- heben einen Mitschüler aus der Gruppe hoch …

Hundehütte

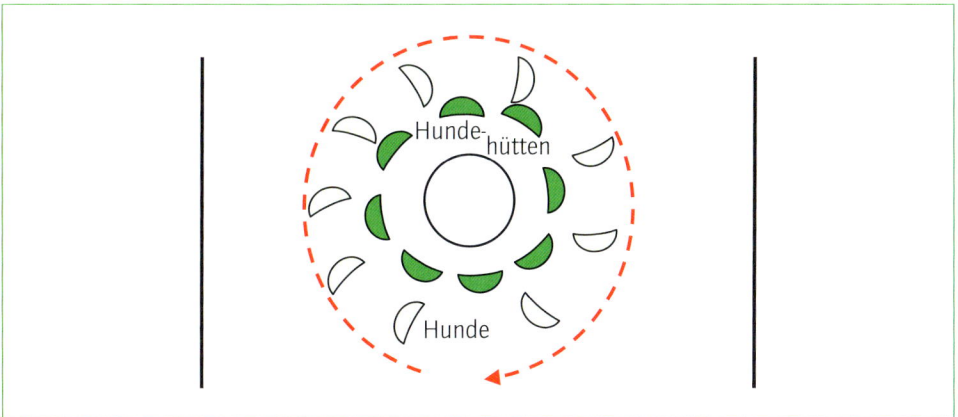

Doppelstirnkreis, wobei der äußere Kreis 1 bis 2 Schüler mehr zählt. Die Schüler im inneren Kreis grätschen die Beine; sie stellen die ‚Hundehütten' dar und bleiben stehen. Um den Innenkreis herum bewegt sich auf ein Zeichen des Lehrers der ganze äußere Kreis, die ‚Hunde'. Ruft der Lehrer laut „Hundehütte!", müssen die ‚Hunde' schnell in eine der ‚Hundehütten' kriechen (durch den Kreis darf dabei nicht gelaufen werden). Nicht allen gelingt dies; sie dürfen es dann wieder beim nächsten Lauf versuchen.
- Ein ‚übrig gebliebener' Schüler darf das nächste Kommando geben.
- Nach jedem Lauf wechseln die Rollen: Die ‚Hunde' werden zu ‚Hundehütten', diese zu ‚Hunden'. Wer keine ‚Hütte' gefunden hat, muss (darf) weiterlaufen.

Elefanten – Pferde – Kamele

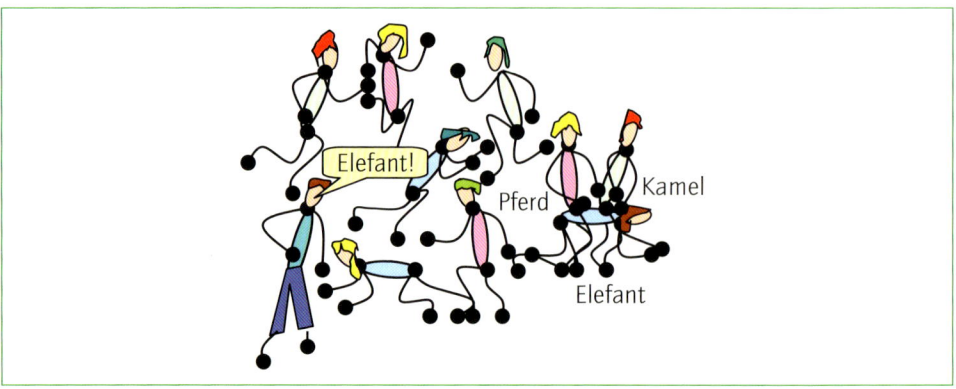

Die Klasse wird zu gleichen Teilen aufgeteilt in Reittiere: ‚Elefanten', ‚Pferde' und ‚Kamele'. Alle gehen/laufen (z. B. auf Musik) kreuz und quer durcheinander. Auf den Ruf „Pferde" müssen alle ‚Pferde' in die Bankposition. Jeweils ein ‚Elefant' und ein ‚Kamel' darf dann auf einem der ‚Pferde' – sehr vorsichtig! – reiten.

Big Mac – Hamburger

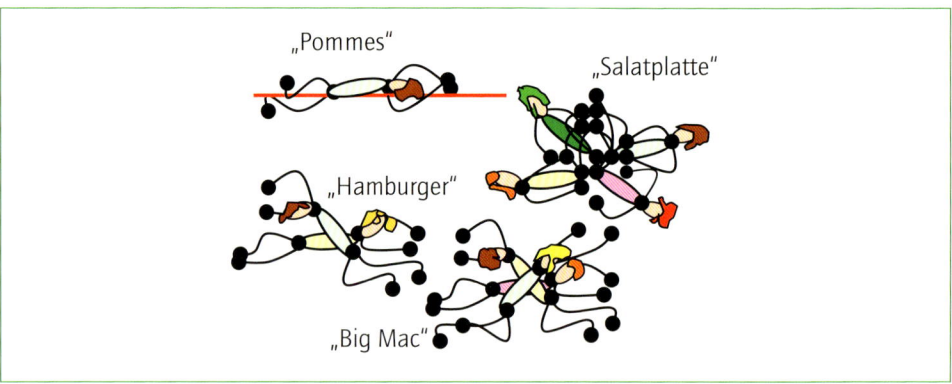

Alle laufen kreuz und quer durch die Halle. Zuvor wurden bestimmten Begriffen Handlungen zugeordnet, die, nachdem ein Begriff gerufen wurde, so schnell wie möglich ausgeführt werden müssen:

„*Pommes*": Sich mit lang ausgestreckten Armen auf eine der Hallenlinien legen.

„*Chicken Wings*": Dreiergruppe; der Schüler in der Mitte breitet die Arme aus, die beiden anderen schwingen diese auf und nieder.

„*Hamburger*": Zwei Schüler liegen ‚über Kreuz' übereinander.

„*Big Mac*": Drei Schüler liegen übereinander.

„*Doppeldecker*": Vier Schüler liegen übereinander

„*Salatplatte*": Vier Schüler liegen im Kreis auf dem Rücken und bilden mit ihren Beinen eine Pyramide.

Anpassungen an neue Erscheinungsformen der modernen Esskultur sind mit ein wenig Phantasie jederzeit möglich.

Mir ist soooooo schlecht!

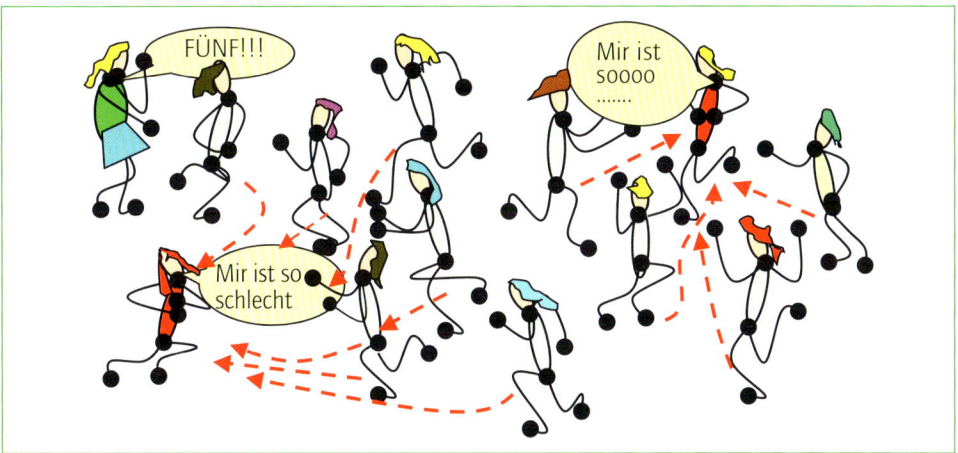

Wir lassen die Klasse auf ‚Fünf' durchzählen. Jeder merkt sich seine Zahl. Alle Schüler laufen kreuz und quer durch die Halle. Ruft der Lehrer z. B. „DREI !", zeigen alle ‚Dreier' schlimmste Zeichen des Schmerzes; sie greifen sich an den Bauch, stöhnen laut und drohen umzufallen. Alle anderen, die ‚Einser', ‚Zweier', ‚Vierer' und ‚Fünfer' eilen herbei und – je nach zuvor vereinbarter Vorgabe
* stützen die ‚Kranken',
* heben sie hoch,
* tragen sie auf eine Matte in der Hallenmitte/auf ein Kastenteil, eine Bank … und legen sie dort vorsichtig ab.

Wechselt das Bäumchen

Im Raum verteilt liegen Reifen – einer weniger als Mitspieler. In jedem Reifen steht ein Schüler. Der freie Schüler bewegt sich durch das Feld. Ruft er laut „Wechselt das Bäumchen!", müssen alle ihren Reifen verlassen und sich einen anderen suchen. Wer übrig bleibt, darf als nächster das Kommando geben.
* Immer zwei Schüler besetzen einen Reifen.

- Die Ausgangsstellung wird verändert.
- Die Art der Fortbewegung wird verändert.
- Alle laufen kreuz und quer um die ‚Bäumchen' herum. Auf ein Zeichen des Lehrers müssen sie sich eines suchen.
- Wer keinen Reifen erwischt, bekommt vom Lehrer ein Markierungsband. Wer hat am Schluss die wenigsten Bänder?

Obstsalat

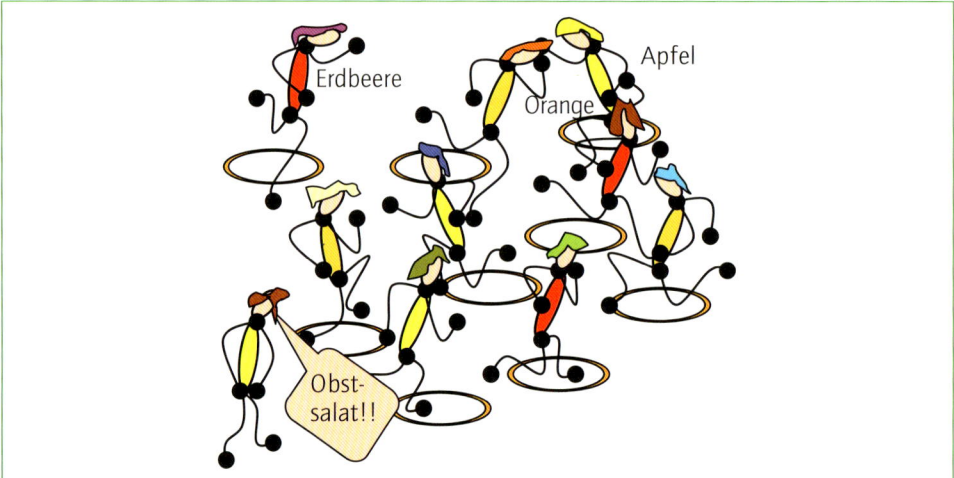

Im Raum verteilt liegen Reifen – einer weniger als Mitspieler. In jedem Reifen steht ein Schüler. Je ein Drittel der Schüler stellt die Kirschen, die Äpfel und die Orangen dar.
Ruft der Lehrer laut einen dieser Begriffe, müssen die Angesprochenen ihren Reifen verlassen und sich einen anderen suchen. Ertönt der Ruf „Obstsalat!", wechseln alle den Reifen.

- Wer keinen freien Reifen erwischt, darf als nächster das Kommando geben.
- Wer keinen freien Reifen erwischt, bekommt vom Lehrer ein Markierungsband. Wer hat am Schluss die wenigsten Bänder?

Sprung in den freien Reifen

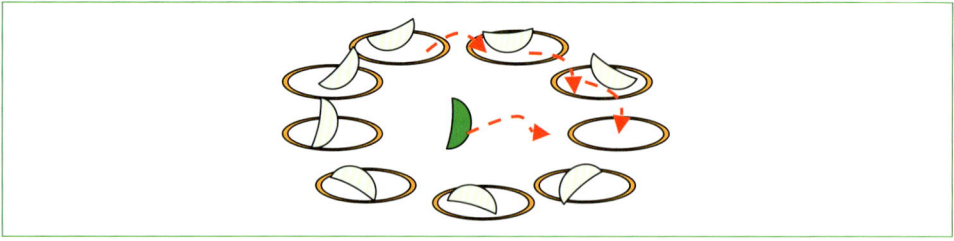

Kreisförmig sind Reifen ausgelegt. Nur in einem der Reifen steht kein Schüler.
Ein Schüler, in der Kreismitte stehend, versucht, in diesen freien Reifen zu gelangen. Durch Verschieben – die Richtung kann vorab vorgegeben werden – versuchen die anderen dies zu verhindern. Gelingt es dem Schüler in einen freien Reifen zu gelangen, darf er bleiben.
Der Schüler, der ‚geschlafen' hat, muss in die Kreismitte.

Inselhüpfen

In der Halle, dem ‚Meer', sind ‚Inseln' ausgelegt, auf die man sich retten kann, sollten die ‚Haie' erscheinen. Dies sind einige als ‚Fänger' gekennzeichnete Schüler, die die Inselbewohner auf ihren Reisen von einer Insel zur andern zu fangen versuchen.

Gelingt dies, ...

* helfen sie den Haien, bis alle gefangen sind,
* lösen sie den Hai ab, der sie gefangen hat.

Staffeln – manchmal Anlass für mehr Frust als Lust

Streit unter Schülern entzündet sich in der Regel an einigen kritischen Phasen einer Staffel:
- Beim Ablöseverfahren;
- bei der Feststellung des Gewinners;
- an der Frage, ob die Aufgabenstellung für ‚unterwegs' richtig gelöst oder ob nicht doch ‚gemogelt' wurde;
- bei zu langen Wartezeiten bis man wieder ‚drankommt';
- an der Frage, ob ausgerechnet der schwächste Schüler Mitglied der eigenen Mannschaft und damit ‚Garant' der Niederlage sein soll und
- bei Wiederholungen, bei denen von vornherein die immer gleiche Siegermannschaft feststeht.

Die Ablösung bei Staffeln kann ein Problem sein – oder auch nicht

Unklare Festlegungen beim Ablöseverfahren können Gründe für Streitereien sein, da sich einzelne Mannschaften übervorteilt und damit im Nachteil sehen. Aus der Vielzahl von Möglichkeiten, die Ablösung relativ ‚gerecht' zu organisieren, sollen einige bewährte Verfahren aufgezeigt werden.

> Grundsätzlich gilt:
> Der Ort, an dem die Ablösung erfolgt, muss klar definiert sein. Als eindeutige Organisationsform haben sich z. B. blaue Turnmatten bewährt, auf denen sich die Gruppen befinden und von wo aus gestartet werden muss.
>
> Kleine Gruppen, häufige Wiederholungen, schnelles ‚Drankommen' und Zusatzaufgaben für die Wartenden sind wichtige Kriterien für ein gutes Gelingen.

Die einfachste – aber problematischste – Möglichkeit

Der nächste Läufer wird an bzw. mit der Hand ‚abgeschlagen' bzw. es wird ihm ein zu transportierender Gegenstand (z. B. ein Ball, ein Stab, ein Markierungsband ...) übergeben. Dabei sollte zur Bedingung gemacht werden, dass der nächste Läufer mit beiden Beinen hinter einer Linie, oder (besser) auf einer Matte steht und dort ‚abgeschlagen' wird.

Probleme:
- Der zu übergebende Gegenstand wird zugeworfen.
- Der nächste Läufer startet verfrüht.

Vorbei an einer Malstange ...

Der nächste Läufer hält seinen ausgestreckten Arm hinter einer hohen Malstange zur Seite. An dieser muss der ankommende Läufer vorbeilaufen, ihn mit und an der Hand abschlagen oder ihm einen Gegenstand übergeben. Der Läufer kann so erst starten, wenn er seinen Arm wieder zurückgezogen hat – sonst würde er die Malstange umwerfen.

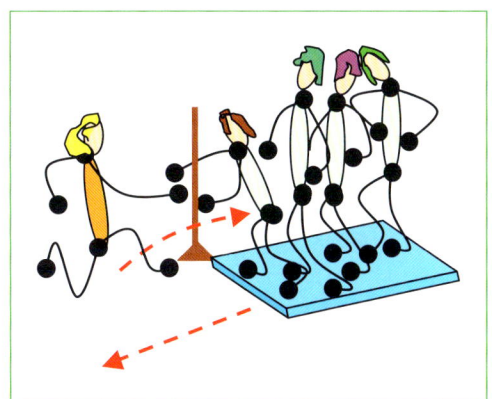

Die Gruppe umlaufen und einen Gegenstand durch die gegrätschten Beine der Gruppe nach vorne geben ...

Der ankommende Läufer muss die ganze Gruppe, die hintereinander mit gegrätschten Beinen auf der Matte steht, umlaufen und einen Ball durch deren gegrätschte Beine rollen oder einen Gegenstand durchreichen. Der jeweils vorne stehende Läufer nimmt den Ball/den Gegenstand auf und startet ...

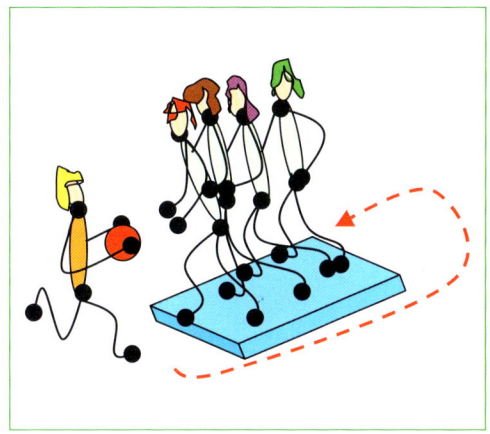

Die Gruppe umlaufen und einen Gegenstand durch die ‚Brücke' nach vorne geben ...

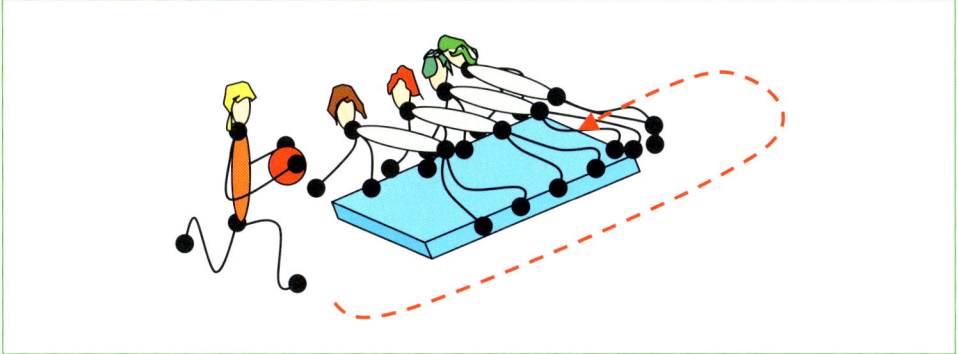

Der ankommende Läufer muss die ganze Gruppe, die eng nebeneinander auf dem Bauch (in Liegestützposition) liegt, umlaufen. Alle machen nun eine hohe ‚Brücke', so dass ein Ball zum nächsten Läufer durchgerollt (oder ein Gegenstand durchgereicht) werden kann. Dieser nimmt den Ball bzw. den Gegenstand auf und startet ...

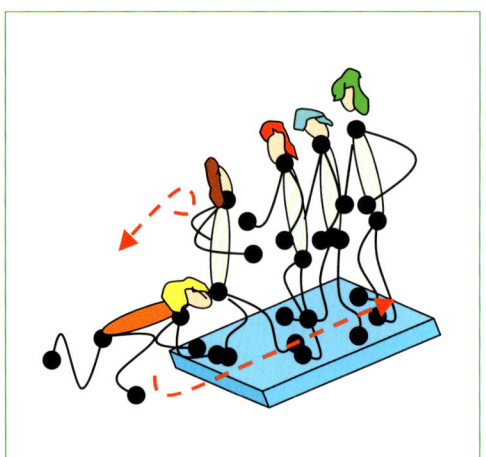

Durch die gegrätschten Beine kriechen ...

Der abzulösende Läufer steht mit gegrätschten Beinen mit dem Rücken zur Laufrichtung auf der Matte. Ein ankommender Läufer kriecht durch seine gegrätschten Beine. Erst jetzt ist die Ablösung erfolgt und der Läufer kann sich umdrehen und starten.

An der Gruppe vorbei – Ablösung von hinten ...

Der ankommende Läufer umläuft die Matte und schlägt den nächsten Läufer von hinten ab bzw. übergibt einen zu transportierenden Gegenstand.

Die Kleider wechseln ...

Der nächste Läufer muss auf der Matte zunächst die ‚Kleider' wechseln (es empfiehlt sich z. B. eine Hose) bevor er starten darf. Eine Jacke könnte er sich auch im Laufen überziehen – die Hose jedoch kaum.

Unter der Matte durch!

Eine Läufergruppe besteht aus 5 Schülern. Vier Schüler verteilen sich auf die vier Schlaufen der Matte und heben diese hoch, sobald der Läufer ankommt. Wenn er unter der Matte hindurchgekrochen ist, wird sie fallengelassen und der nächste Läufer startet. Natürlich muss man sich zuvor über die Reihenfolge der Startenden einigen.

Komplizierte Geräteübergabe

Die Übergabe mitgeführter Geräte wird so gestaltet, dass sie etwas länger dauert. Dies ist immer dann der Fall, wenn mehrere Geräte übergeben werden müssen (z. B. 3 Stäbe, bei denen zwei dazu dienen, den dritten Stab auf dem Boden zu rollen).

Den Start ‚erwürfeln'

Der nächste Läufer darf erst dann starten, wenn er mit einem Würfel (Schaumstoffwürfel sind für alle ablesbar und damit gut kontrollierbar) eine vorgegebene Zahl (z. B. eine gerade oder eine ungerade Zahl; eine Zahl von 1 bis 3 oder von 4 bis 6) gewürfelt hat.

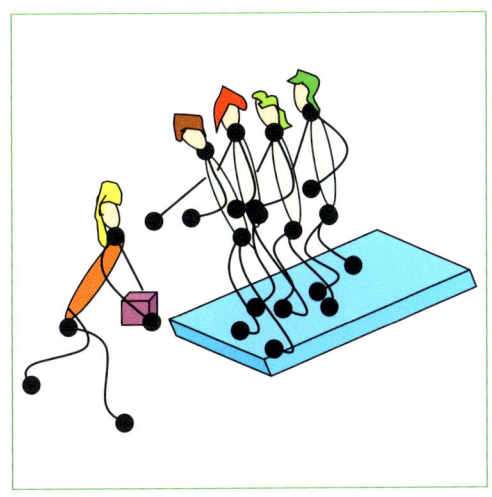

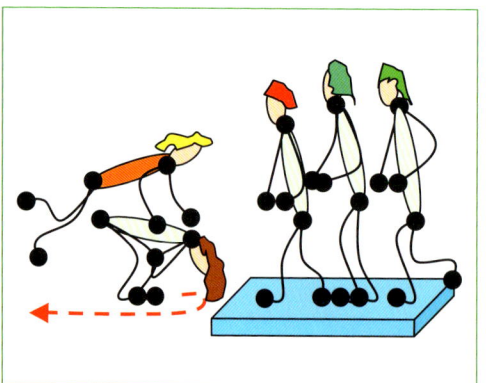

Ablösung durch einen ‚Bocksprung'

Der nächste Läufer steht gebückt und mit dem Rücken zur Laufrichtung vor der Matte. Der ankommende Läufer macht einen ‚Bocksprung' über ihn und gibt ihm auf diese Weise das Startzeichen.

Staffeln – Vielfalt an Bewegungsmöglichkeiten

Staffelspiele sind vielfältig. Es gibt Reihen-, Umkehr-, Pendelstaffeln, Kreis-Lauf-Formen, Gruppenwettbewerbe über eine vorgegebene Strecke und zahlreiche ‚Neuentdeckungen', die sich in die ‚klassische' Klassifizierung nicht einbinden lassen.

Alle weisen ihre Eigenheiten auf – und es ist gut, diese zu kennen und, um einen für alle möglichst reibungslosen und befriedigenden Unterrichtsablauf zu gewährleisten, zu berücksichtigen.

Reihenstaffeln – und was man daran verändern kann

Das Prinzip: Ein Ball oder ein Gegenstand wird entlang einer Schülerreihe bewegt und wird vom letzten Schüler aufgenommen; dieser läuft an den Beginn der Reihe und gibt den Ball wieder weiter.

Beispiel 1 **Wichtig: KLEINE GRUPPEN** (max. 5 Schüler) bilden um Langeweile zu vermeiden.

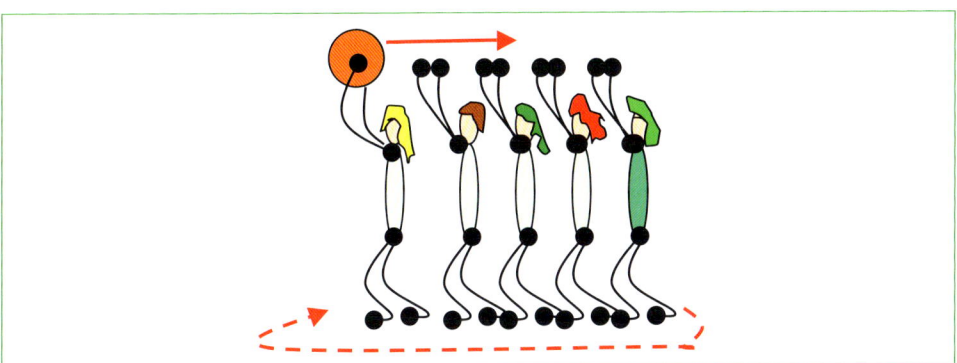

Die Spieler reichen einen großen Ball (Medizin-, Basket-, Fußball) über Kopf nach hinten zum jeweils nächsten Spieler weiter. Der letzte Spieler in der Reihe nimmt den Ball auf, läuft mit ihm an das vordere Ende der Reihe und gibt von dort aus den Ball über den Kopf wieder nach hinten weiter. ... Sieger ist die Gruppe, deren Startspieler als erster wieder mit dem Ball vor der Reihe steht.

Varianten
• Den Ball durch die gegrätschten Beine nach hinten rollen.

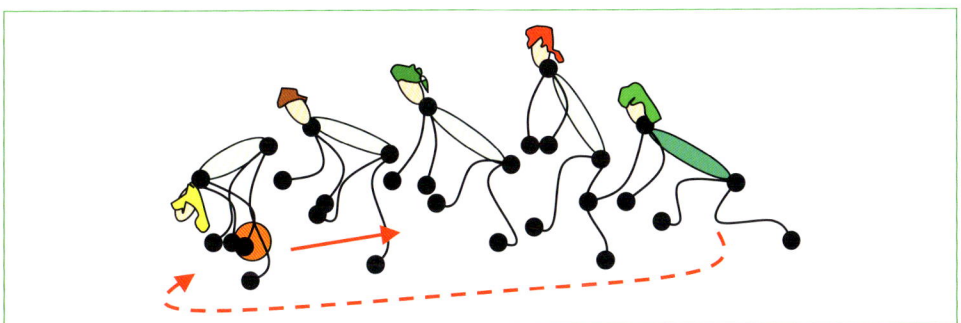

• Den Ball durch die gegrätschten Beine weiterreichen.

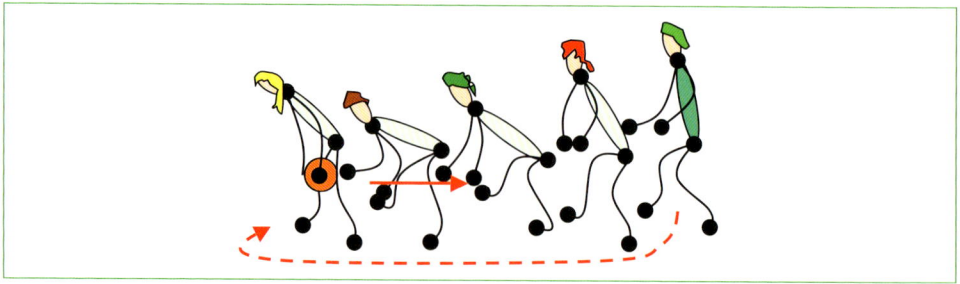

• Den Ball im Wechsel (über den Kopf und durch die gegrätschten Beine) weiterreichen.

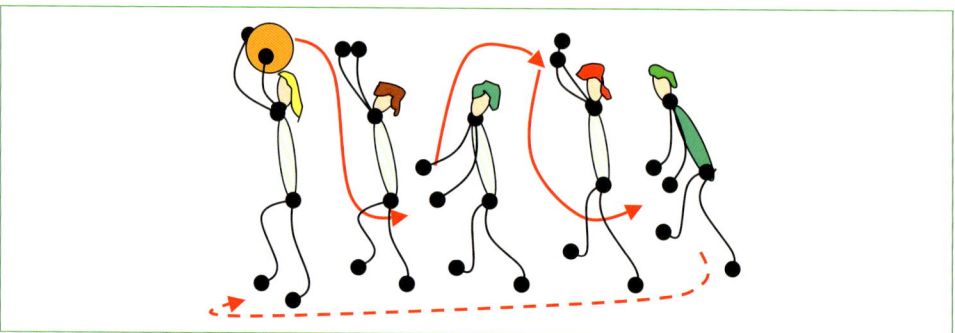

• Den Ball an der Seite vorbei weiterreichen (rechts-links im Wechsel).

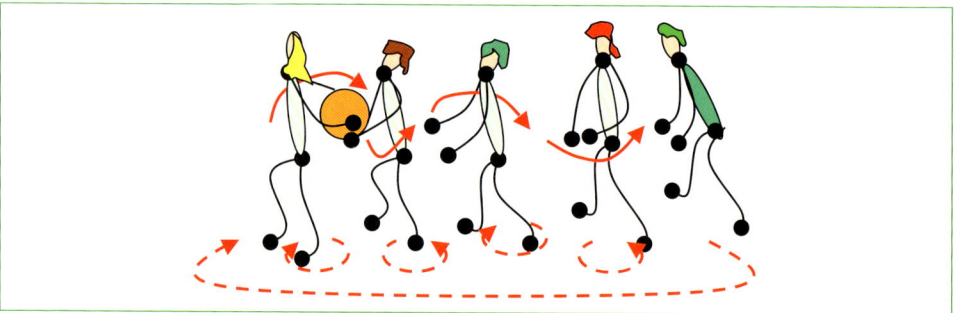

• Im ‚Reißverschlusssystem' sitzen sich die Schüler in zwei Linien gegenüber und reichen mit den Füßen einen (großen) Ball weiter. Der letzte nimmt ihn auf, läuft nach vorne …

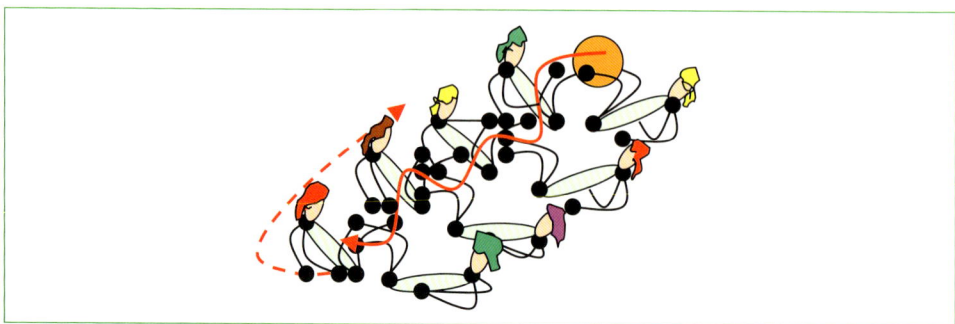

Beispiel 2 **Wichtig: GROSSE GRUPPEN** (etwa 10 Schüler).

Die Spieler legen sich dicht nebeneinander in Bauchlage auf den Boden und gehen gemeinsam – auf Zuruf „HOCH!" des Startspielers – in den ‚Liegestütz'. Dieser Spieler rollt einen großen Ball (z. B. Medizinball) durch den so entstandenen ‚Tunnel' und legt sich vor die Reihe zu den anderen Spielern, die inzwischen wieder in Bauchlage auf dem Boden liegen. Der letzte Spieler in der Reihe nimmt den Ball auf, läuft mit ihm zum ‚Tunneleingang', ruft „HOCH!", rollt den Ball durch den ‚Tunnel' und legt sich …

Sieger ist die Gruppe, deren Startspieler als erster wieder mit dem Ball am ‚Tunneleingang' steht. Im Unterschied zum ersten Beispiel sind hier alle Spieler wesentlich aktiver am Geschehen beteiligt.

Varianten

• Den Ball auf dem Rückweg nicht tragen, sondern dribbeln, prellen, ihn mit der Hand rollen oder mit dem Fuß führen.

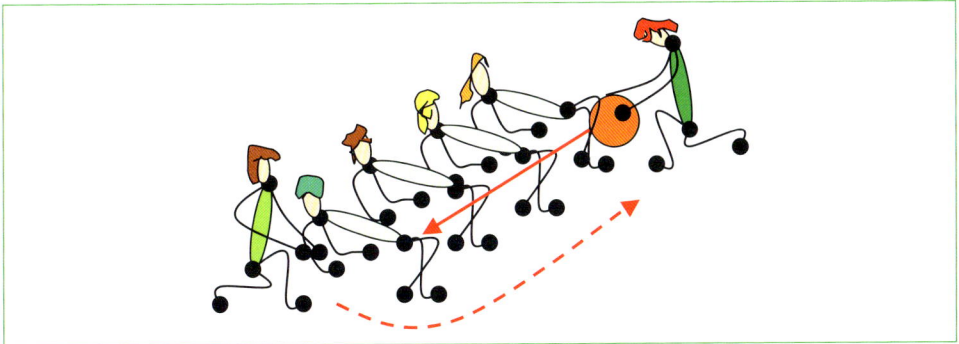

• Die Spieler sitzen mit angewinkelten Beinen eng nebeneinander, stützen hinter dem Rücken die Hände auf den Boden und heben, wenn der Ball angerollt kommt, das Gesäß hoch (Liegestütz rücklings).

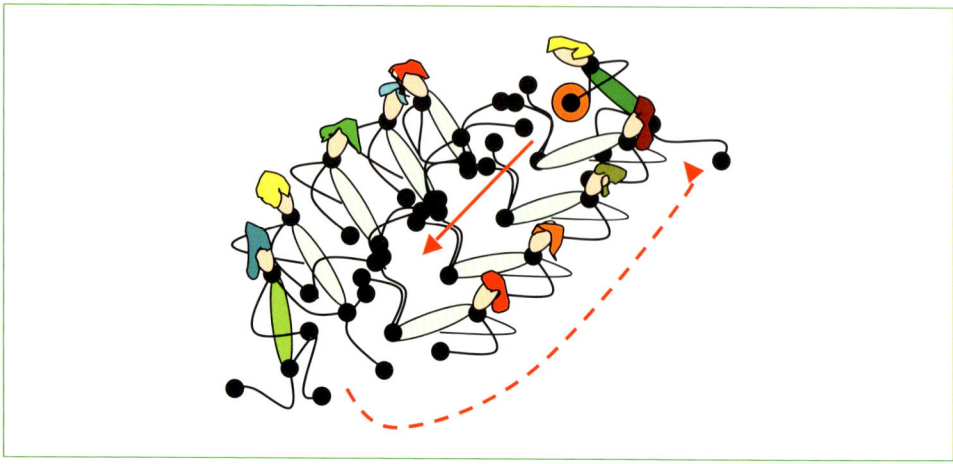

- Die Spieler sitzen sich im ‚Reißverschlusssystem' in zwei Linien so gegenüber, dass sich die Füße der einen auf Höhe der Knie der anderen befinden: Sie heben die gestreckten oder angewinkelten Beine hoch (‚Schwebesitz'), um den Ball durchzulassen und legen sie dann wieder ab.

Umkehr(Wende-)staffeln – und was man daran verändern kann

Das Prinzip: Ein Schüler läuft um ein Mal herum und kehrt zur Gruppe zurück. Gewonnen hat die Gruppe, bei der zuerst alle ein-, zwei- oder dreimal (je nach Vorgabe oder Absprache) gelaufen sind.

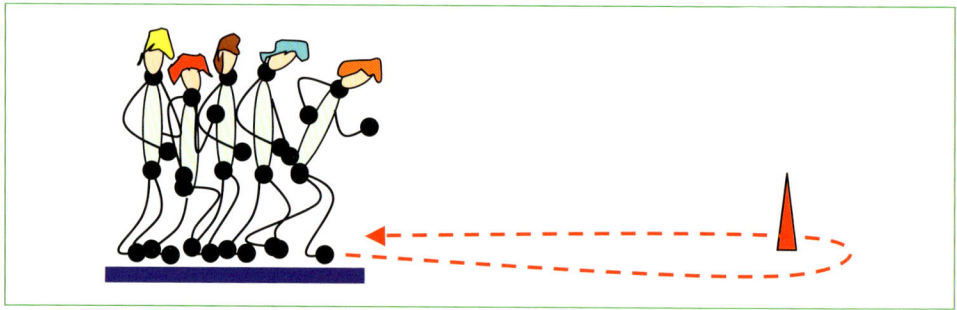

Wichtig:
- Viele, aber kleine Gruppen (max. 5 Schüler) bilden; ggf. die Laufbahnen auch quer zur Halle einrichten.
- Klare Organisationsformen schaffen (Start, Laufweg, Wendemarke, Abschluss).
- Auf keinen Fall die Wand als Wendemarke benützen!!

Vielfältige Variationen ergeben sich beim **Starten**, beim **Laufweg**, bei der **Fortbewegungsart**, an der **Wendemarke**, beim **Ablöseverfahren** und beim **Abschluss** der Staffel.

Starten

Start und Ziel müssen klar definiert sein, sonst gibt es Unstimmigkeiten.
Wir starten von ...
* einer Matte aus,
* einer Linie aus,
* einer Bank aus ...

Starten kann man aus verschiedenen Ausgangsstellungen.
Zum Beispiel aus ...
* dem Stehen (hintereinander),
* dem Sitzen (hintereinander),
* dem Liegen in Bauch- oder Rückenlage, neben- oder hintereinander ...

Laufweg

In den Laufweg können Hindernisse einge-baut werden.
* Slalomlaufen um Male;
* Durchkriechen von Geräten;
* Überspringen oder Überlaufen von Matten/Gegenständen;
* Überwinden von Hindernissen (Kasten ...)

Geräte können mitgenommen bzw. verwen-det werden. Wir ...
* rollen Reifen, Bälle;
* tragen ein Sandsäckchen (z. B. auf dem Kopf), balancieren einen Tennisball auf einem Speckbrett;
* prellen einen Ball oder führen ihn am Fuß;
* ziehen mit einem Seilchen einen Partner, der auf einer Teppichfliese sitzt oder kniet ...
* bewegen ein ‚Fahrzeug‘ (Rollwagen, auf dem ein Mitschüler sitzt) ...

Fortbewegungsart

Die Fortbewegungsart kann verändert werden
* Hüpfen mit geschlossenen Beinen;
* Hüpfen auf einem Bein;
* Hüpfen, dabei ist ein Bohnensäckchen zwischen den Füßen/Beinen eingeklemmt;
* Laufen auf allen Vieren;
* Laufen rückwärts;
* Laufen im ‚Krebsgang‘;
* Laufen paarweise mit Handfassung ...

Entfernungen
(Kurze Distanzen!)
(Kurze Distanzen!)

(Kurze Distanzen!)
(Kurze Distanzen!)
(Kurze Distanzen!)
(Kurze Distanzen!)

Wendemarke

Die Wendemarke kann ...
- umlaufen werden (ein Mal, z. B. ein Hütchen, ein Kleinkasten ...);
- überwunden werden (z. B. ein niedriger Kasten);
- durchkrochen werden (z. B. ein Tunnel aus Hürden, Matten ...)

An der Wendemarke kann ...
- etwas abgelegt werden (z. B. ein Ball, ein Gerät), das der nächste Läufer wieder holen muss;
- etwas ‚erledigt' werden (z. B. ein Kleidungsstück wechseln, etwas bauen, Gegenstände austauschen, eine bestimmte Zahl würfeln, die zu den zuvor gewürfelten Zahlen addiert werden muss ...)

Abschluss der Staffel

Die Staffel ist zu Ende, wenn
- alle Schüler wieder hintereinander sitzen;
- alle wieder hintereinander stehen;
- alle Schüler nebeneinander liegen;
- alle einen Kreis mit Handfassung bilden ...

Erfolgte der Start von einer Matte aus, ist die Staffel zu Ende, wenn ...
- alle Schüler hintereinander auf ihrer Matte sitzen, stehen ...
- nebeneinander auf der Matte liegen;
- alle Schüler unter ihrer Matte liegen;
- ihre Matte über dem Kopf halten;
- den letzten Läufer, auf der Matte liegend, zusammen mit dieser hochheben ...

Ablöseverfahren

Siehe Kapitel ‚Staffeln – manchmal Anlass für mehr Frust als Lust'. Seite 84 ff.

‚Matten-Hebe-Staffel' (5 Schüler pro Turnmatte)

Start: 4 Schüler stehen an den Ecken einer auf dem Boden liegenden Matte; ein fünfter Schüler steht hinter der Matte.
Laufweg: Um ein Mal herum.
Fortbewegungsart: Laufen.
Wendemarke: Hütchen.
Ablöseverfahren: Unter der hochgehobenen Matte hindurch – dann erst kann der nächste Läufer starten.
Abschluss: Alle Schüler sitzen hintereinander auf der Matte.

Vier Schüler stehen an den Ecken (Schlaufen) einer auf dem Boden liegenden Turnmatte; der fünfte Schüler steht hinter der Matte. Auf ein Startzeichen läuft er über die Matte und umrundet das Mal. Bei der Rückkehr läuft er unter der inzwischen von seinen vier Mitspielern an

den Schlaufen hochgehobenen Matte hindurch. Dann wird die Matte sofort fallen gelassen und der nächste Schüler startet. Der erste Läufer nimmt nun den frei gewordenen Platz ein ... Welche Gruppe sitzt, nachdem der letzte Läufer die Matte unterquert hat, als erste hintereinander auf der Matte?
• Während des Laufs zusätzlich ein Gerät transportieren, einen Ball rollen, prellen, dribbeln ...
• Paarweise laufen (z. B. bei 6 oder 8 Schülern pro Matte).

‚Bälle verteilen'

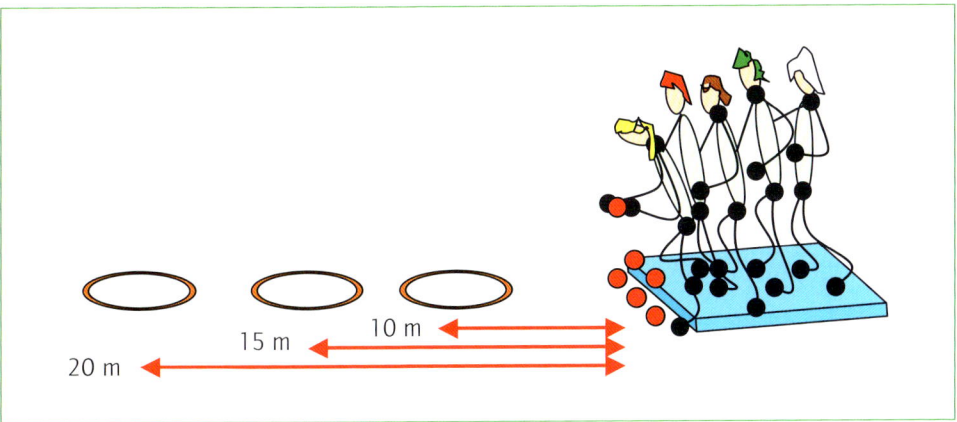

Vor jeder Gruppe (6 Schüler auf einer Matte) sind im Abstand von 10 m, 15 m und 20 m von der Startlinie Reifen (oder kreisförmig angeordnete Seilchen) ausgelegt. Jede Gruppe erhält 6 Bälle.
Nach dem Startzeichen versucht der erste Läufer einen der Bälle so schnell wie möglich in einen der drei Reifen zu legen. Nach Rückkehr zur Matte gibt er z. B. durch Abklatschen dem nächsten Schüler das Startzeichen (Wer zu welchem Reifen läuft, sollte zuvor unter den Schülern abgesprochen werden).
Gewonnen hat die Gruppe, die als erste in jeden der Reifen zwei Bälle gelegt hat und danach wieder komplett auf der Matte sitzt.

• Beim zweiten Durchgang müssen die Bälle einzeln wieder eingesammelt werden.
• Nach dem Ablegen sofort beim zweiten Durchgang die Bälle einzeln und nacheinander wieder einsammeln.
• Die Gruppe besteht aus drei Schülern. Jeder Schüler hat zwei Bälle.

‚Kellnerstaffel' (Als Umkehr- und Pendelstaffel möglich)

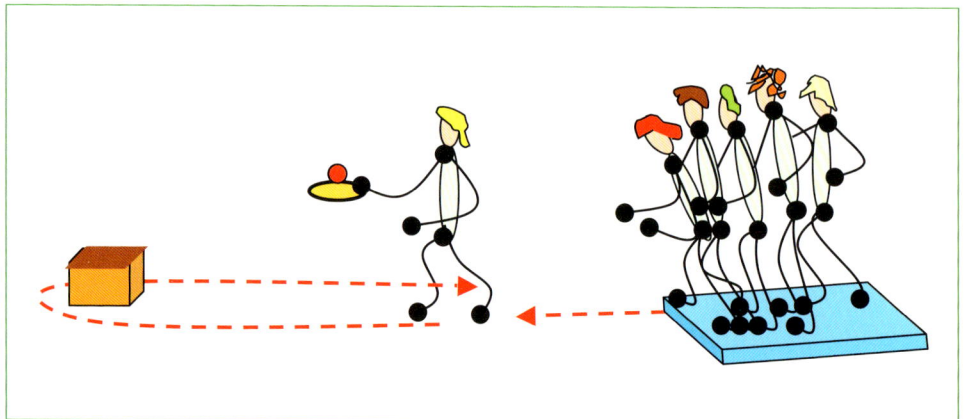

Ein Schüler transportiert auf einem ‚Speckbrett' oder einem Badmintonschläger einen Tennisball, ohne diesen mit den Händen festzuhalten. Übergabe an den nachfolgenden Läufer hinter der Startlinie.

‚Würfelstaffel'

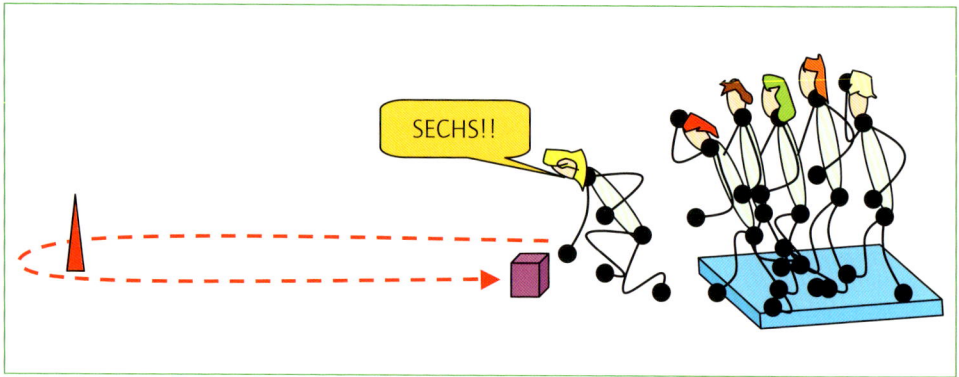

Bei jeder Gruppe liegt ein großer Schaumstoffwürfel.
- Starten kann ein Läufer nur dann, wenn er – je nach vorheriger Festlegung – eine gerade/ eine ungerade oder eine Zahl zwischen 1 und 3 oder 4 und 6 … gewürfelt hat;
- Jeder darf 1 x würfeln – dann aber müssen so viele Schüler laufen, wie der Würfel Punkte anzeigt (die Gruppe muss also aus mindestens 6 Schülern bestehen).

‚Rikscha-Wettlauf'/Sänftenstaffel

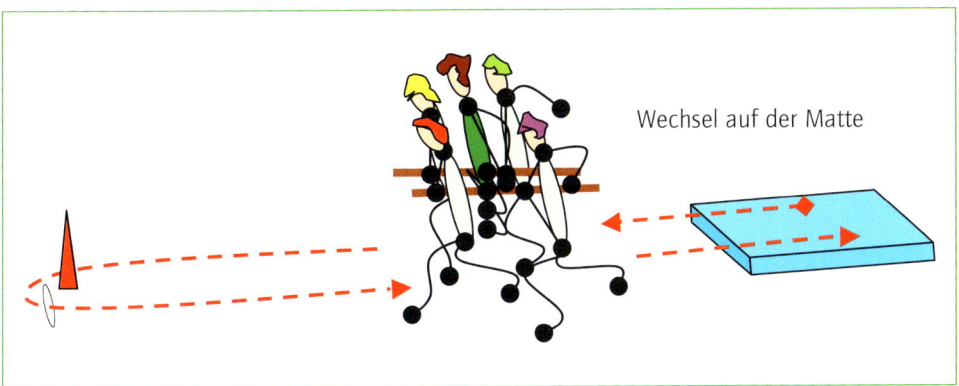

Vier Schüler transportieren mit Hilfe zweier (dicker) Gymnastikstäbe einen fünften um ein Mal herum und wieder zurück zum Startpunkt auf die Matte. Dort erfolgt der Wechsel – so lange, bis jeder Schüler einmal transportiert wurde.
• Der zu transportierende Schüler hängt sich zwischen die beiden Stäbe.

‚Balltransport'

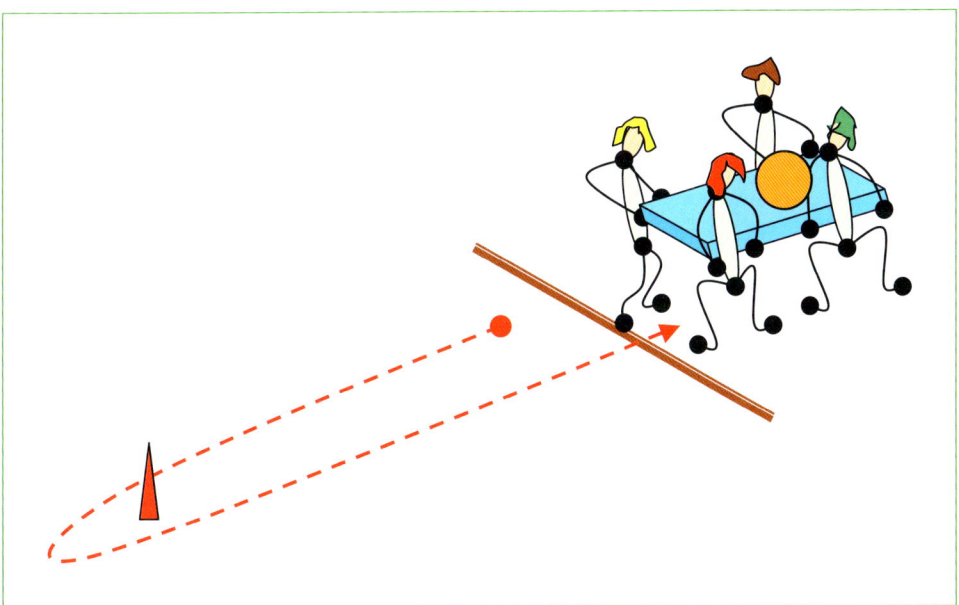

Auf einer Turnmatte liegt ein Medizinball. Vier Schüler heben die Matte an den Schlaufen hoch und laufen mit ihr um ein Mal herum, ohne dass der Ball festgehalten wird oder herunterfällt. Matte und Ball werden, zurück am Startpunkt, an die nächste Vierergruppe übergeben.
• Fällt der Ball auf den Boden, muss er, ohne ihn mit den Händen zu berühren, wieder auf die Matte gebracht werden.
• Es wird ein fünfter Schüler, auf der Matte liegend, transportiert.

‚Stabstaffel'

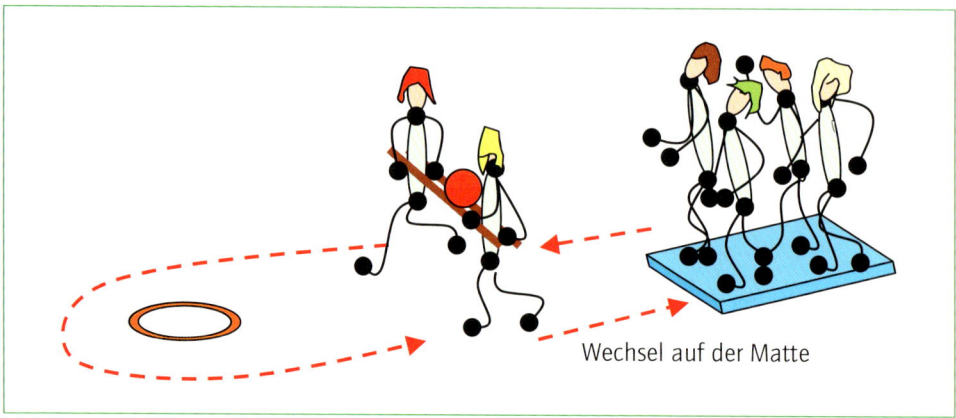

Wechsel auf der Matte

Zwei Schüler transportieren mit Hilfe zweier Stäbe einen Medizinball um ein Mal herum zurück zum Ausgangspunkt. Beim zweiten Durchgang werden sie durch die nächsten beiden Schüler abgelöst ... Mit den Händen darf der Ball nicht berührt werden.
* Welche Gruppe schafft innerhalb einer vorgegebenen Zeitspanne die meisten ‚Balltransporte'?

‚Anhängerstaffel'

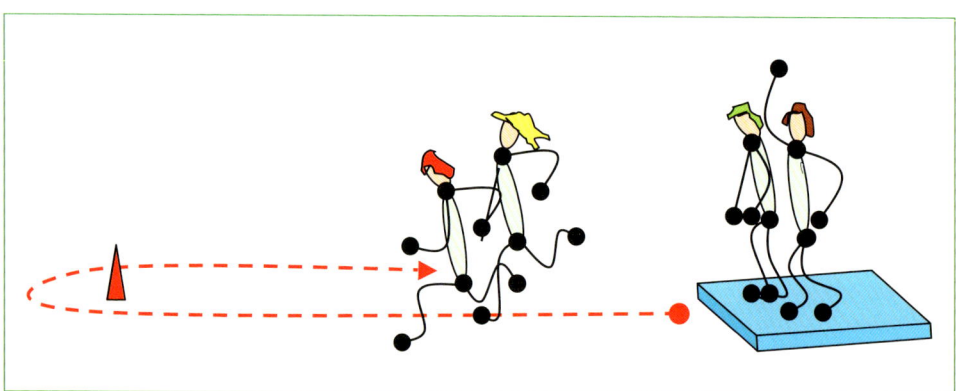

Wichtig: Kleine Gruppen von 3 bis maximal 5 Schülern!
Der erste Schüler läuft um ein Mal herum und wieder zurück und holt dann den nächsten ab. Zu zweit (mit Handfassung) laufen sie gemeinsam um das Mal herum und holen den dritten Schüler ab ...
Welche Gruppe erreicht als erste wieder die Startposition?

Mögliche Varianten:
* Hintereinander laufen, eingehakt laufen ...
* Alle halten sich an einem Sprungseil fest.
* Sind alle beieinander, koppeln sie beim nächsten Durchgang zuerst den ersten Läufer, dann den zweiten ... usw. wieder ab, bis der letzte Läufer alleine wieder in die Startposition zurückkehrt. Damit haben alle die gleiche Strecke zurückgelegt.

Pendelstaffeln –
und was man daran verändern kann

Das Prinzip: Bei der Pendelstaffel geht es darum, einen Gegenstand auf einer Laufstrecke hin und her ('pendelnd') zu transportieren. Ein Durchgang ist dann absolviert, wenn die sich gegenüber stehenden Gruppen 'pendelnd' die Plätze getauscht haben (ein- oder mehrmals – je nach vorheriger Absprache). Für die Schüler, aber auch manchmal für den Lehrer, erscheint dies zunächst etwas unübersichtlich – vor allem dann, wenn ein Sieger ermittelt werden soll.

Start, Laufweg, Fortbewegungsmöglichkeiten und Ablöseverfahren regeln sich in ähnlicher Weise wie bei der Umkehrstaffel.

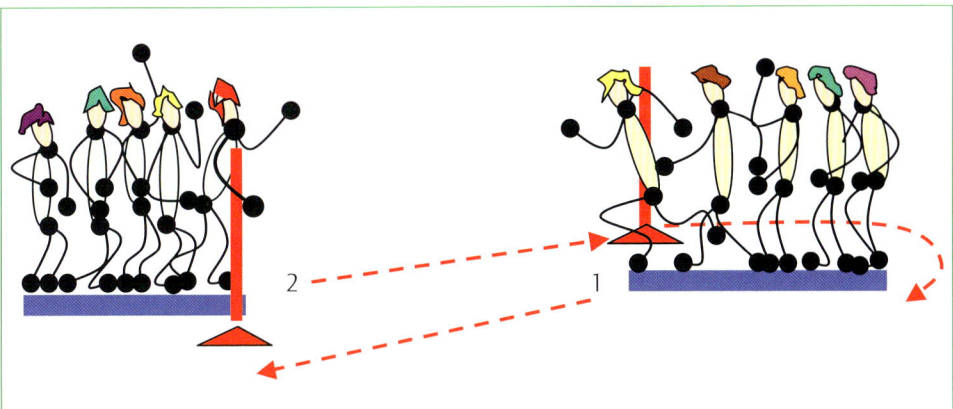

Mögliche Varianten
- Es wird ein Medizinball hin und her transportiert oder mit einer Hand gerollt ...
- Es wird ein Gymnastikball mit der Hand gedribbelt oder geprellt oder am Fuß geführt, auf einem Speckbrettchen ein Golfball balanciert, ein Luftballon gestoßen, ein Reifen getrieben, ein Stab mit Hilfe zweier weiterer Stäbe gerollt ...,
- Es werden Kleider oder Schuhe ausgetauscht (Hut, alte Hose, Gummistiefel ...)
- Ein Schüler sitzt auf einer Fliese (rutschige Seite nach unten!) und bewegt sich mit Hilfe der Füße/Beine/Hände zur anderen Seite.
- Ein Schüler liegt oder kniet auf einem Rollbrett und fährt mit Hilfe seiner Hände zur anderen Seite.
- Ein Schüler fährt auf einem Pedalo.
- Zwischen den Gruppen ist eine Slalomstrecke aufgebaut, die mit oder ohne Geräte umlaufen oder umfahren werden muss.
- ...

Kreis-Lauf-Spiele

Das Prinzip: Die Schüler laufen einzeln oder in Gruppen auf einer vorgegebenen Kreisbahn zu ihrer Startposition zurück. Als Markierungen für den Laufweg und die Positionen der Gruppe eignen sich ausgelegte Matten (die Gruppen sitzen auf den Matten), ein Taukreis oder ein Schwungtuch (Fallschirm), an dem sich die Gruppen festhalten können.

Empfehlung: 4, 5 oder 6 Matten werden in Kreisform ausgelegt. Auf jeder Matte befinden sich gleich große Schülergruppen (4 bis 6 Schüler).

Wichtig: Zunächst die **gleiche Laufrichtung** beibehalten.

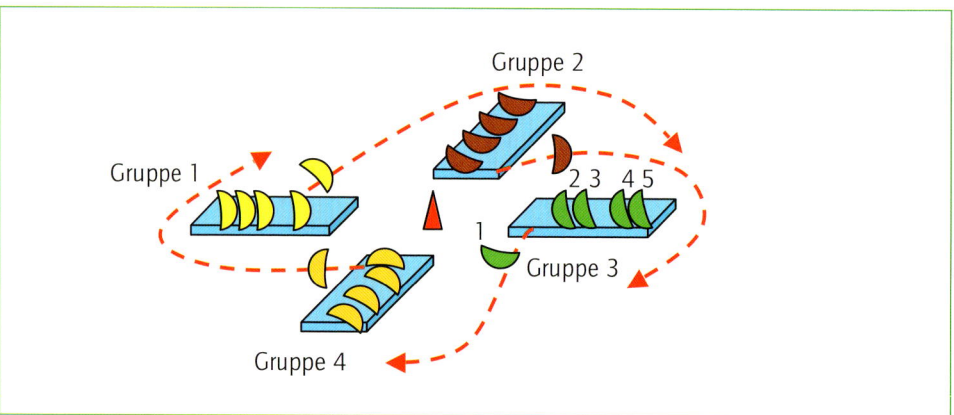

Beispiele zur Grundform

- Auf ein Startzeichen laufen zwei Gruppen (z. B. die Gruppen **1** und **3** oder **2** und **4** ...) oder alle 4 Gruppen (bei Verwendung von 4 Matten) gleichzeitig um den Mattenkreis und setzen sich wieder auf ihre Matte. Welche Gruppe sitzt als erste?

- Die Schüler auf der Matte sitzen hintereinander. Von jeder Gruppe läuft zuerst der erste Schüler, dieser löst nach seiner Laufrunde den zweiten Schüler ab, dieser den dritten ... bis alle wieder auf ihrem Platz sitzen.

- Die Schüler auf den Matten sind durchnummeriert. Ruft die Lehrkraft z. B. „DREI", laufen alle Schüler aller Gruppen mit der Nr. 3 usw.; beim Ruf „VIERUNDZWANZIG" (24) laufen die Schüler mit der Nr. 2 und der Nr. 4; beim Ruf „VIER MAL ACHT" (32) laufen alle Schüler mit den Nummern 3 und 2. Welche Matte ist als erste wieder vollzählig besetzt?

„Komm mit – lauf weg!"

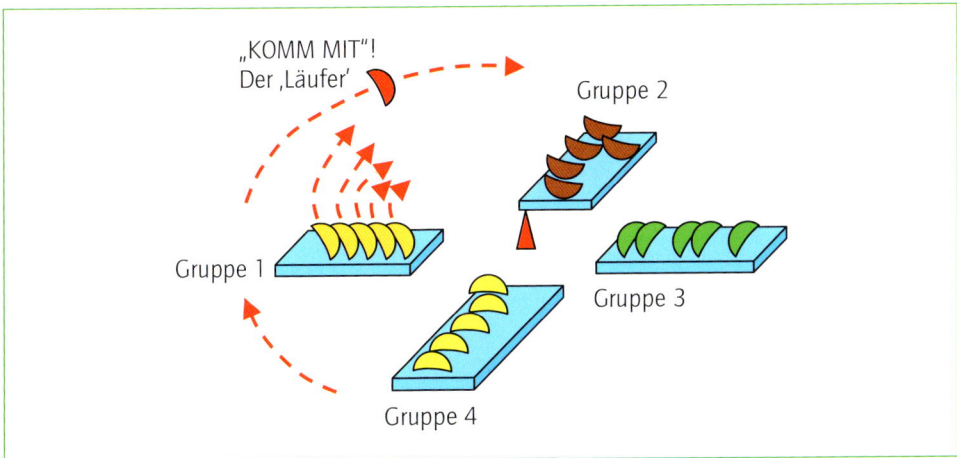

Ein Schüler läuft um den Mattenkreis herum. Ruft er hinter einer der sitzenden Gruppen laut „KOMM MIT!", muss ihm die ganze Gruppe folgen. Beim Ruf „LAUF WEG!" läuft die ganze Gruppe in die entgegengesetzte Richtung (Achtung: Kollisionsgefahr!!). Wer zuletzt auf seiner Matte ankommt, muss/darf weiterlaufen und darf eine andere Gruppe auffordern.

‚Schutzmannspiel'

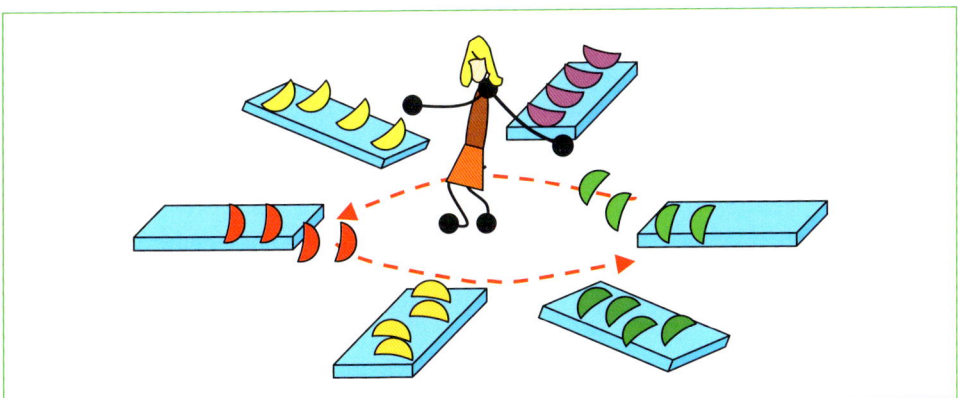

Das Spiel ist besonders für jüngere Schüler attraktiv. Dabei steht die Lehrkraft als ‚Verkehrsschutzmann' – den es zwar heutzutage in dieser Form nicht mehr gibt – in der Kreismitte und zeigt mit den ausgestreckten Armen an, welche Gruppen (Rechtsverkehr beachten!) ihre Plätze auf den Matten tauschen sollen.

Mögliche Varianten ergeben sich bei
- der Art der Fortbewegung,
- den Ausgangspositionen,
- den Laufwegen,
- bei Gruppenaufgaben (z. B. muss ein Mitschüler getragen oder die Matte muss mitgenommen werden).

Die ‚Würfelkette'

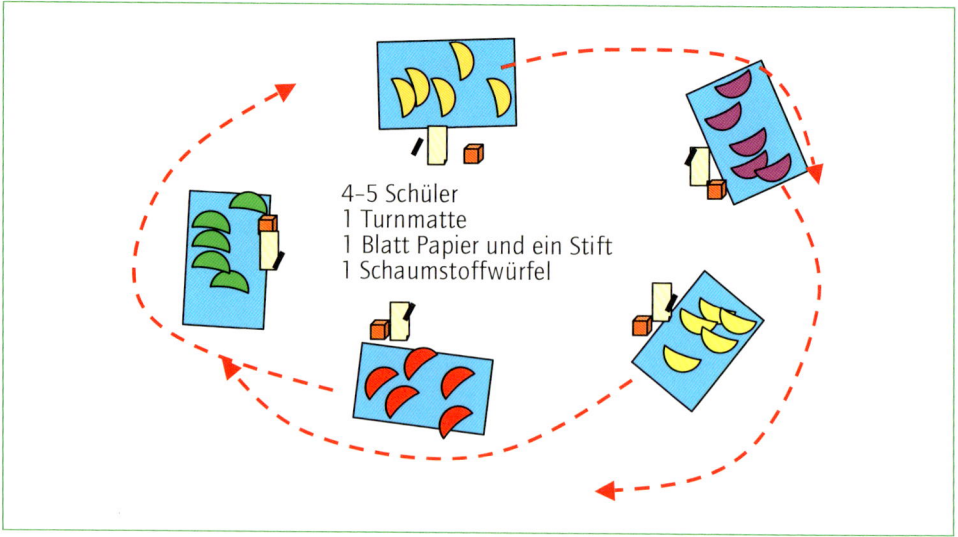

4-5 Schüler
1 Turnmatte
1 Blatt Papier und ein Stift
1 Schaumstoffwürfel

Mit mehreren Matten bilden wir ein Laufoval, das zu umlaufen ist. Die Mannschaften (mit jeweils 4 bis 5 Schülern) befinden sich zu Beginn auf ihrer Matte; sie sind mit farbigen Mannschaftsbändern gekennzeichnet. Bei jeder Matte liegen zusätzlich je ein Schaumstoffwürfel, ein Stift und ein Blatt Papier.

Nach dem Startzeichen läuft jeder eine Runde (gleiche Laufrichtung für alle!) um das Mattenoval, würfelt und addiert die Augenzahl zu der auf dem Papier bereits vermerkten Summe. Dieser Vorgang läuft so lange, bis die vorher vereinbarte Zeit abgelaufen ist und das Stopp-Zeichen ertönt. Die Mannschaft mit der höchsten Punktzahl ist Sieger.

Mögliche Varianten

- Die Schüler laufen paarweise mit Handfassung – jeder darf 1 mal würfeln …
- Alle laufen gemeinsam als Gruppe; nach jeder Runde würfelt *ein Schüler;* die Ergebnisse werden addiert.
- Alle laufen gemeinsam als Gruppe; nach jeder Runde darf *jeder Schüler* würfeln; die Ergebnisse werden addiert.
- Nicht die Laufzeit, sondern die Punktzahl wird vorgegeben.
- Statt die gewürfelten Zahlen zu addieren, wird von einer vorgegebenen Zahl subtrahiert.
- Alle Zahlen von 1 bis 6 müssen zweimal gewürfelt werden. Welcher Gruppe gelingt dies zuerst?

Gruppenwettbewerbe –
Zusammenarbeit ist gefordert

Das Prinzip: Schülergruppen sollen eine vorgegebene Aufgabe gemeinsam bewältigen. Dies gelingt in der Regel nur durch gemeinsames und abgesprochenes Handeln und taktisch gut überlegtes Vorgehen. Die Durchführung solcher Gruppenaufgaben kann auf dreierlei Weise erfolgen:

- Welcher Gruppe gelingt (überhaupt) die Umsetzung der gestellten Aufgabe?
- Welche Gruppe findet die eleganteste, beste oder originellste Lösung?
- Welche Gruppe ist als erste am Ziel (Wettbewerb)?

‚Hüpf und Zieh'

Auf am Boden liegenden Turnmatten mit Schlaufen stehen oder hocken mehrere Schüler. Jeweils zwei weitere Schüler fassen ihre Matte an den vorderen Schlaufen.
Die Aufgabe besteht darin, die Matte ins Ziel, z. B. über eine nicht allzu weit vom Start entfernte Linie, zu bringen. Dabei müssen die Schüler auf der Matte möglichst im gleichen Moment hochhüpfen, damit die beiden anderen die Matte ein kurzes Stück nach vorne ziehen können.

Mögliche Varianten
- Veränderung der Relationen zwischen ziehenden und hüpfenden Schülern.
- Veränderung der zu überwindenden Distanz.
- Mit schweren Weichbodenmatten.
- Jeder Schüler auf der Matte muss einen Ball (z. B. einen Medizinball) transportieren.

,Mattenrollen'

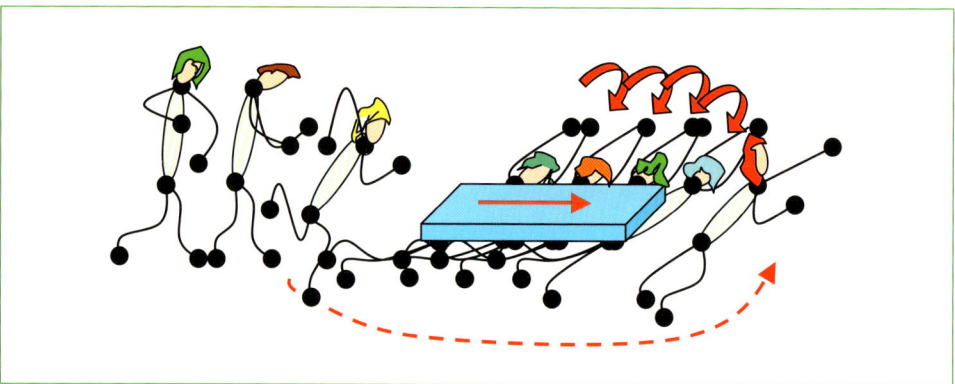

Ein Teil der Schüler legt sich – dabei eine Körperbreite zum Nachbarn einhaltend – unter eine Turnmatte. Einige weitere Schüler stehen in einer Reihe hinter der Matte.

Auf ein Startzeichen rollen sich die liegenden Schüler in Richtung Ziel – die auf ihnen liegende Matte bewegt sich dabei mit. Die ,freien' Schüler laufen an der Matte vorbei, legen sich vor ihr auf den Boden und rollen mit, damit die Matte weiterbewegt werden kann. Die am Mattenende frei werdenden Schüler stehen auf, rennen an der Matte vorbei, legen sich hin ... Das Ziel ist erreicht, wenn die Matte die Ziellinie komplett überschritten hat und alle wieder auf der Matte sitzen.

Mattentransport auf ,höherer' Ebene

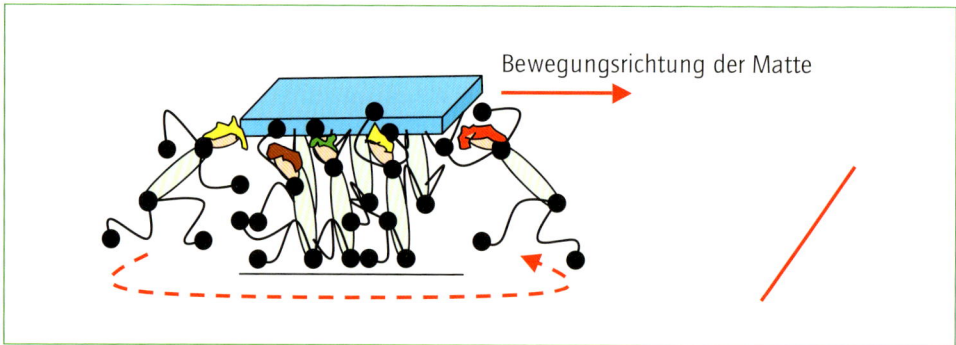

Bewegungsrichtung der Matte

3 bis 4 Schülerpaare sitzen unter einer blauen Matte, die sie mit den Händen waagerecht hochhalten. Auf ein Startzeichen wird die Matte nach vorne weitergereicht; das frei werdende letzte Schülerpaar steht auf, läuft an der Matte vorbei nach vorne und reiht sich dort wieder ein. So erfolgt der Transport der Matte – ohne dass diese den Boden berührt – bis ins vereinbarte Ziel.

‚Rollmops'

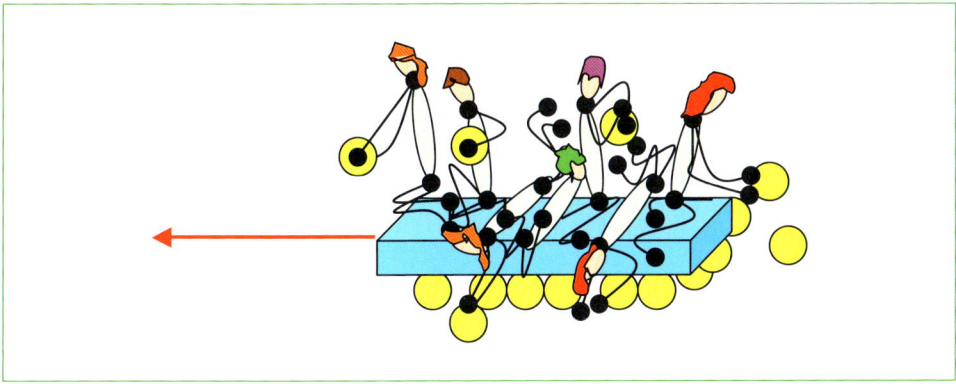

Eine Gruppe von bis zu 8 Schülern sitzt auf einer Weichbodenmatte, die auf zahlreichen gleich großen Rollen (Bällen) gelagert ist. Ohne von der Matte abzusteigen sollen die Schüler eine vorgegebene Strecke überwinden; dabei darf der Boden nur mit den Händen berührt werden. Die am Mattenende frei werdenden Bälle müssen vorne wieder untergelegt werden, um ein Weiterrollen zu ermöglichen.

‚Langbankstaffel'

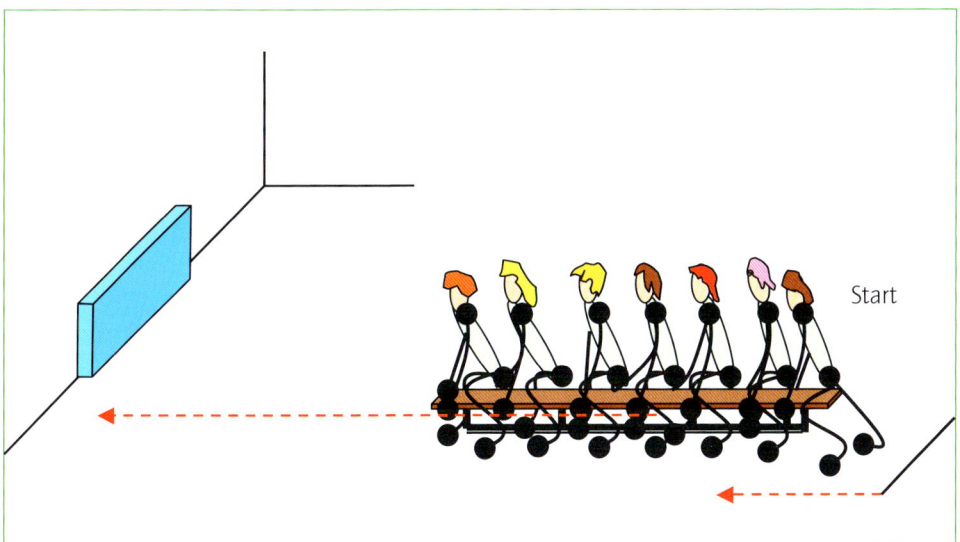

Etwa 8 Schüler stehen mit gegrätschten Beinen über einer Langbank, heben diese auf ein Startzeichen hin hoch und laufen so bis zur gegenüberliegenden Wand (diese ggf. mit einer Matte abpolstern).

Variante
• Nach Erreichen der Wand drehen sich die Schüler um (Nicht die Bank!!) und laufen dann mit der Bank auf die gleiche Weise wieder zurück. Welche Gruppe hat mit ihrer Bank als erste wieder den Ausgangspunkt erreicht?

‚Amöbenlauf'

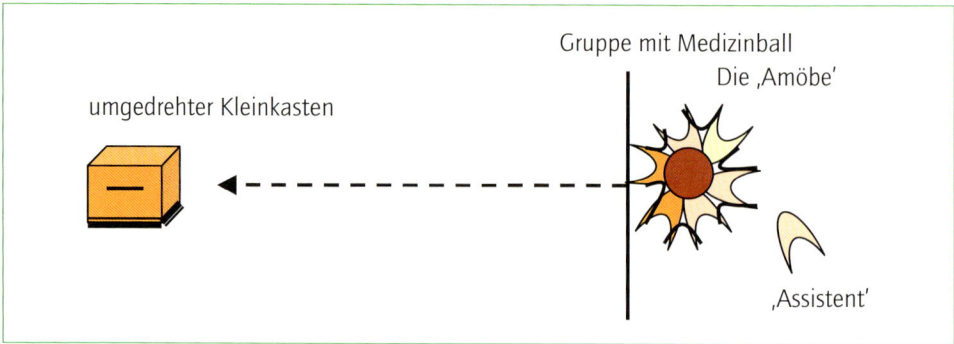

5 bis 6 Schüler bilden – eingehakt – einen ganz engen Außenstirnkreis. Wenn sich die Gruppe nach vorne beugt, kann in die so entstehende Mulde ein Medizinball gelegt werden, der um ein Mal herum und wieder zum Startplatz zurücktransportiert werden kann.

Mögliche Varianten
- Start von einer Matte aus durch einen leichten Hindernisparcours ins Ziel (Matte).
- Der Ball muss, ohne die Hände zu gebrauchen, am Ziel in einem Kleinkasten abgelegt werden.
- Ein weiterer Schüler steht in der Mitte des Kreises und steigt in die Mulde. So wird er – wie der Medizinball – durch die ‚Amöbe' transportiert.

Mit der ‚Seifenkiste' unterwegs

1 bis 2 Schüler sitzen in einem umgedrehten Kastendeckel. Dieser liegt auf einer Anzahl gleich großer Bälle (Tennis-, Gymnastik-, Volleybälle; eventuell auch auf mehreren Holzstäben).
4 bis 6 weitere Schüler müssen den Kastendeckel auf diesen ‚Kugellagern' über eine festgelegte Strecke ins Ziel bringen. Es gelingt nur dann, wenn die am Kastenende frei werdenden Bälle vorne schnell wieder unter den Kastendeckel gelegt werden.

Varianten
- Als ‚Seifenkiste' dient eine feste Weichbodenmatte, die mit großen Bällen unterlegt ist und auf der mehrere Schüler gleichzeitig transportiert werden können.
- Die Schüler auf der Weichbodenmatte sorgen selbst für das Vorwärtskommen, indem sie von der Matte aus die am Mattenende frei werdenden Bälle aufnehmen, diese auf der Matte nach vorne transportieren und dort wieder unterlegen.

Die Kettenraupe

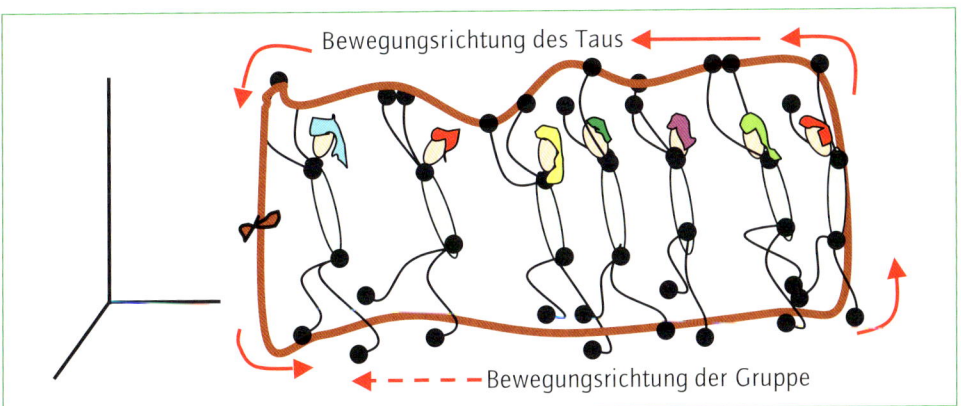

8 bis 12 Schüler stehen mit gegrätschten Beinen hintereinander in einem Rundtau, das nicht, wie üblich, auf dem Boden liegt, sondern vertikal – wie die Ketten eines Baggers – gehalten wird.

Die ganze Gruppe versucht, in und mit diesem Endlosband über eine vorgegebene Strecke zu laufen, indem der obere Teil des Rundtaus über den Kopf nach vorne weitergereicht wird.

Varianten

- Dabei kleine und niedere Hindernisse überwinden; Kurven erschweren sehr den Lauf und verlangen viel Umsicht.
- Das Tau wird nicht nach vorne, sondern nach hinten weitergereicht.

Luftballonball

Ein Luftballon muss vom Startplatz aus mit den Händen über eine vorgegebene Strecke (z. B. das Basketballfeld) in einen Basketballkorb getrieben werden. Er darf dabei nicht getragen werden und auch nicht den Boden berühren. Platzt er, muss wieder von vorne begonnen werden.

‚Massenhupf'

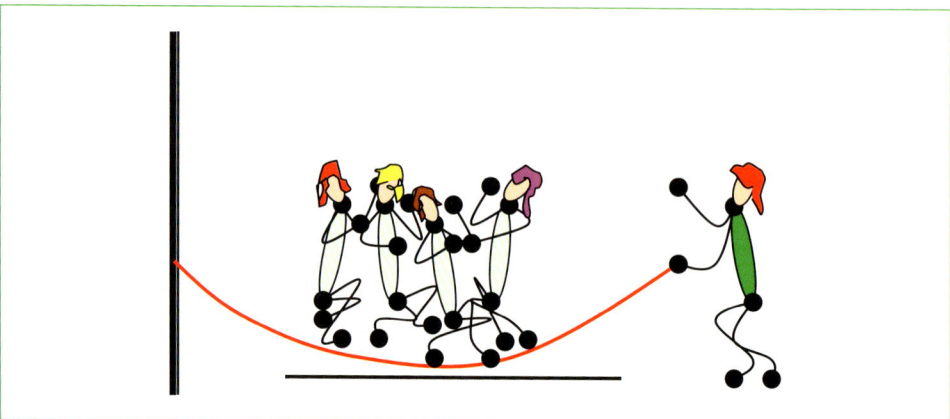

Ein dünnes, langes Seil, z. B. eine Reepschnur, wird an einem Ende festgebunden und am anderen Ende von einem Schüler möglichst gleichmäßig geschwungen.

Nacheinander springen die Schüler in das schwingende Seil. Wieviel Schülern gelingt es, gleichzeitig in dem schwingenden Seil zu ‚hupfen'?

- Zwei Schüler schwingen das Seil.
- Einer nach dem andern springen 4 Schüler in das schwingende Seil und verlassen es dann wieder nacheinander.

„Ich habe die Angst in deinen Augen gesehen!"

Mitten auf einer festen Weichbodenmatte steht ein Schüler breitbeinig und mit leicht gebeugten Knien. Alle anderen verteilen sich um die Matte, heben sie gemeinsam hoch und lassen sie – auf ein vereinbartes Zeichen hin – gleichzeitig wieder fallen.

Der Schüler auf der Matte sollte die Beine leicht gebeugt halten und **nicht** die Augen schließen!

Bewegungsintensive Fangspiele

Fangspiele sind sehr komplexe Handlungen, die viel Übersicht, peripheres Sehen und schnelle Reaktion von allen erfordern, denn: Einerseits soll man dem Fänger davoneilen, andererseits Grenzen einhalten, mit anderen nicht zusammenstoßen, gefangene Partner erlösen und möglicherweise auch noch einen Ball mit sich führen oder einem geworfenen Ball ausweichen.

Besonders schwierig wird es, wenn mehrere Fänger gleichzeitig eingesetzt werden. Hier ist zu prüfen, ob die Klasse diesen Anforderungen, nämlich Mehrfachhandlungen vorzunehmen, die Aufmerksamkeit zu teilen und komplizierte Aufgabenstellungen zu bewältigen, gewachsen ist.

Es empfiehlt sich deshalb, vor allem in den unteren Klassenstufen, zunächst
- **nur einen Fänger** einzusetzen,
- Spiele zu bevorzugen, bei denen nur **in einer Richtung** gelaufen wird und
- erst dann auf komplexere Formen (mehrere Fänger, fangen und erlösen, durcheinander laufen) überzugehen.

„Fuchs, wie viel Uhr ist es?"

In einem kleinen Spielfeld schleicht sich ein ,Fuchs' durch die Schar der ,Gänse'. Diese fragen immer wieder laut: „Fuchs, wieviel Uhr ist es?". Er gibt die unterschiedlichsten Antworten. Ruft er aber laut: „Frühstückszeit!", dann hat er bis zum ,Abend' Zeit, jede Menge ,Gänse' zu fangen (der Lehrer klatscht dabei langsam zwölfmal in die Hände). Gefangene (durch den ,Fuchs' berührte) ,Gänse' begeben sich zum Lehrer.

Wir zählen, wie viel ,Gänse' der ,Fuchs' an diesem Tag erwischt hat. Nachfolgende ,Füchse' sind vielleicht noch fleißiger!

„Nixe, wie tief ist das Wasser?"

Die Schüler stehen hinter einer Linie und fragen die ‚Nixe' (sie steht in einiger Entfernung am anderen Hallenende): „Nixe, wie tief ist das Wasser?". Antwort der ‚Nixe': „10 Meter!". Erneute Frage: „Wie kommen wir hinüber?". Antwort der ‚Nixe': „Wir hüpfen alle auf einem Bein!". Die ‚Nixe' muss nun versuchen – sich genauso fortbewegend, wie den anderen angewiesen – möglichst viele Schüler abzuschlagen, bevor diese die gegenüberliegende Seite des Spielfeldes, das rettende Ufer (eine Linie, nicht die Wand!!), erreicht haben. Welche ‚Nixe' kann die meisten abschlagen?

Einige Varianten
*   Die ‚Nixe' gibt unterschiedliche Fortbewegungsmöglichkeiten vor (auf allen Vieren, zu zweit mit Handfassung, mit Schlusssprüngen ...)
*   Die ‚Nixe' ruft z. B. die auf, die im November geboren sind – alle mit langen Hosen – nur die Mädchen ...
*   Alle ‚Gefangenen' werden zu ‚Nixen' und dürfen beim nächsten Durchgang mithelfen, die anderen zu fangen, bis niemand mehr übrigbleibt.
*   Für jeden Durchgang wird eine neue ‚Nixe' bestimmt.
*   Immer zwei ‚Nixen' halten sich an der Hand und fangen gemeinsam.
*   Ausgelegte Matten stellen Inseln dar, auf denen man sich – aber nur bis zum nächsten Durchgang – in Sicherheit bringen kann.

Bärenhöhle

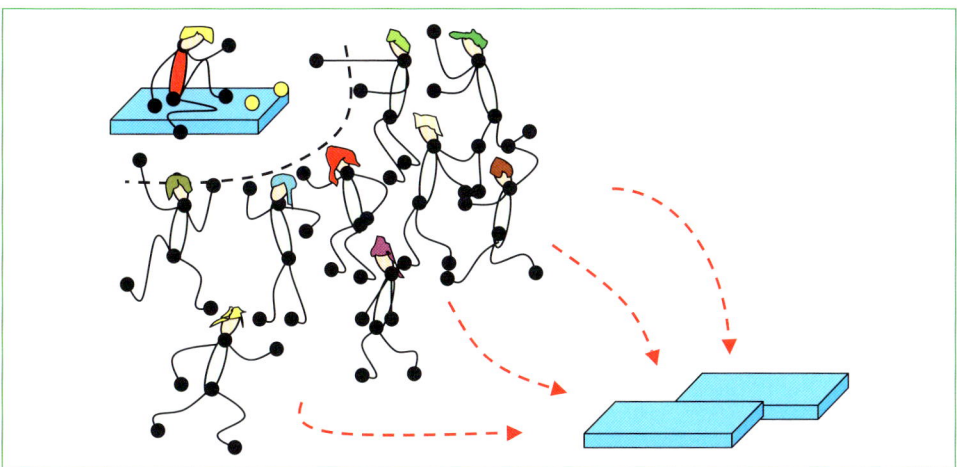

Auf einer Matte in der Mitte der Halle sitzt der ‚Bär'. Die Schüler foppen ihn so lange, bis er seine ‚Bärenhöhle' verlässt und sie zu fangen versucht. Erreichen sie ein Freimal (eine der in einiger Entfernung ausgelegten Matten), sind sie gerettet.

Einige Varianten
- Gefangene Schüler müssen mit in die Höhle und werden damit auch zu ‚Bären'.
- Der ‚Bär' hat zwei Weichbälle, mit denen er, sobald er seine ‚Höhle' verlassen hat, die davonlaufenden Schüler abwerfen darf.
- Ein gefangener oder abgetroffener Schüler löst den ‚Bären' in seiner ‚Höhle' ab.

Kreis gegen Kreis

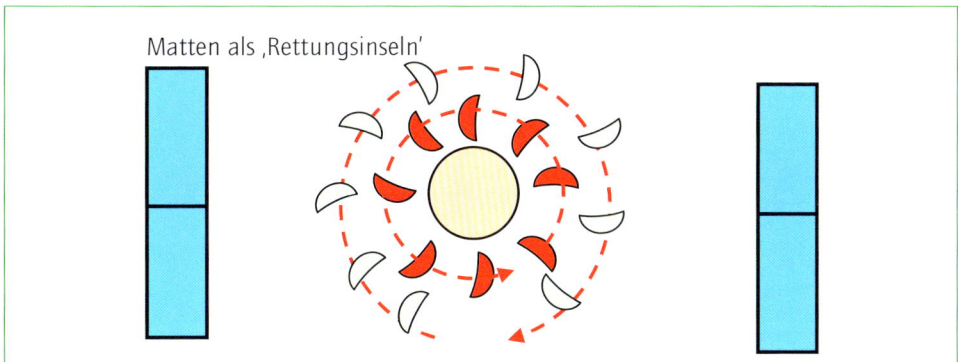

Matten als ‚Rettungsinseln'

Eine Hälfte der Klasse bildet in der Hallenmitte einen Außen-, die andere einen Innenkreis (jeweils ein Flankenkreis). Beide Kreise bewegen sich gegeneinander; wobei die Schüler gehen, hüpfen, laufen ...
Auf ein Zeichen der Lehrkraft (Pfiff, Klatschen, Ruf, Rasseln mit den Schlüsseln ...) ‚flüchten' die Schüler des Außenkreises in entfernt liegende Freimale (z. B. auf Matten), verfolgt von den Schülern des Innenkreises. Gelingt es einem dieser Schüler, einen der Flüchtenden zu fangen, darf er mit diesem tauschen.

Kreisfangen

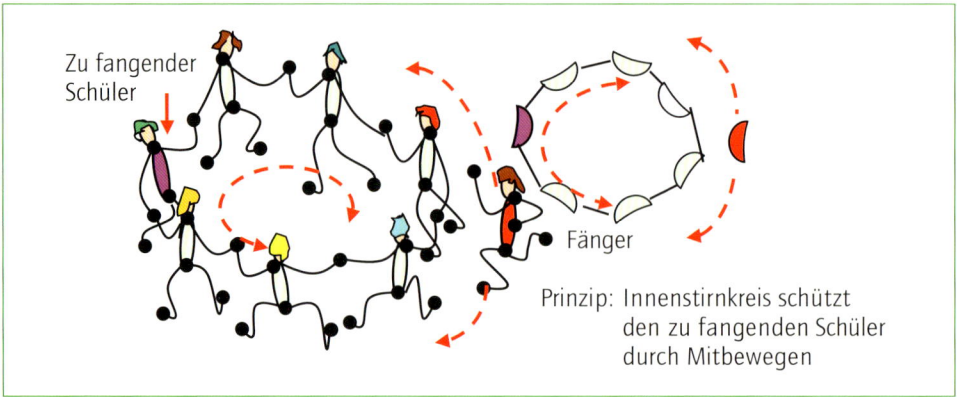

Etwa 10 Schüler bilden mit Handfassung einen Kreis. Der Fänger steht außerhalb des Kreises. Ihm wird die Aufgabe erteilt, auf der gegenüberliegenden Seite einen Schüler zu fangen. Dabei darf er sich aber nur außerhalb des Kreises nach rechts und/oder links bewegen. Der ganze Kreis bewegt sich mit und versucht auf diese Weise, einen Erfolg des Fängers zu verhindern.

Einige Varianten
- Aus einem zusammengeknoteten Tau wird ein Kreis gebildet, an dem sich die Schüler festhalten können.
- Der Kreis wird durch ein rundes Schwungtuch oder durch einen Fallschirm gebildet.

Linienfangen

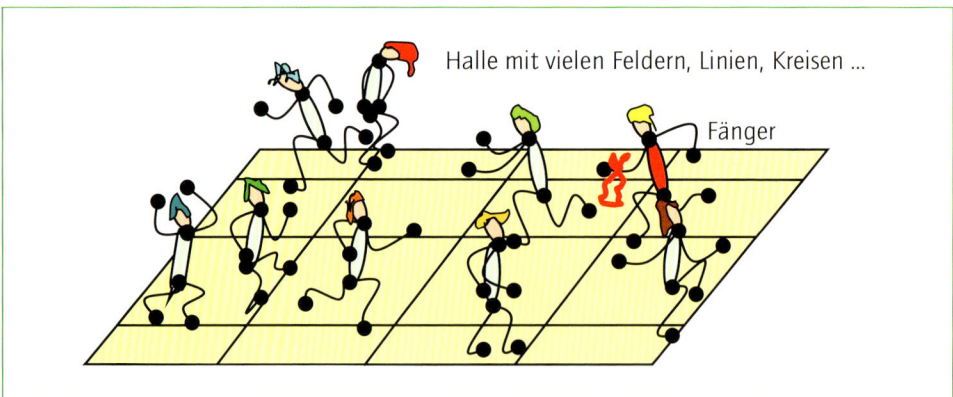

Laufwege sind die vorhandenen Linien in der Sporthalle, auf denen sich sowohl die 2, 3 oder 4 (je nach Größe der Klasse) gekennzeichneten Fänger als auch die zu fangenden Mitspieler bewegen dürfen. Wer gefangen wird, tauscht mit dem Fänger dessen Kennzeichen (Band, Mütze, Ball ...) und wird neuer Fänger. Da im Übereifer gelegentlich die Linien verlassen werden, ist Großzügigkeit angebracht.
Erschwerung: Alle dribbeln einen Ball – die jeweiligen Fänger zur Kennzeichnung einen Basketball, den sie dann mit dem Ball eines Gefangenen tauschen.

Von Burg zu Burg

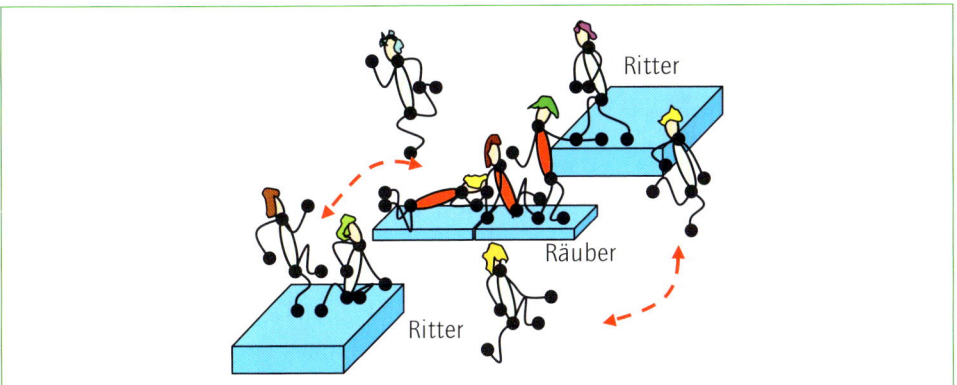

An den Hallendiagonalen befinden sich zwei ‚Burgen' (Weichbodenmatten o. Ä.), jeweils besetzt von zahlreichen ‚Rittern'. In der Hallenmitte lagern einige wenige ‚Räuber' (auf Turnmatten), die, wenn sich die ‚Ritter' auf ihren ‚Burgen' gegenseitig besuchen, diese zu fangen versuchen. Gelingt es ihnen, einen ‚Ritter' zu fangen (abzuschlagen),

- wird dieser ein zusätzlicher ‚Räuber';
- kommt er als Gefangener in die ‚Räuberhöhle'; die letzten drei übriggebliebenen ‚Ritter' werden beim nächsten Durchgang zu ‚Räubern';
- kann der Gefangene aus der ‚Räuberhöhle' durch noch freie ‚Ritter' wieder durch Berühren befreit werden.

Tag – Nacht/Schwarz – weiß

In geringem Abstand stehen sich die beiden Mannschaften ‚Schwarz' und ‚Weiß' gegenüber. Ruft der Lehrer „Weiß!", wird diese Mannschaft zur Fängerpartei und die Mannschaft ‚Schwarz' läuft davon und bringt sich hinter einer Linie (Nicht an der Wand!!!) in Sicherheit. Wer vor der rettenden Linie erwischt wird, ist gefangen und wird damit Mitglied der Mannschaft ‚Weiß'.

Einige Varianten

- Veränderung der Ausgangsstellung.
- Veränderung der Fortbewegungsart.
- Veränderung des Startimpulses (die Lehrkraft wirft eine Pappscheibe hoch, die auf der einen Seite weiß, auf der anderen schwarz bedruckt ist. Die oben liegende Farbe bestimmt die Fängerpartei).

Vorsicht: Kollisionsgefahr!!

Paarfangen / Kettenfangen

Zwei Kinder fassen sich an der Hand und fangen so einen dritten und dann noch einen vierten Schüler. Immer dann, wenn die Fängerkette auf vier Schüler angewachsen ist, teilt sie sich in Zweiergruppen. Die neuen Paare fangen weiter, teilen sich usw., bis kein Schüler mehr übrig ist.
- Die beiden letzten Schüler werden beim nächsten Durchgang das neue Fängerpaar.

Tempofangen – mit Stoppuhr (Fangen auf Zeit)

Die eine Hälfte der Klasse befindet sich in einem abgegrenzten Spielfeld, die andere (die Fänger) steht nebeneinander am Spielfeldrand. Der erste Spieler läuft los und bemüht sich, einen der Schüler im Spielfeld zu fangen (berühren). Gelingt ihm dies, kehrt er sofort zurück und schickt den nächsten Fänger los. Gestoppt wird die Zeit, bis der letzte der Fänger zurückgekehrt ist. Nach einem Rollentausch der Gruppen kann man ersehen, welche Gruppe die schnelleren ‚Tempofänger' waren.
- Schwächere Schüler dürfen nach max. 30 Sekunden zurückkehren, auch wenn sie niemand gefangen haben.
- Die ‚Fangzeit' wird für alle auf maximal 30 Sekunden beschränkt.

‚Sanitäterfangen'

In der Mitte des Spielfeldes liegt eine Turnmatte. Zwei oder drei *ausdauernde* Fänger werden bestimmt und gekennzeichnet. Wer von diesen berührt (abgeschlagen) wird, ist ‚verletzt' und muss sich hinsetzen. Alle anderen noch freien Schüler können die ‚Verletzten' befreien, indem sie zu zweit (als ‚Sanitäter') einen der abgeschlagenen Mitschüler an die Hand nehmen und ihn auf die Matte (in die Klinik) begleiten. Dort gesundet er sofort und kann weiter mitmachen.

Schaffen es die Fänger, dass schließlich alle sitzen – oder gelingt es den andern, die ‚Verletzten' immer wieder zu befreien? ‚Sanitäter' in Aktion dürfen nicht abgeschlagen werden. Zwei Schüler werden in dem Moment ‚Sanitäter', wenn sie gemeinsam einen der ‚Verletzten' berühren.

Einige Varianten

- Die beiden ‚Sanitäter' müssen den Abgeschlagenen auf die Matte tragen!
- Mehrere Schülerpaare, verbunden durch zwei dicke Stäbe, sind ‚hauptberufliche Sanitäter', die nicht abgeschlagen werden dürfen. Sie laufen zu den ‚Verletzten' hin, diese hängen sich in die Stäbe ein und werden so im ‚Krankenwagen' auf die Matte transportiert.

‚Fische fangen'

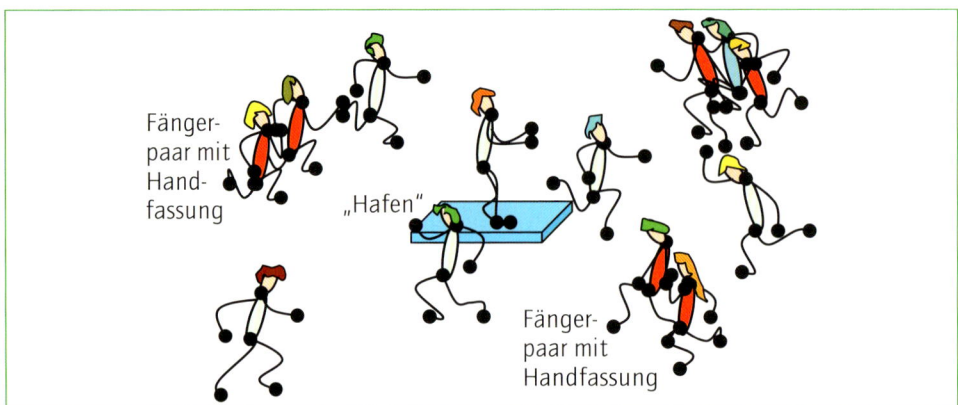

In der Mitte des Spielfeldes liegt eine Turnmatte. Ein Fängerpaar (‚Fischer'), das sich an der Hand hält, versucht gemeinsam einen Mitschüler (‚Fisch') zu fangen. Gelingt dies, muss der ‚Fang' auf die Matte geleitet werden. Befinden sich zwei Schüler auf der Matte, werden diese ein neues, *zusätzliches* Fängerpaar.
Wer bleibt als letzter ‚Fisch' übrig?
- Die letzten beiden Schüler, die übrig bleiben, werden das neue Fängerpaar.
- Gefangene ‚Fische' müssen auf die Matte getragen werden.

Verzaubern–versteinern („Steh' Bock – Lauf' Bock")

Etwa ein Fünftel der Schüler sind durch Mützen, Mannschaftswesten oder Bänder gekennzeichnete Fänger. Sie bleiben dies bis zum Spielende. Abgeschlagene Schüler werden in eine ‚Brücke' (hoher Liegestütz) verzaubert. Sie können wieder ‚entzaubert' werden, wenn ein noch freier Schüler unter der ‚Brücke' hindurchkriecht.
Gelingt es den Fängern, alle zu ‚verzaubern'?

Einige Varianten
- Mit dem Ruf „Steh' Bock" und einem Schlag auf den Rücken zwingen die Fänger die abgeschlagenen Mitspieler ‚versteinert' am Ort stehen zu bleiben. Noch freie Schüler können sie durch Berührung und mit dem Ruf „Lauf' Bock" wieder befreien.
- ‚Entzaubert' werden können die sich tief bückenden gefangenen Schüler wieder, indem ein noch freier Schüler einen Grätschsprung über sie macht.
- Andere Formen des ‚Verzauberns' und des ‚Entzauberns' finden.

Katz und Maus

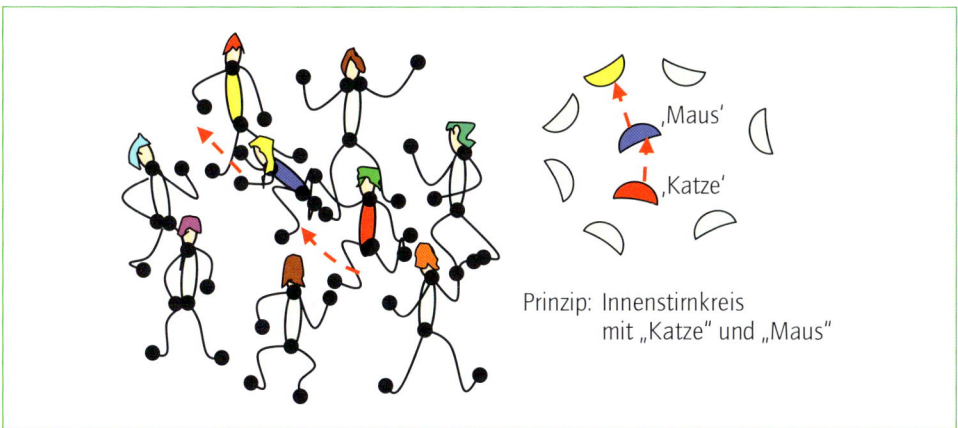

Prinzip: Innenstirnkreis
mit „Katze" und „Maus"

Innenstirnkreis, gebildet aus etwa 6–8 Schülern, die weit die Beine grätschen. Im Kreis, den sie nicht verlassen dürfen, befinden sich zwei weitere Schüler; der eine ist die ‚Katze', der andere die ‚Maus', die gefangen werden soll. Diese kann sich aber in ein Mauseloch retten, indem sie schnell durch die gegrätschten Beines eines der Kreisspieler kriecht. In diesem Moment wechseln für ‚Katze', ‚Maus' und ‚Mauseloch' die Rollen: Der Schüler, durch dessen gegrätschte Beine sich die ‚Maus' in Sicherheit gebracht hat, wird zur ‚Katze', die ‚Katze' wird zur ‚Maus', die sich ihrerseits wieder in ein Mauseloch zu retten versucht ...
Wird die ‚Maus' noch innerhalb des Kreises abgeschlagen, wechseln die Rollen wie bei einem normalen Fangspiel.
• Die Kreisspieler bilden einen Außenstirnkreis.

Knobelfangen

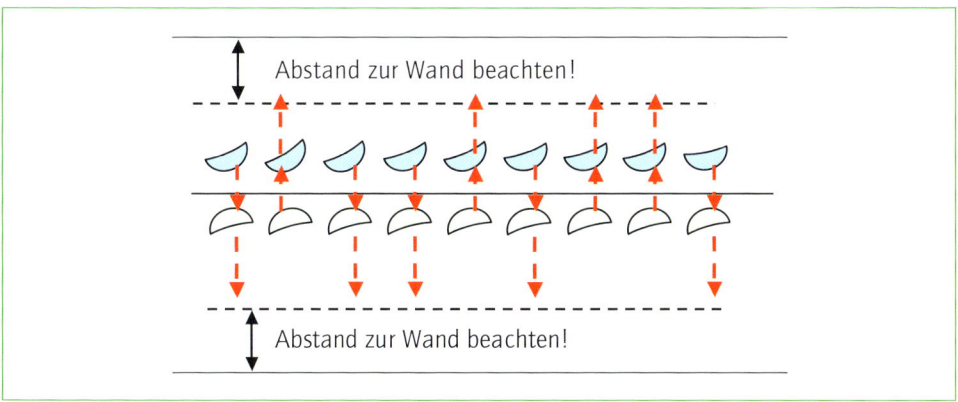

Abstand zur Wand beachten!

Abstand zur Wand beachten!

Schülerpaare stehen sich in der Hallenmitte gegenüber. Beide ‚knobeln' (Folgende Zeichen werden vereinbart: ‚Brunnen' gewinnt gegen ‚Schere', ‚Schere' gegen ‚Papier' und ‚Papier' gegen ‚Brunnen').
Der Gewinner wird Fänger und muss seinen Gegenspieler, der sich schnell umdreht und hinter eine Linie zu retten versucht, fangen.
Achtung: Niemand darf seitlich weglaufen (Kollisionsgefahr!)!

Kettenfangen – „Rette sich, wer kann!"

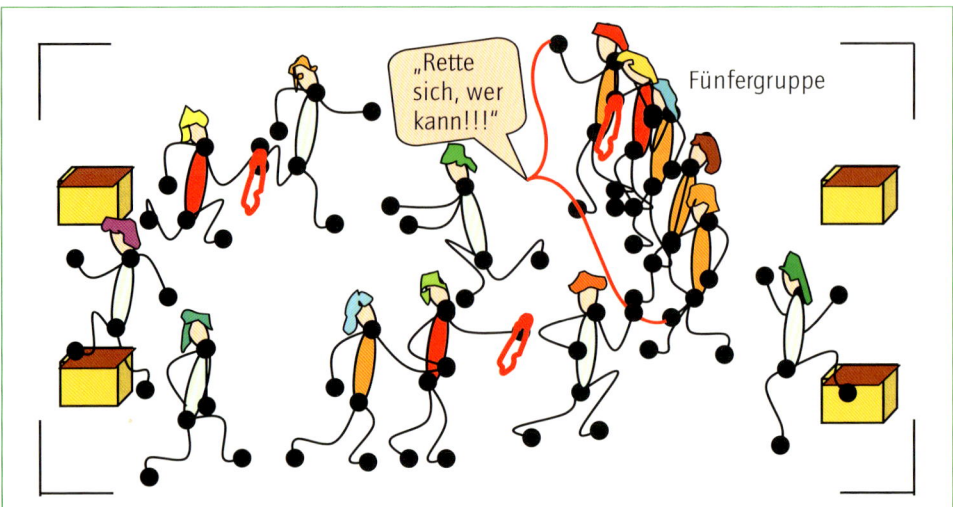

Ein Spiel, bei dem man als Spielleiter zunächst etwas rechnen muss.

Beispiel: Ausgehend von einer Spielergruppe mit z. B. 23 Schülern bestimmen wir 3 Fänger, die deutlich gekennzeichnet werden. An den Hallenseiten, etwa in 1 m Abstand zur Wand, werden 4 Kleinkästen oder Kastendeckel aufgestellt.

Die drei Fänger beginnen – jeder für sich! – zu fangen. Hat ein Fänger einen Mitschüler abgeschlagen, fassen sich beide an der Hand und fangen gemeinsam weiter. Die Gruppe, die als erste zu einer Kette von 5 Schülern angewachsen ist, ruft laut, so dass es alle hören können: „Rette sich, wer kann!"

Alle Gruppen lösen sich nun auf; jeder Schüler – auch die Fänger – versucht nun *jeder für sich* auf eines der vier Kästchen zu retten, das aber nur von maximal *5 Schülern* besetzt werden darf! *Drei Schüler* bleiben also wieder übrig – sie sind beim nächsten Durchgang die neuen Fänger.

Variante

- Das Rufen entfällt; die erste Fünfergruppe löst sich stillschweigend auf und versucht, einen Platz auf einem der Kästchen zu erreichen. Dies ist das Signal auch für die anderen, loszurennen und sich auf ein Kästchen zu retten.

‚Ringen, Raufen, Kämpfen'
Kraft- und Gewandtheitsspiele

Wer kennt sie nicht, die unvermeidlichen ‚Kämpfchen' der Schüler, mit denen in den Pausen Kräfte dargestellt, gemessen und Rangordnungen ermittelt werden. Offensichtlich ein Grundbedürfnis vieler Kinder, vor allem der Buben, das nicht unterdrückt werden sollte und wohl auch nicht vermieden werden kann. Es gilt allerdings, diese Rangeleien in ‚regelgeleitete' und faire Bahnen zu lenken, um den manchmal brutalen Vorbildern z. B. aus dem Fernsehen entgegen zu wirken. Es gilt, die Rangeleien

zu kultivieren – und das bedeutet,

- den Partner bzw. ‚Gegner' zu achten;
- fair mit ihm umzugehen;
- seine Über- oder Unterlegenheit zu akzeptieren;
- nicht zu ‚triumphieren' oder andere auszulachen!
- ...

zu ritualisieren – und das bedeutet,

- sich vor dem Vergleich zu ‚begrüßen' – z. B. durch Verbeugen (wie beim Judo) –;
- sich nach dem Vergleich zu verabschieden – z. B. durch ‚Abklatschen', durch ‚Danken' ...;
- sich bei einer Regelübertretung zu entschuldigen und damit verbundene Sanktionen ohne Murren hinzunehmen;
- nach dem Vergleich sich über Gefühle, Wahrnehmungen, Auffälligkeiten ... auszutauschen.

mit verbindlichen Regeln zu belegen – und das bedeutet,

- **die ‚Stopp-Regel' unter allen Umständen einzuhalten (Sofort aufhören, wenn durch den Lehrer oder durch den Gegner „Stopp!" oder „Halt!" gerufen wird);**
- dass sowohl der Lehrer als auch ein Kampfrichter oder ein Schüler durch Rufe (siehe oben) oder einen Pfiff den Vergleich unterbrechen können;
- klar festzulegen, wann der ‚Kampf' zu Ende ist, etwa nach vorgegebener Zeit (wenige Minuten genügen!), wenn eine Begrenzung überschritten wurde oder ein Körperteil (z. B. der Rücken) den Boden berührt;
- unter keinen Umständen dem ‚Gegner' Schmerzen zuzufügen, also nicht schlagen, treten, beißen, an den Haaren ziehen und ihn auch nicht kitzeln;
- bestimmte Körperteile nicht zu berühren, z. B. Kopf, Hals, Bauch und Unterleibsregion;
- nicht an den Kleidern zu ziehen;
- Schiedsrichterentscheidungen ohne Murren zu akzeptieren;
- Schmuck, an dem man sich selbst oder andere verletzen kann, zuvor abzulegen.

Materielle Voraussetzungen

Bei allen Spielen, bei denen es darum geht, dass die Partner Kontakt mit dem Boden bekommen, ist aus Sicherheitsgründen ein passender Untergrund zwingend notwendig. Judo- oder Ringermatten sind für solche Zwecke bestens geeignet; Turnmatten genügen meist auch, sollten aber eng aneinander gelegt (keine Spalten!) und vor dem Wegrutschen gesichert werden.

Gewöhnung an ‚Körperkontakte'

‚Höhlenlauf'

Ein ‚blinder' Schüler bewegt sich durch eine enge Gasse, gebildet von Schülern, die sich in etwa 2 m Entfernung gegenüberstehen (‚Höhlenwand'). Er ‚stößt' immer wieder an die ‚Wand' und wird von dieser auf den richtigen Weg gebracht.

Hat der ‚Blinde' Mitschüler passiert, stellen sich diese vorne erneut an, verlängern auf diese Weise die Gasse und können den ‚Blinden' so kreuz und quer durch die ganze Sporthalle geleiten.

‚Ordnung auf der Bank!'

Alle stellen sich – je nach Größe der Klasse – auf eine oder zwei aneinander stoßende Langbänke. Möglichst ohne ‚absteigen' zu müssen, sollen sich die Schüler (auf der breiten oder schmalen Seite der Bank)

- der Größe nach aufstellen,
- so aufstellen, dass die Anfangsbuchstaben des Vornamens alphabetisch geordnet sind,
- nach dem Geburtsdatum aufstellen,
- so aufstellen, dass alle Mädchen links und alle Buben rechts stehen.

Henne und Habicht

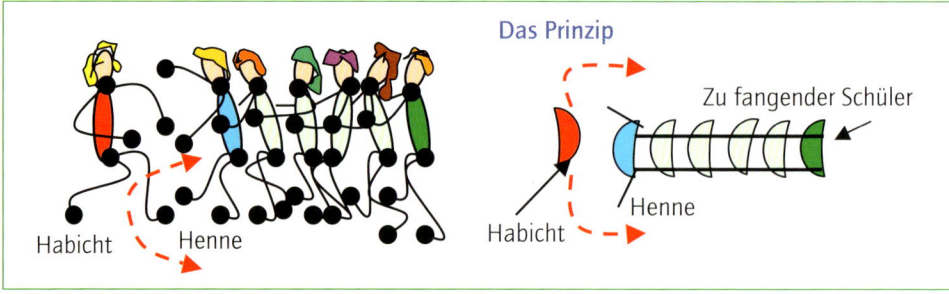

Vier oder mehr Schüler stehen hintereinander und fassen sich um die Hüfte. Der vorderste Spieler ist die ‚Henne', die ihre ‚Küken' vor dem ‚Habicht', einem weiteren Spieler, zu schützen versucht. Dieser soll versuchen, das letzte der ‚Küken' zu berühren.

Gelingt ihm dies, wird er zur ‚Henne'; das ‚Küken' wird zum ‚Habicht' usw. ... (Vorsicht: Die Schlange darf nicht zu lang sein!!).

Mögliche Varianten
- Die ‚Henne' darf zur Abwehr die Arme ausbreiten.
- Die ‚Henne' muss die Arme verschränken und eng an den Oberkörper anlegen.

Küken und Habicht (im Kreis)

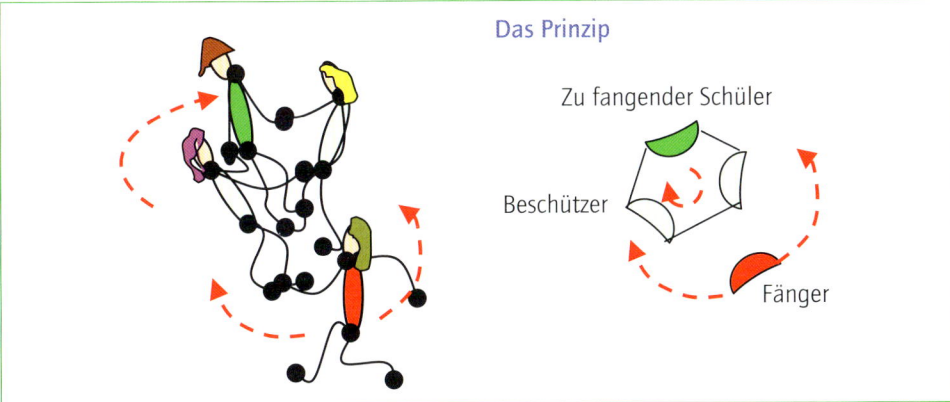

Drei Schüler halten sich an den Händen und bilden einen Kreis. Der vierte Spieler, der ‚Habicht', soll einen zuvor festgelegten Kreisspieler, das ‚Küken', fangen. Er darf sich aber nur außen um den Kreis herum bewegen (mit Richtungswechsel).
Die Kreisspieler schützen ihr ‚Küken', indem sie sich mitbewegen und versuchen, immer zwischen ‚Habicht' und ‚Küken' zu sein.

‚Krebskampf'

Alle bewegen sich im ‚Krebsgang' durcheinander und versuchen, nur mit Hilfe der Füße andere dazu zu zwingen, dass diese mit dem Gesäß den Boden berühren. Dabei dürfen sich nur die Füße/Beine berühren!

Das Gleichgewicht halten (Jeweils mehrfach wiederholen)

Fuß hinter Fuß

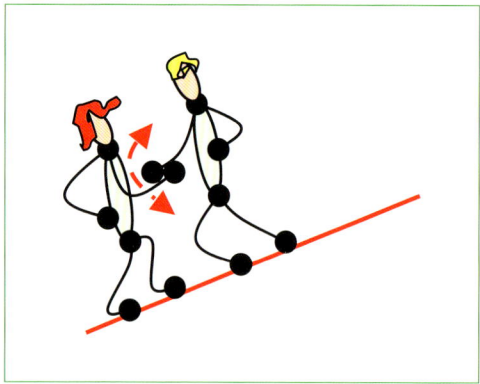

Zwei Schüler stehen sich auf einer Hallenlinie gegenüber; ihre Füße stehen dabei, ein Fuß exakt hinter dem anderen, genau auf der Linie.

Mit der jeweils rechten Hand versuchen sie nun, sich gegenseitig aus dem Gleichgewicht zu bringen. Die andere Hand wird dabei auf dem Rücken gehalten.

Mögliche Varianten
- Mit der jeweils linken Hand ...,
- nur mit einem Zeigefinger.

Hand gegen Hand

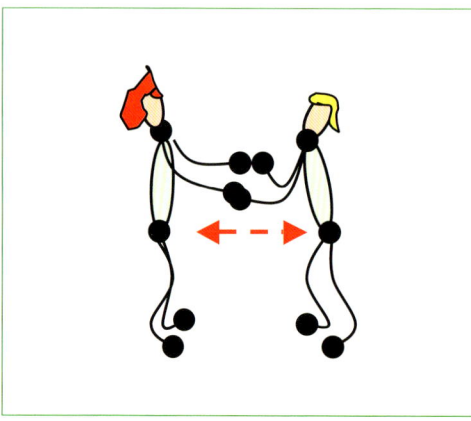

Zwei Schüler stehen sich in etwas mehr als Armlänge Abstand gegenüber; die Füße parallel im sicheren Stand fest auf dem Boden. Die Handflächen beider Schüler sind nach vorne gerichtet und berühren einander.

Durch Drücken und Nachgeben versuchen beide, sich gegenseitig aus dem Gleichgewicht zu bringen.

Variante
- Nur die Fingerkuppen der Schüler berühren sich.

In der Hocke – ‚Hahnenkampf'

Zwei Schüler hocken sich gegenüber. Beide Handflächen sind nach vorne gerichtet. Hin und her hüpfend versuchen sie nun, sich gegenseitig aus dem Gleichgewicht zu bringen. Wer bleibt in der Hocke?
Wer muss abrollen?

,Kraftspiele' 1:1 (Jeweils mehrfach wiederholen)

Einfache Zieh,Kämpfe'

Zwei Schüler stehen sich, getrennt durch eine Linie (Hallenlinien benützen), gegenüber. Sie versuchen, sich gegenseitig über diese Linie zu ziehen.

Mögliche Varianten
- Sie fassen sich an einer Hand.
- Sie halten sich an beiden Händen fest.
- Sie halten sich an beiden Händen – dabei wird jeder durch einen Partner unterstützt, der, die Arme um die Hüfte des Vordermanns geschlungen, mitzieht.

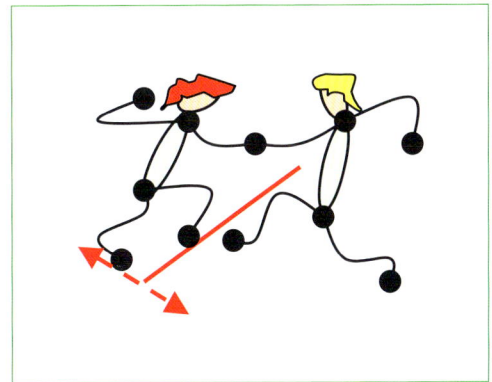

Das Markierungshütchen erreichen

Organisation wie oben, aber in ,erreichbarer' Entfernung steht hinter jedem Schüler ein Markierungshütchen.
Wer erreicht gegen den Widerstand des Mitschülers ,sein' Markierungshütchen?

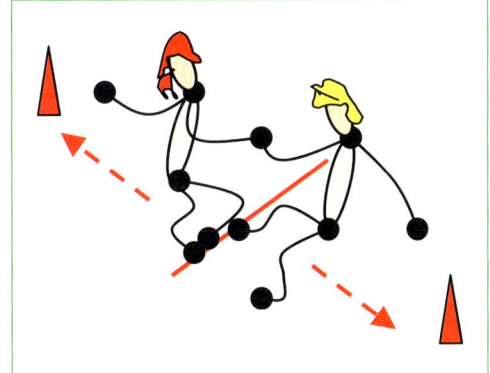

Hinein in den Kreis

Zwischen zwei Schülern, die sich an den Händen fassen, liegt ein Reifen.
Wer kann den andern so ziehen oder schieben, dass dieser in den Reifen treten muss?

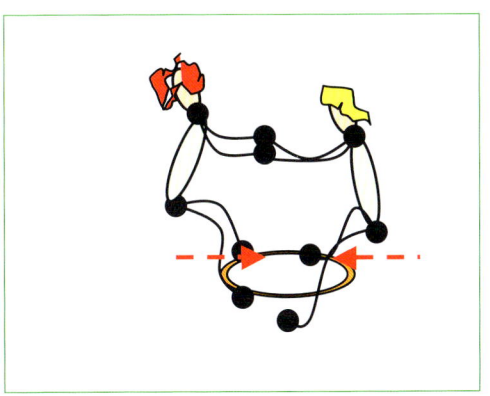

‚Inselkampf'

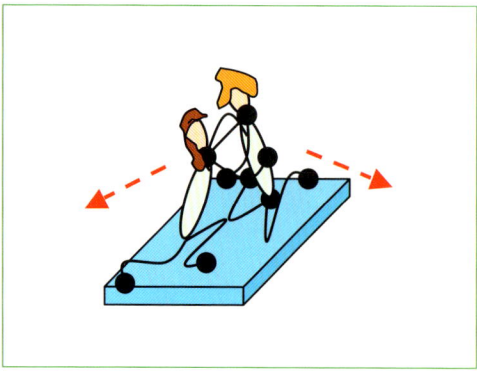

Zwei Schüler stehen oder knien sich in einem kleinen ‚Kreis' (gebildet aus einem Sprungseil) gegenüber.
Sie versuchen zu verhindern, dass der andere den Kreis verlässt.

Mögliche Varianten

* sie versuchen, den anderen aus dem Kreis zu drängen;
* die Schüler befinden sich im Kniestand auf einer Matte und versuchen, sich gegenseitig von der Matte zu drängen (s. Bild).

Liegestützrennen

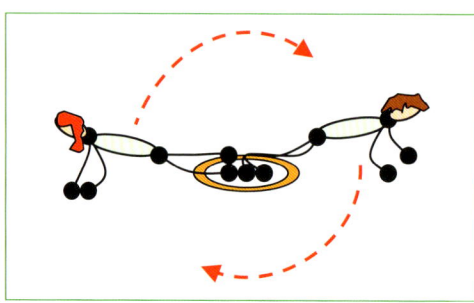

Ein Paar in Liegestützposition. Die Füße beider Schüler befinden sich in einem auf dem Boden liegenden Reifen (Achtung: Darauf achten, dass der Körper in dieser Stützposition möglichst gerade gehalten wird und nicht ‚durchhängt'!).
Wem gelingt es, den anderen, jeweils auf den Händen ‚laufend', einzuholen?

Sohlenkampf

Zwei Schüler sitzen sich im Schwebesitz gegenüber und versuchen, sich durch Drücken (nicht Stoßen!) mit den Fußsohlen aus dem Gleichgewicht zu bringen.
Wer auf den Rücken zu liegen kommt, nach hinten abrollen muss oder mit einem Fuß bzw. der Ferse den Boden berührt, hat verloren.

Arm auf den Boden

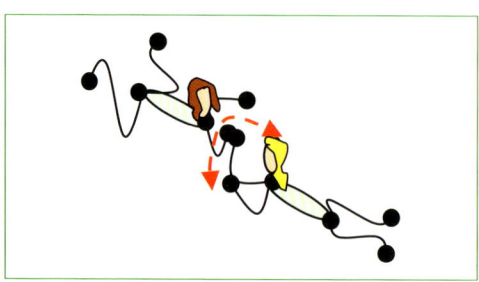

Zwei Schüler liegen sich in Bauchlage gegenüber. Jeweils der rechte/linke Unterarm wird senkrecht aufgestellt; beide Hände berühren sich.
Wem gelingt es, den Unterarm des Partners durch Drücken auf den Boden zu legen?

Die Füße fangen

Beide Schüler sitzen im Schwebesitz; die Hände sind aufgestützt. Einer der Schüler hat die Beine gegrätscht und versucht, die geschlossenen Füße bzw. Beine des anderen zu ‚fangen', die dieser durch die gegrätschten Beine hindurch auf und ab bewegt.
Wem gelingt es? Wechsel bei Erfolg.

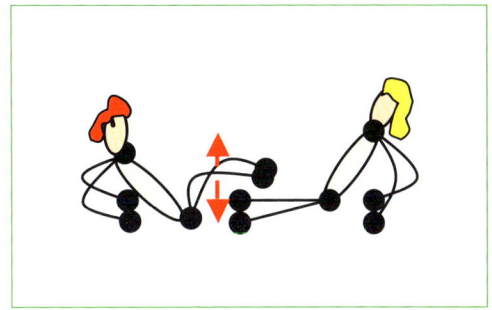

‚Verdrängung'

1. Beide Schüler sitzen Rücken an Rücken (auf dem Boden/auf einer Matte) und versuchen, sich gegenseitig wegzuschieben/von der Matte zu schieben.

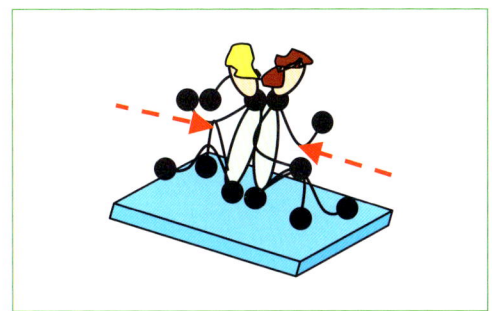

2. Beide Schüler liegen sich im Liegestütz so gegenüber, dass sie sich Schulter an Schulter berühren.
   Sie versuchen, den andern aus dem Gleichgewicht zu bringen oder wegzuschieben.

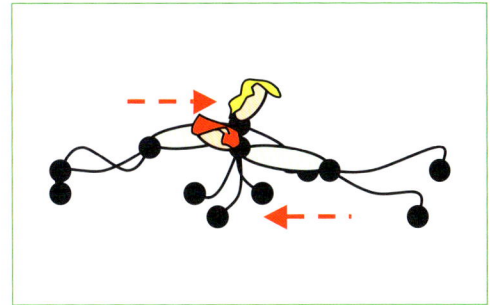

Auf die Seite legen

Beide Schüler sitzen Rücken an Rücken (Rücken gerade halten!) auf dem Boden oder auf einer Matte, haben die Beine gegrätscht und beide Arme eingehakt.
Sie versuchen nun beide gleichzeitig, sich jeweils nach rechts – bei einem zweiten Durchgang nach links – auf die Seite zu legen.
Wem gelingt es, den Partner mitzuziehen?

Zum Absitzen zwingen

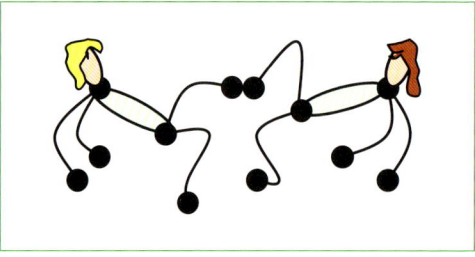

Zwei Schüler sitzen sich gegenüber. Beide Arme und ein Fuß sind aufgestützt, das Gesäß vom Boden abgehoben. Die Fußsohlen des freien Beines berühren sich.
Wem gelingt es, durch geschicktes Drücken und Nachgeben den anderen dazu zu bringen, dass er umfällt oder mit dem Gesäß den Boden berührt?

Abklatschen

Zwei Schüler stehen sich gegenüber. Sie geben sich jeweils die rechte/linke Hand. Wem gelingt es, mit der jeweils freien Hand, den anderen
- an der Schulter zu berühren,
- auf den Po zu ‚schlagen',
- auf den Oberschenkel zu ‚schlagen'?

Maikäferspiel

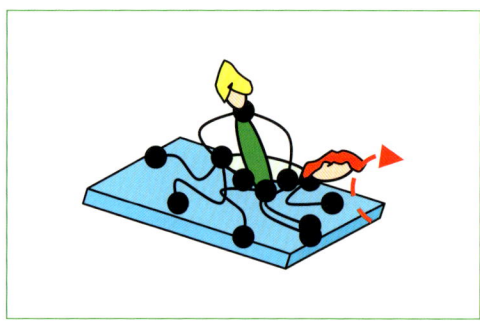

Zwei Schüler befinden sich auf einer Mattenfläche (blaue Turnmatten, Judomatten, Weichbodenmatte).
- Einer der Schüler, der ‚Maikäfer', befindet sich in der ‚Bankposition' auf der Matte; der andere versucht nun, den ‚Maikäfer' auf den Rücken zu legen.
- Einer der Schüler liegt in Bauchlage auf der Matte, der andere versucht, ihn umzudrehen und auf den Rücken zu legen.

Störrischer Esel

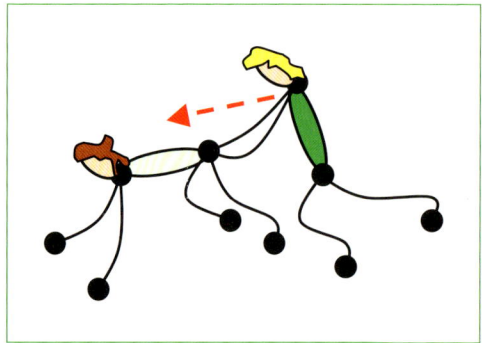

Ein Schüler, der ‚störrische Esel', steht mit gegrätschten Beinen steif auf allen Vieren. Der Partner versucht nun, ohne ihn zu stoßen, fortzubewegen, indem er kräftig am Gesäß drückt.

Mögliche Varianten
- Der Druck erfolgt von der Seite (rechts/links).
- Der Partner schiebt von vorne an den Schultern.

‚Kraftspiele' in Gruppen

Runter von der Insel!

1. Auf einer Weichbodenmatte, der ‚Insel', die rundum mit blauen Turnmatten abgesichert ist, knien oder sitzen mehrere Schüler. Sie dürfen nicht aufstehen bzw. die Sitzposition (‚Krebs-gang') nicht verlassen!
   Alle versuchen, sich gegenseitig von der ‚Insel' zu verdrängen. Wer bleibt übrig?
2. Auf einer Weichbodenmatte sitzen sich zwei Schülergruppen Rücken an Rücken und einge-hakt gegenüber. Beide Gruppen versuchen, sich gegenseitig von der Matte zu drängen.
3. Auf einer Weichbodenmatte sitzen sich zwei ‚Mannschaften' (gekennzeichnet) gegenüber. Der Raum rings um die Matte sollte dabei mit Turnmatten abgesichert sein. Beide ‚Mann-schaften' versuchen, sich gegenseitig von der Matte zu drängen. Welche Mannschaft bleibt übrig?

‚Kraftspiele' mit dem Tau

‚Klassisches' Tauziehen

Zwei zahlen- und möglichst auch kräftemäßig gleich starke Gruppen stehen sich gegenüber und halten ein Tau, dessen Mitte durch ein Mannschaftsband gekennzeichnet ist.
Auf ein Zeichen des Lehrers beginnt das Ziehen. Sieger ist die Gruppe, der es gelingt, die Markierung – und damit das gegnerische Team – über eine zuvor festgelegte Markierung zu ziehen.

Die Ausgangspositionen lassen sich beliebig variieren:
* Vor dem Startzeichen liegt das Tau auf dem Boden.
* Beide Mannschaften liegen auf dem Bauch/dem Rücken neben dem Tau.
* Beide Mannschaften starten von einer Startlinie aus – aus dem Stand, dem Liegen, Sitzen
  ...

„Der Hirsch ist tot – Die Jagd ist vorbei!"

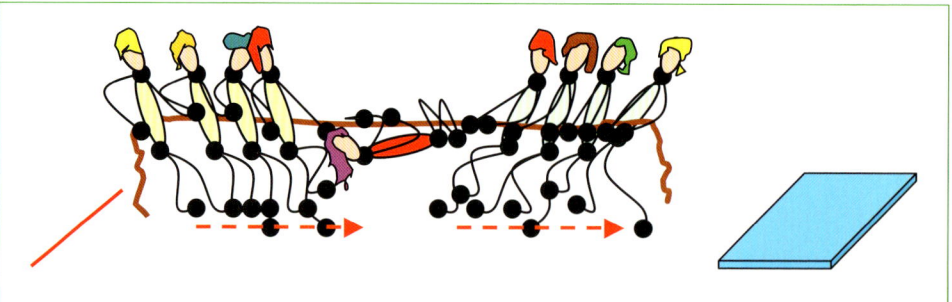

Zwischen zwei Schülergruppen klammert sich mit Armen und Beinen ein Schüler – das ‚erlegte Wild nach erfolgreicher Jagd' – an das (sehr) straff gespannte Tau und wird auf diese Weise auf eine entfernt liegende Matte transportiert und dort abgelegt. Das Tau muss so straff gespannt sein, dass der ‚Hirsch' nicht auf dem Boden streift.
Der Transport kann sowohl seitwärts als auch in Richtung des gespannten Taus erfolgen.

Kreistauziehen

Das Tau ist zu einem Kreis geknotet (es empfiehlt sich der sog. ,Weberknoten', der sich leicht wieder lösen lässt). Alle Schüler halten sich mit beiden Händen daran fest.

Die Schüler sind gleichmäßig um den Taukreis herum verteilt, in dessen Mitte einige Reifen liegen. Durch Ziehen und Schieben versuchen sie, sich gegenseitig dazu zu bringen, in einen der Reifen zu treten.

* Vier gleich große Gruppen sind um den Taukreis herum verteilt. Jede Gruppe versucht auf ein Zeichen des Lehrers ein Markierungshütchen zu erreichen, das in etwa 3 Meter Abstand hinter jeder Gruppe steht.

Das wandernde Tau

Taukreis (Siehe oben). Vergleiche mit einer zweiten Gruppe sind dann möglich, wenn zwei Taukreise (gleich lange Taue verwenden!) eingesetzt werden.

Die Schüler befinden sich dabei innerhalb oder außerhalb des Taukreises.

- Im **Stehen**: Der Knoten des Taukreises soll eine Runde ‚wandern' – ‚heiße' Hände sind die Folge.
- Im **Sitzen**: Die Schüler sitzen im Schwebesitz; der Taukreis liegt auf dem Fußrist auf. Gelingt es, das Tau nur mit den Füßen bzw. dem Fußrist eine Runde wandern zu lassen ohne mit der Ferse den Boden zu berühren?
- In der **Bauchlage**: Mit gestreckten Armen wird der auf dem Boden liegende Taukreis (nur etwa 5 bis 10 cm hoch) angehoben. Gelingt es so, das Tau eine Runde wandern zu lassen, ohne dass es wieder auf den Boden aufkommt und ohne dass mit den Armen der Boden berührt wird?

Karussell

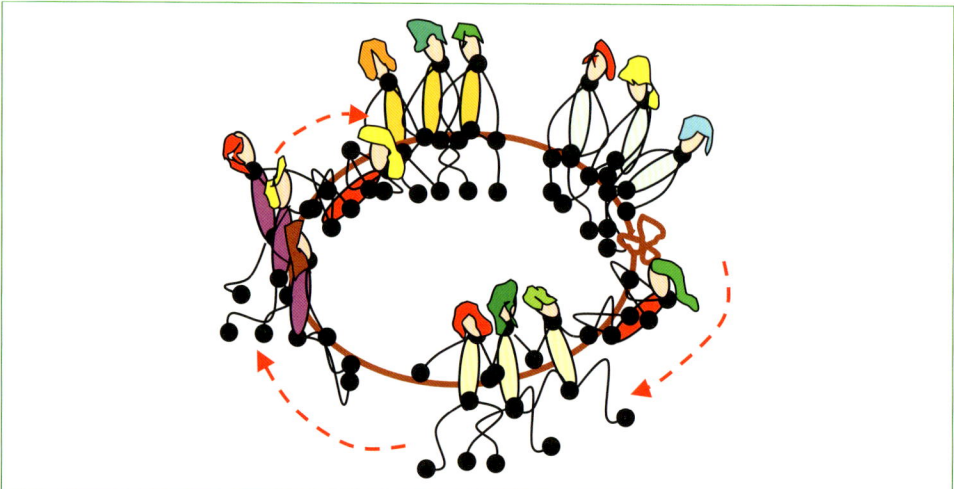

Die Schüler sind gleichmäßig um den straff gespannten Taukreis herum verteilt. Einige dürfen sich mit Händen und Füßen ans Tau hängen (ohne dass das Gesäß den Boden berührt) und werden so durch die anderen eine Runde transportiert.

Spielen

Spiele

Spiel

Auf dem Weg zu den Sportspielen –

Sportartbezogene Erfahrungen

Gemeinsam spielen und sich vergleichen

Vom Umgang mit Spielregeln

Der Umgang mit Spielregeln ist nicht besonders schwierig! An der Regelfestlegung sollten (müssen) die Schüler immer mitbeteiligt werden – dann werden sie sich auch mit den vereinbarten Spielregeln identifizieren und diese einhalten.

Vier Bereiche müssen mit Regeln belegt werden

Diese Vorgaben gelten gleichermaßen für fast alle Spiele. Sie müssen allerdings an die jeweilige Spielsituation angepasst werden.

 **Bewegen mit dem Ball – Foulregel – Trefferregel – Grenzregel**

Bewegen mit dem Ball

Hier wird festgelegt, wie sich der ballbesitzende Schüler fortbewegen darf (soll).
Zum Beispiel
- darf er mit dem Ball in der Hand nicht laufen,
- darf er mit dem Ball in der Hand nur drei Schritte laufen (großzügig sein!),
- darf der Ball nur mit einer Hand (rechts oder links) geprellt und gedribbelt werden, darf nur gerollt werden ...
- darf der Ball mit Hand oder Fuß nur in einer zuvor begrenzten Zone bewegt werden ...

Foulregel

Es muss festgelegt werden, was als ‚Foul' anzusehen ist und wie dieses ‚Foul' geahndet wird (z. B. darf der gefoulte Spieler von der Stelle aus, wo das ‚Foul' geschah, ungehindert den Ball weiterspielen; wer ein ‚Foul' begangen hat, wird durch einen anderen Spieler ausgewechselt ...).

Trefferregel

Hier wird festgelegt, wann ein Treffer erzielt worden ist. Z. B., wenn der Ball (das Spielgerät) eine Matte oder den Boden berührt hat, durch ein aufgestelltes Kastenteil gerollt ist, wenn er vollständig eine Linie überschritten hat – hier wird es immer Diskussionen geben – oder in ein Mal an der Wand, in ein Tor oder in einen Basketballkorb gespielt wurde. Und es wird festgelegt, wo, wie und durch wen der Ball nach einem Treffer wieder ins Spiel gebracht wird (von der Mittellinie aus, durch den ‚Torwart', von der Torlinie aus ...).

Grenzregel

Die Spielfeldgrenzen müssen klar definiert sein – auch müssen sie weit genug von einem Hindernis entfernt sein.

Was sonst noch zu bemerken wäre

Das international gültige Regelwerk ist hier nicht bindend

– auch wenn der eine oder andere Schüler die im Verein in Bezug auf die ‚Großen Spiele' Fuß-, Hand-, Volley- oder Basketball gelernten Regeln anzuwenden verlangt.

In der Schule – vor allem in der Grundschule – müssen wir eigene,
• dem Alter,
• dem Könnensstand und
• dem Spielverständnis der Schüler
angemessene Regeln des Zusammenspielens finden.

Das Einführen von Regeln ...

geschieht sehr dosiert. Bei einem Spiel, das die Schüler bislang noch nicht kennen, werden zunächst nur die (aller)wichtigsten Regeln vorgegeben (Bewegen mit dem Ball, Foulregel, Trefferregel, Grenzregel) – ohne dabei allzu sehr ins Detail zu gehen.

Auffällige Situationen während des Spiels ...

können Anlass für weitere ergänzende oder zusätzliche Regeln sein.
Beispiel: Ein Schüler läuft, ohne den Ball zuvor abgespielt zu haben, quer durch das ganze Spielfeld und schießt dann auf das gegnerische Tor. Mögliche Folgeregeln könnten dann sein:
• ... drei Spieler (Mit- oder Gegenspieler) müssen den Ball berührt haben, bevor auf ein Tor gespielt werden darf;
• ... es darf erst ab der Mittellinie auf das Tor gespielt werden ...

Schülerideen aufgreifen

Die Schüler sollen Regeln verstehen und sie akzeptieren. Am ehesten gelingt dies, wenn sie diese selbst finden und formulieren. Grundschüler sind dazu fähig – ihre Phantasie und ihr Ideenreichtum übertreffen manchmal die der Lehrkraft! Dieses Potential sollten wir unbedingt nützen.

Mit verschieden großen und unterschiedlich schweren Bällen und Spielgeräten umgehen können (Grundfertigkeiten)

Alleine mit dem Spielgerät – einige Beispiele

Spielgeräte rollen und transportieren (pro Schüler ein Ball/ein Spielgerät)

- Einen Luftballon quer durch die Halle, von einer Wand zur anderen, um Markierungskegel herum, über Hindernisse hinweg... treiben, ohne dass er auf den Boden fällt.

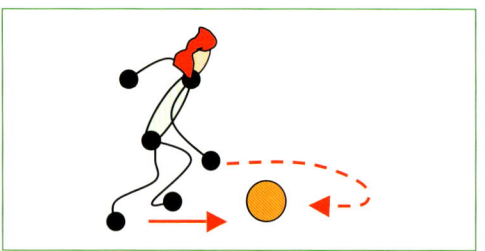

- Einen Ball wegrollen, ihm nachlaufen, ihn einholen, überholen und wieder aufnehmen.

- Einen Ball so rollen, dass er immer mit der Hand (rechts/links) oder dem Fuß (rechts/links) Kontakt hält.

- Den Ball im Slalom um Markierungskegel, Stangen, durch die gegrätschten Beine eines Mitspielers ... rollen.

- Den Ball in Kurven, auf Hallenlinien vorwärts und rückwärts rollen, mit ...
  - dem rechten, dem linken Fuß,
  - der rechten, der linken Hand

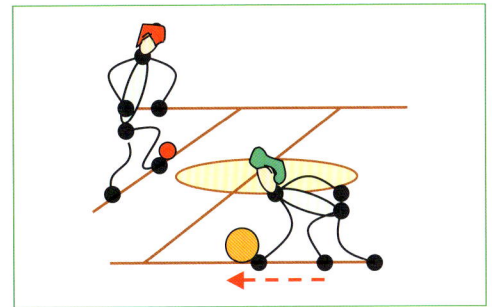

- Einen Ball (Tennis-, Tischtennis-, Federball) auf einem Speckbrett, einem Badminton-schläger ...
  - durch die Halle transportieren (balancieren),
  - in Kurven oder auf den geraden Hallenlinien laufend balancieren,
  - balancieren und bei Begegnungen mit Mitschülern die Bälle tauschen, ohne dass einer davon auf den Boden fällt ...

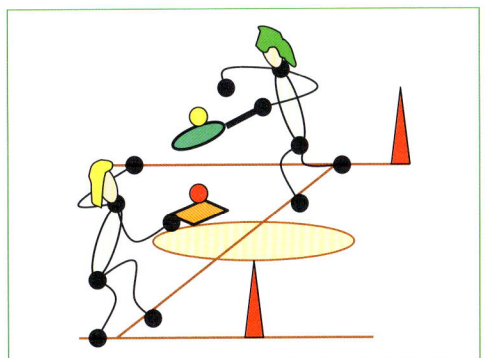

- Mit einem Unihockey- oder einem Hockeyschläger einen Ball – ohne ihn zu verlieren ...
  - kreuz und quer durch die Halle führen,
  - in Kurven oder auf den Hallenlinien führen,
  - um Gegenstände herum führen oder
  - durch eine Gasse aus Markierungskegeln ...

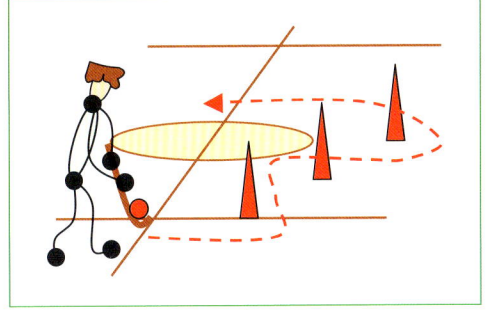

Spielgeräte hochspielen, werfen und wieder aufnehmen (pro Schüler ein Ball)

Einen Gymnastik oder Volleyball beid- oder einhändig ...

- hochwerfen und ihn wieder fangen,
- hochwerfen, aufspringen lassen und ihn dann fangen,

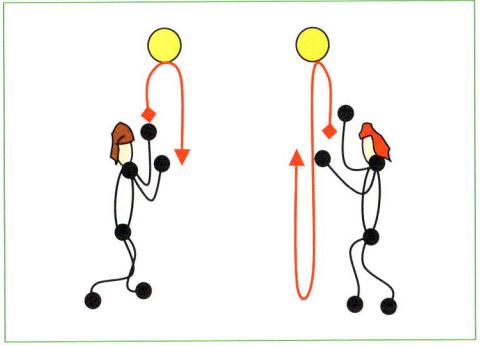

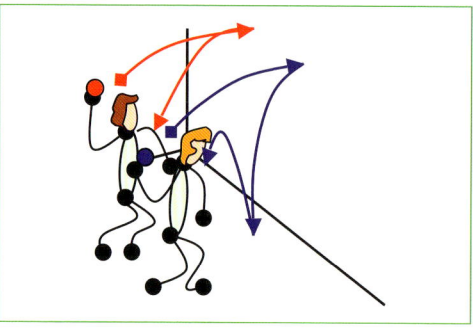

- an eine Wand werfen und ihn fangen,
- an eine Wand werfen, ihn aufspringen lassen und ihn wieder fangen,

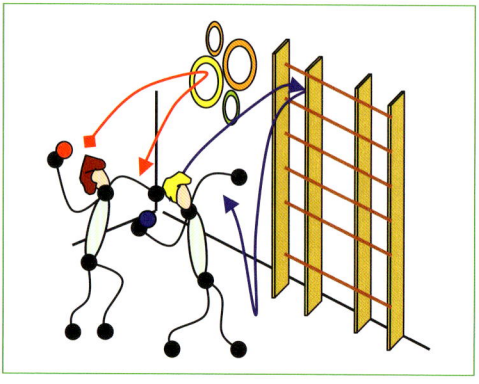

- auf Ziele an der Wand werfen und den Ball gleich wieder (oder erst aufspringen lassen) fangen,
- nacheinander in verschiedene Felder der Gitterleiter werfen und ihn wieder fangen,

- kräftig auf den Boden werfen, dem hochspringenden Ball nachlaufen und ihn wieder fangen,
- hochwerfen und ihn im Sprung wieder fangen,

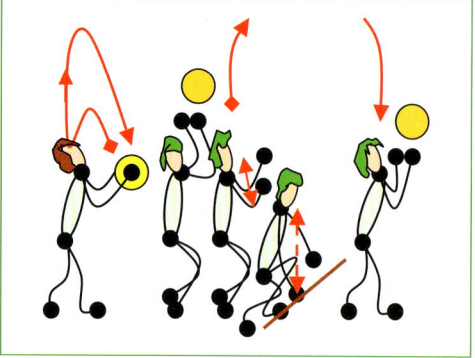

- leicht anwerfen, ihn dann ‚hochköpfen' und erst dann wieder fangen,
- hochwerfen, eine zusätzliche Aufgabe erledigen (in die Hände klatschen, den Boden, eine Linie … berühren, andern eine ‚Nase' zeigen …) und ihn wieder fangen,

– über eine hohe Leine werfen, darunter durchlaufen und den Ball auf der anderen Seite wieder fangen.

Einen Tennis- oder Tischtennisball ...

– mit einem ‚Speckbrett' oder einem Tischtennisschläger so oft wie möglich hochspielen, ohne dass er auf den Boden fällt,
– mit einem ‚Speckbrett' oder einem Tischtennisschläger hochspielen und sich dabei durch die Halle bewegen, niedere Hindernisse umgehen oder übersteigen, auf den Hallenlinien laufen ...
– ... dabei die rechte/linke Hand einsetzen.

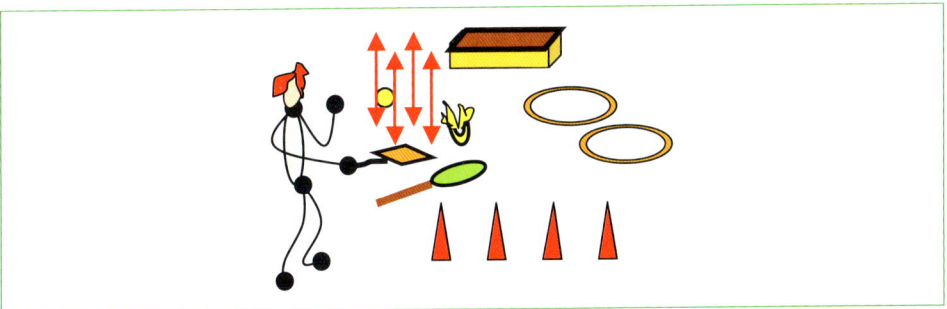

Einen Federball ...

– mit einem Badmintonschläger im Stand so oft wie möglich hochspielen; den Federball hochspielen und sich dabei durch die Halle bewegen, Hindernissen ausweichen ...

- **Das ‚Zehnerle' spielen**

Das „Zehnerle", ein ‚uraltes' Spiel, schult auf spielerische Weise die Hand-Auge-Koordination. Dabei wird ein Ball auf unterschiedliche Weise an die Wand geworfen und wieder gefangen, wobei die zu bewältigenden Aufgaben immer schwieriger, die Anzahl der Würfe aber immer weniger werden.
Gebraucht wird für jeden Schüler ein gut springender Ball (z. B. ein Gymnastikball) und ein Fleckchen Hallenwand.

Erschwernisse sind denkbar durch
- Wurf mit der linken Hand,
- Fangen mit nur einer Hand (links/rechts),
- zusätzlichen Drehungen, Vor-, Rückwärts- oder Seitbewegungen,
- zurückköpfen und dann erst fangen,
- rückwärts über den Kopf, durch die gegrätschten Beine oder unter einem hochgehobenen Bein hindurch an die Wand werfen, umdrehen, fangen ...

Einige Regeln:
- Wer einen ‚Fehler' macht, muss wieder von vorne beginnen.
- Wer schafft einen ganzen Durchgang ohne Fehler?
- Zwei Schüler – ein Ball (als Wettbewerb): A beginnt und übt so lange, bis eine Aufgabe missglückt – dann folgt B. Macht B einen Fehler, macht A an der Stelle weiter, wo er selbst aufgehört hat. Wer hat als erster die ganzen Aufgaben absolviert?

Beispiele, die mit einiger Phantasie leicht verändert und dem Könnensniveau der Schüler angepasst werden können:

- 10 x den Ball an die Wand werfen – und ihn beidhändig wieder fangen.

- 9 x den Ball an die Wand werfen, ihn aufspringen lassen und dann erst fangen.

- 8 x den Ball an die Wand werfen, vor dem Körper in die Hände klatschen und den Ball wieder fangen.

- 7 x den Ball an die Wand werfen, hinter dem Körper in die Hände klatschen und den Ball wieder fangen.

- 6 x den Ball an die Wand werfen, mit einer Hand den Boden berühren und den Ball wieder fangen.

- 5 x den Ball mit einer Hand von hinten durch die gegrätschten Beine an die Wand werfen und ihn dann wieder fangen.

- 4 x den Ball hochwerfen, ihn an die Wand ‚köpfen' und ihn dann wieder fangen.

- 3 x den Ball an die Wand werfen, den zurückprellenden Ball wieder an die Wand ‚zurückköpfen' und ihn dann wieder fangen.

- 2 x mit dem Rücken zur Wand stehen, den Ball über den Kopf an die Wand werfen, sich umdrehen und den Ball wieder fangen.

- 1 x den Ball an die Wand werfen, eine ganze Drehung vollführen und ihn dann wieder fangen.

Einen Ball prellen, dribbeln, führen (pro Schüler ein Ball)
– einfachere Formen

- Den Ball von hoch oben/von weit unten fallen lassen und ihn wieder auffangen (Mit beiden Händen, nur mit einer Hand).
- Den Ball auf den Boden prellen und ihn wieder
  - mit beiden Händen fangen,
  - mit der rechten/der linken Hand fangen ...

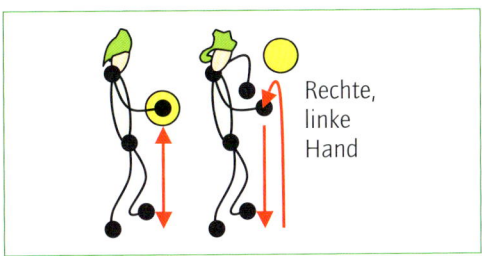

Rechte, linke Hand

- Den Ball **prellen** (auf den Boden prellen – auffangen – auf den Boden prellen – auffangen ...) und dabei durch die Halle gehen ...
  - schnell – langsam gehen, das Tempo wechseln ...;
  - auf den Hallenlinien, um Hindernisse (Matten, Markierungskegel ...) herum gehen, laufen ...;
  - vorwärts, rückwärts, seitwärts gehen, laufen ...;
  - zusammen mit einem Partner, dem man wie einem ‚Schatten' folgt ...

- Den Ball mit einer Hand im Stand dribbeln (ohne ihn festzuhalten) ...
  - hoch – tief ...;
  - laut – leise ...;
  - mit der rechten – der linken Hand ...

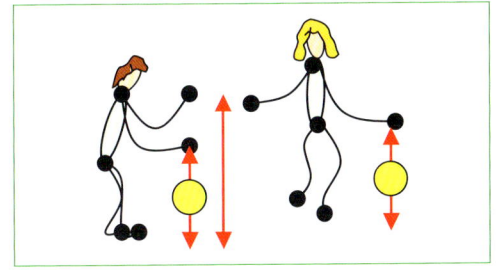

- Den Ball **dribbeln** (den Ball mit offener Hand ohne ihn festzuhalten ohne Unterbrechung auf den Boden spielen) und dabei durch die Halle gehen ...
  - schnell – langsam gehen, das Tempo wechseln ...;
  - auf den Hallenlinien, um Hindernisse (Matten, Markierungskegel ...) herum gehen, laufen ...;
  - den Ball auf einer Hallenlinie dribbeln ...
  - vorwärts, rückwärts, seitwärts gehen, laufen ...;
  - zusammen mit einem Partner, dem man wie einem ‚Schatten' folgt ...

- Den Ball mit dem Fuß führen …
  - mit dem rechten – dem linken Fuß …;
  - auf den Hallenlinien …;
  - schnell – langsam …;
  - im Slalom um Markierungshütchen, Matten, Mitschüler herum;
  - kreuz und quer durch die Halle, ohne mit anderen zusammenzustoßen …

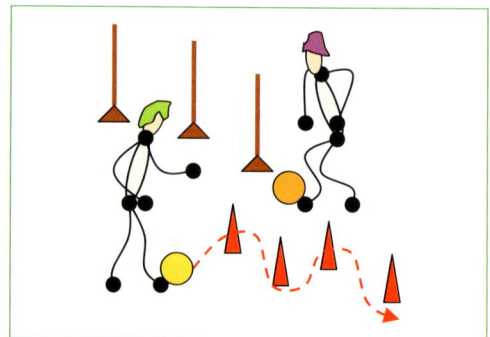

Mit etwas Phantasie lassen sich vielfältige Bewegungsaufgaben – vor allem durch die Schüler selbst – finden und erfinden. Sportartspezifische Bewegungsformen aus den Sportspielen sind hier nicht gefordert (wie z. B. Basketball-Schrittregel in Verbindung mit dem Dribbling).

Einen Ball prellen, dribbeln, führen (pro Schüler ein Ball) – schwierigere Formen

Sich fortbewegen mit einem Ball – sei es, dass er mit der Hand gedribbelt oder geprellt oder mit dem Fuß geführt wird – und gleichzeitig Zusatzaufgaben bewältigen, bedeutet, dass man seine Aufmerksamkeit sowohl dem Spielgerät als auch der Umgebung (Hindernisse, weitere Mit- oder Gegenspieler, Spielfeldgrenzen, Zeichen des Lehrers …) widmen muss.

> Mit solchen Formen kann intensiv das ‚periphere Sehen' geschult werden; neben der Fähigkeit, koordinativ anspruchsvolle Mehrfachhandlungen zu bewältigen, ist dies eine wichtige Voraussetzung nicht nur für Erfolge in den ‚Großen Spielen', sondern auch im Alltag.
> So muss ein Kind, das z. B. mit dem Fahrrad fährt, alle anderen Verkehrsteilnehmer aus der Gegenrichtung und die in die gleiche Richtung fahrenden, viele Signale und Zeichen, Abzweigungen und Fahrbahnbegrenzungen möglichst gleichzeitig oder zumindest rasch erkennen und dazu hin noch bremsen, lenken, schalten, Richtungswechsel anzeigen – und das mit allen verfügbaren Extremitäten.

Alle laufen und dribbeln

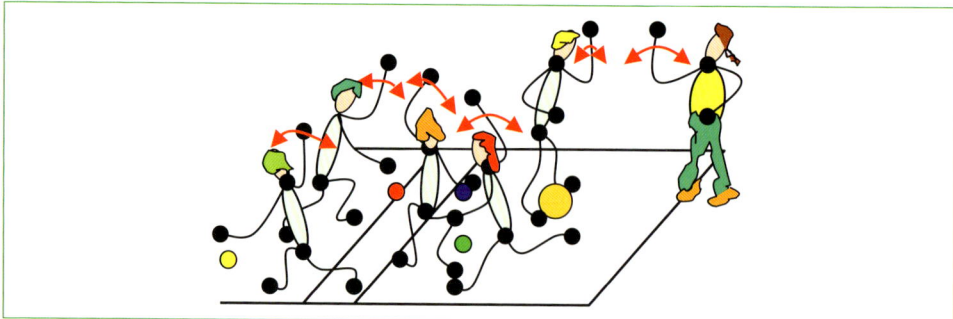

Die Schüler laufen in einem begrenzten Raum (z. B. im Volleyballfeld) bunt durcheinander, dribbeln den Ball mit einer Hand oder führen ihn mit dem Fuß und sollen mit der freien Hand alles nachmachen, was ihnen der Lehrer vormacht (Zahlen zeigen, winken, Hand kreisen lassen …).

Alle begrüßen sich

Alle Schüler laufen durcheinander und dribbeln ihren Ball; wenn sich zwei begegnen ‚begrüßen'
sie sich – ohne dabei ihren Ball zu verlieren.
- Begrüßen kann man sich mit der rechten/linken Hand, einem Fuß, dem Rücken ...
- Man kann sich an der Hand halten oder einhaken und dann gemeinsam weiterlaufen.
- Ohne aus dem Rhythmus zu kommen, sollen bei Begegnungen die Bälle getauscht werden.

Schattendribbeln

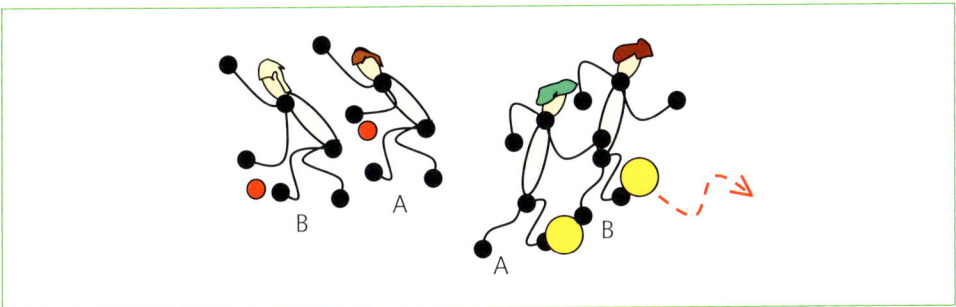

A folgt seinem Partner B wie ein Schatten; er darf ihn nicht verlieren. B kann die Fortbewegungsart, das Tempo, die Richtung ... wechseln, kann Formen oder Figuren laufen, hoch oder
tief dribbeln, oder sich nur auf den Hallenlinien bewegen – A muss alles was der Partner
vormacht nachmachen!

Zahlen zeigen

Schüler A dribbelt in kurzem Abstand hinter
B. B zeigt dabei mit seiner freien Hand
hinter seinem Rücken Zahlen, die A laut
nennen muss, ohne seinen Ball zu verlieren.
- A soll die gezeigten Zahlen addieren.
- A soll die gezeigten Zahlen von einer
  vorgegebenen Zahl subtrahieren.

Bälle tauschen

Jeder Schüler hat einen beliebigen Ball. Dies kann ein Tischtennis-, Tennis-, Hand-, Gymnastik-, Fuß-, Rugby-, Schaumstoff-, leichter Medizinball oder gar ein Luftballon sein. In einem durch Markierungskegel begrenzten Raum bewegen sich Schüler durcheinander und …
- tragen den Ball. Wenn sich zwei begegnen, tauschen sie die Bälle aus;
- bewegen ihren Ball mit dem Fuß durch den Raum, laufen eine ‚Acht', beschreiben kleine oder große Kreise und tauschen auf ein Zeichen des Lehrers die Bälle aus.

Staffeln
Viele Staffeln (vor allem Umkehr- und Pendelstaffeln) lassen sich noch ‚spannender' gestalten, wenn die Läufer einen Ball mit sich führen müssen (siehe Kapitel Staffeln auf S. 92 ff. und 99 ff.).

Zusammen mit dem Partner werfen, fangen, zuspielen – einige Beispiele

Sich den Ball so zuwerfen, dass ihn der Partner bequem und sicher fangen kann

Im Vordergrund sollte die Qualität des Werfens und Fangens stehen und nicht die Zahl der Wiederholungen in einer bestimmten Zeit! Qualität also vor Quantität oder Schnelligkeit! Auch damit lassen sich Wettbewerbe gestalten.

- Wem gelingt die Aufgabe auf Anhieb?
- Wer schafft die Aufgabe, 2- – 3- – 8- ... mal, ohne dass der Ball auf den Boden fällt?
- Welche Gruppe stellt dabei einen ‚Fehlerlos-Rekord' auf?

Am leichtesten lässt sich der Ball in Brusthöhe fangen

- Sich den Ball gezielt – aus unterschiedlichen Entfernungen – zuwerfen

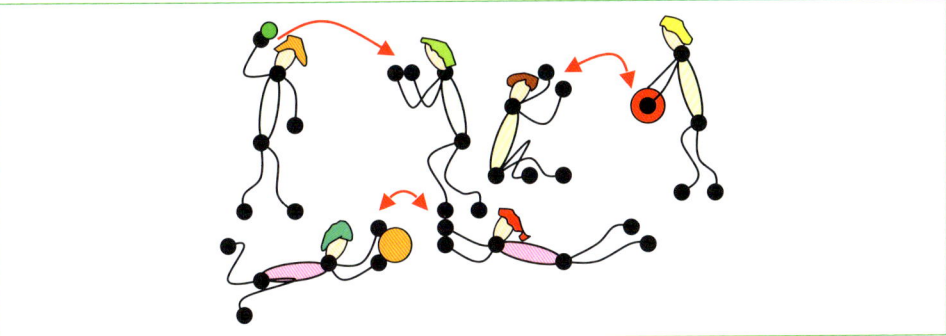

- im oder aus dem Sitzen/Liegen/Stehen,
- ein- oder beidhändig,

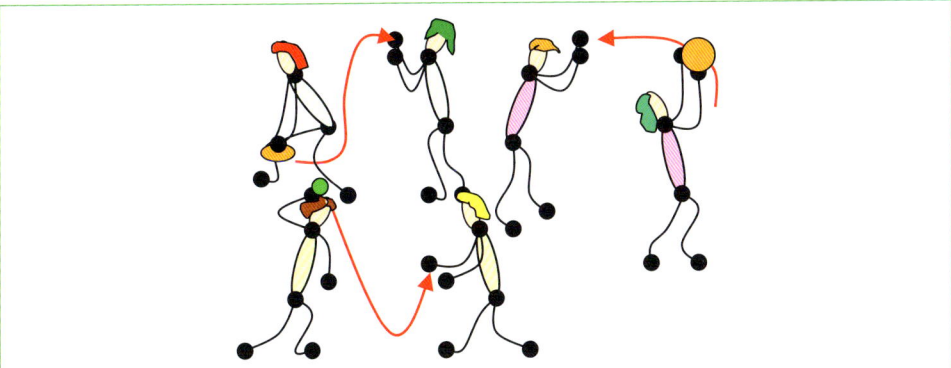

- nach hinten durch die gegrätschten Beine hindurch,
- rückwärts über den Kopf zum Partner,
- indirekt über den Boden,

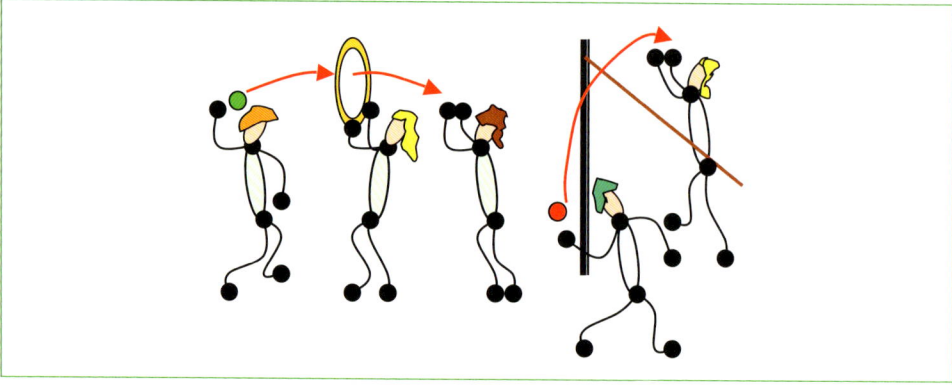

– über eine hoch gespannte Leine hinweg (Baustellenband),
– durch einen von einem Mitschüler gehaltenen Reifen hindurch zum Partner,

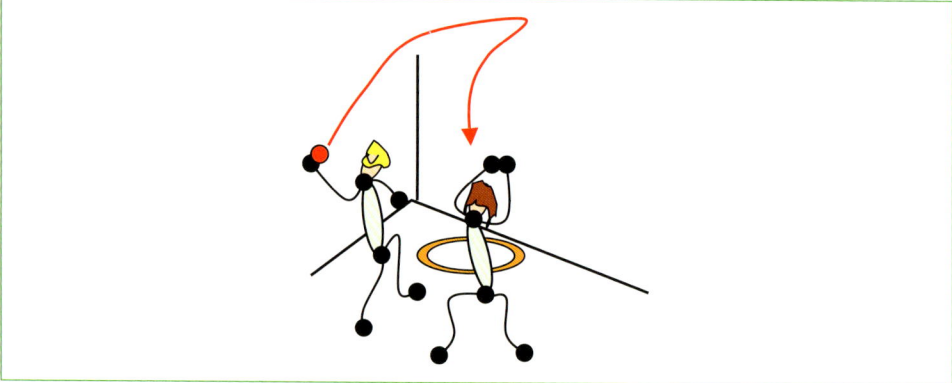

• hoher Wurf an die Wand; der Partner soll den zurückprellenden Ball fangen ...
   – der Partner fängt den Ball, nachdem er zuvor auf dem Boden aufgeprallt ist,
   – der Ball soll so an die Wand geworfen werden, dass er in einen auf dem Boden liegenden Reifen (oder einen Seilchenkreis) trifft und erst dann vom Partner gefangen wird ...

In Gruppen – aus unterschiedlichen Entfernungen – werfen und fangen (pro Gruppe ein Ball)

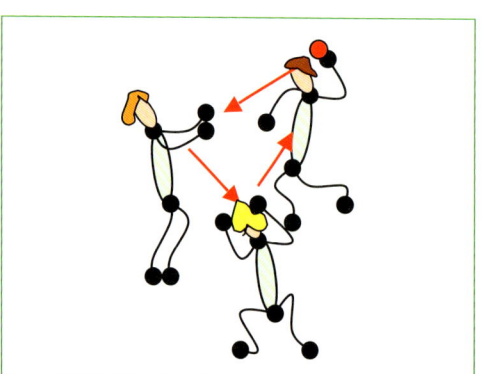

• Sich einen Ball im Dreieck zuwerfen, ohne dass er auf den Boden fällt.

- Kleine Gruppe mit einem Zuspieler **A**. Dieser bleibt stehen, die anderen Spieler laufen, nachdem sie den von **A** zugeworfenen Ball wieder zurück geworfen haben, ans Ende der Reihe.
Die Ablösung des Zuspielers erfolgt nach einigen Durchgängen.

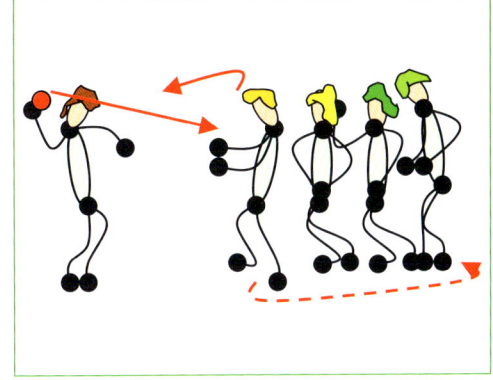

- Kleine Gruppe – Aufstellung in Kreisform – mit einem Zuspieler **A** in der Kreismitte. Dieser spielt seinen Mitspielern den Ball zu. Sie fangen ihn und werfen ihn wieder zurück.
  - Die Spieler klatschen vor dem Fangen in die Hände.
  - Die Spieler halten vor dem Fangen beide Arme verschränkt.
  - Die Hände befinden sich vor dem Fangen auf dem Rücken.
  - A spielt indirekt über den Boden.
  - A darf vor dem Zuspiel ,täuschen'.
  - Wer den Ball nicht fangen kann, löst den Zuspieler ab.

- Kleine Gruppe – Aufstellung in Kreisform. Ein Ball wandert im Kreis. Wenn die Schüler genau werfen und gut fangen können, versuchen wir es mit 2,3, ... Bällen.
  - Welcher Gruppe gelingen die meisten Runden, ohne dass ein Ball auf den Boden fällt?
  - Welche Gruppe kann die meisten Bälle kreisen lassen?

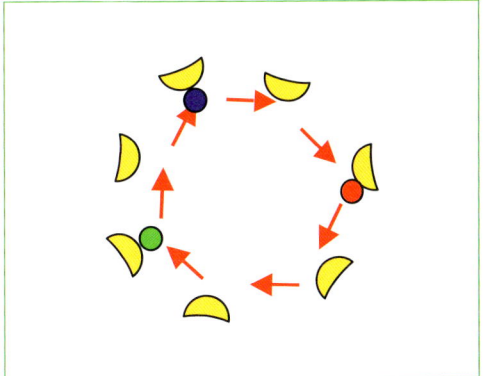

Zielschießen mit Hand und Fuß – wir üben und spielen an Stationen

Organisation

Eine Klasse wird in mehrere möglichst gleich große Gruppen aufgeteilt. Jede Gruppe bekommt eine Arbeitskarte, mit deren Hilfe sie eine Station aufbaut.

Die Arbeitskarten bleiben an den Stationen liegen, so dass sich die Schüler über ihre Aufgaben informieren können.

Für jeden Schüler sollte ein Ball oder ein Spielgerät vorhanden sein. Beim Wechsel bleiben diese an der jeweiligen Station liegen!

Die Gruppen beginnen auf ein Zeichen des Lehrers gemeinsam zu üben und wechseln – wieder auf ein Zeichen des Lehrers –
- in vorgegebener Reihenfolge die Stationen oder
- suchen sich selbst eine neue Station. Dabei ist es von Vorteil, wenn mehr Stationen als Gruppen vorhanden sind; unbedingt muss genügend Zeit eingeplant werden, um alle Stationen absolvieren zu können!

Einige Beispiele zu möglichen Stationen

Station 1
- 5 Weichbälle
- 1 große Büchse
- 2 Markierungshütchen

Wem gelingt es, die Büchse, die Markierungshütchen zu treffen?
Wir werfen nacheinander – wenn alle geworfen haben, werden die Bälle geholt.

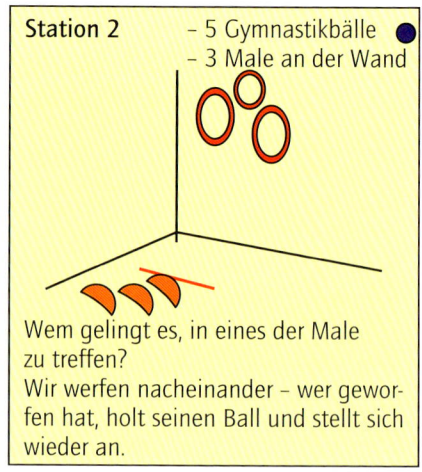

Station 2
- 5 Gymnastikbälle
- 3 Male an der Wand

Wem gelingt es, in eines der Male zu treffen?
Wir werfen nacheinander – wer geworfen hat, holt seinen Ball und stellt sich wieder an.

Station 3   – 5 Fußbälle
                 – 1 Kastenteil

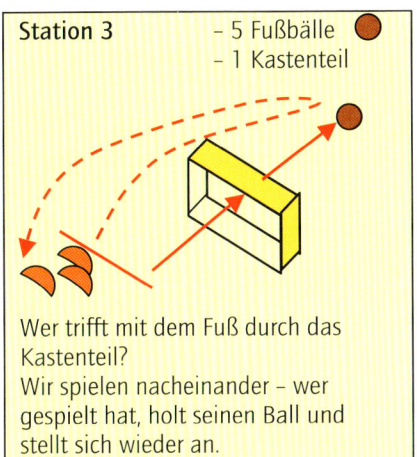

Wer trifft mit dem Fuß durch das Kastenteil?
Wir spielen nacheinander – wer gespielt hat, holt seinen Ball und stellt sich wieder an.

Station 4   – 5 Hand- oder Gymnastikbälle
                 – Gitterleiter

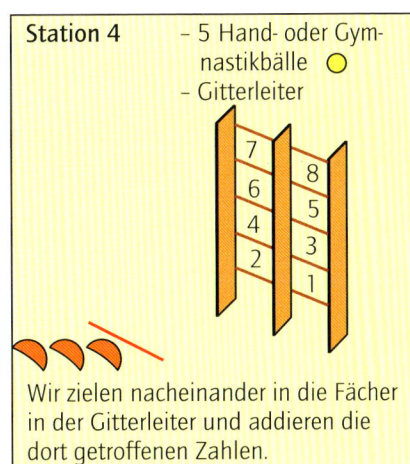

Wir zielen nacheinander in die Fächer in der Gitterleiter und addieren die dort getroffenen Zahlen.

Station 5   – 5 Gymnastik- oder Volleybälle
                 – 1 Basketballkorb
                 – Reifen

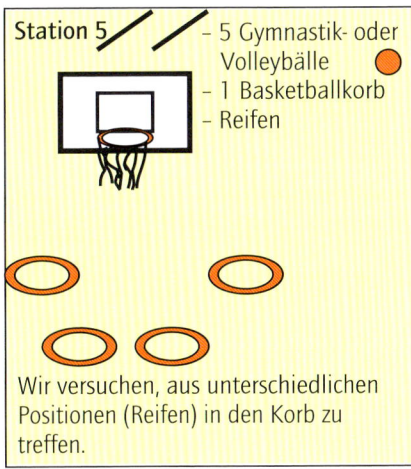

Wir versuchen, aus unterschiedlichen Positionen (Reifen) in den Korb zu treffen.

Station 6   – 5 Gymnastik- oder Volleybälle
                 – 1 Bank
                 – Markierungshütchen
                 – Medizinbälle auf Ringtennisringen
                 – Büchsen

Wir schießen die Bälle und Kegel mit dem Fuß, der Hand ab.
Die Bälle werden gemeinsam geholt.

Station 7   – 5 Gymnastik- oder Volleybälle
                 – Kastenteile auf Kleinkästen
                 – Hohe Leine

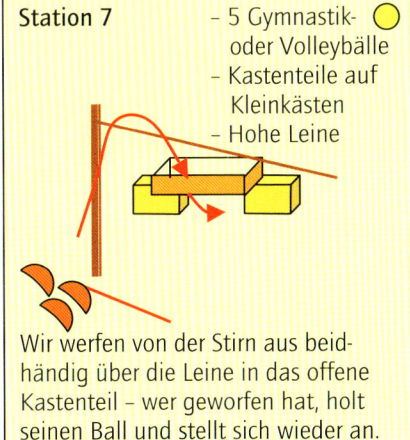

Wir werfen von der Stirn aus beidhändig über die Leine in das offene Kastenteil – wer geworfen hat, holt seinen Ball und stellt sich wieder an.

Station 8   – 5 Hockey- oder Uni-Hockeyschläger
                 – 5 Tennisbälle
                 – 2 Malstangen

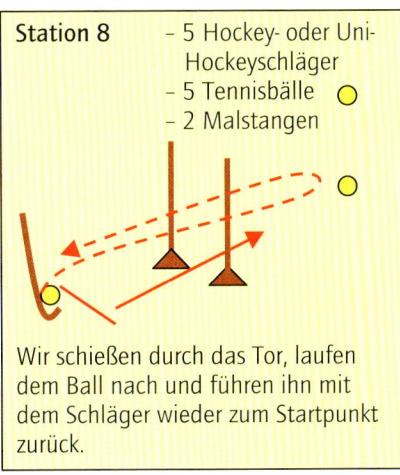

Wir schießen durch das Tor, laufen dem Ball nach und führen ihn mit dem Schläger wieder zum Startpunkt zurück.

‚Kunststückchen' mit einem oder mehreren Bällen einüben

Den Ball in der Luft halten können

Notwendig sind möglichst weiche, gut springende Bälle. Mit leichten Wasserbällen oder Luftballons kann man schwierigere Aufgaben vorbereiten. Zwischen einzelnen Aktionen kann der Ball auch auf dem Boden aufprellen.

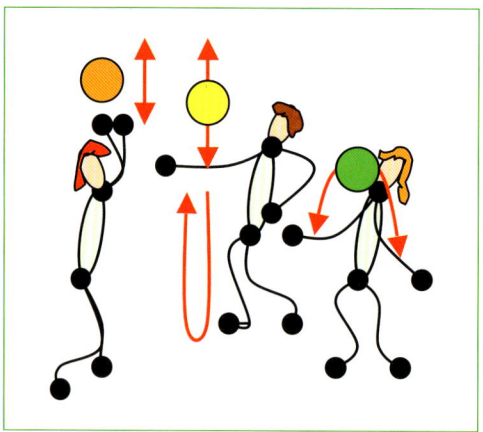

- Mit beiden Händen gleichzeitig – fast wie beim Volleyball.
- Mit einem Arm (links/rechts/im Wechsel).

- Mit dem Knie/dem Fuß (links/rechts/im Wechsel).
- Einen Ball mit und auf den unterschiedlichsten Körperteilen balancieren.

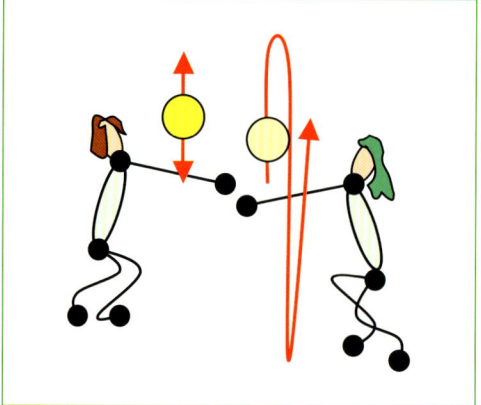

- Mit beiden Armen; diese dabei lang strecken und die Hände so ineinander legen, dass die Unterarme eine möglichst ebene Fläche (ein ‚Spielbrett') bilden. Den Ball balancieren, hochstoßen und wieder auffangen, aufprellen lassen und wieder aufnehmen ... oder ihn leicht hochwerfen, mit dem ‚Spielbrett' hochschlagen und wieder auffangen.

- Einen Ball sich selbst hochwerfen, ihn dann mehrmals mit dem Kopf hochspielen ('köpfen') oder ihn so oft es gelingt, ohne ihn aufzufangen, an die Wand 'köpfen'.
- Auf Ziele an der Wand werfen oder mit der offenen Hand schlagen.

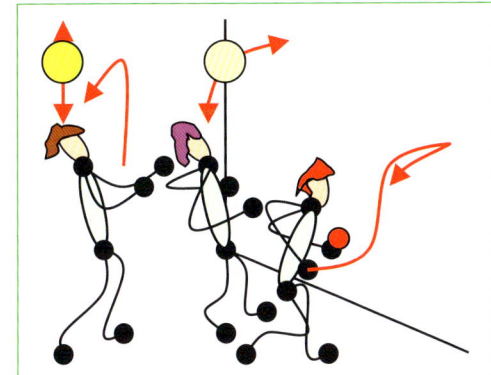

- Einen (weichen!) Ball dem Partner so genau zuwerfen, dass ihn dieser zurückköpfen kann.
- Einen (weichen!) Ball sich selbst hochwerfen und ihn dann zu einem Partner 'köpfen'; dieser versucht, den Ball so zurückzuköpfen, dass er wieder aufgefangen werden kann.

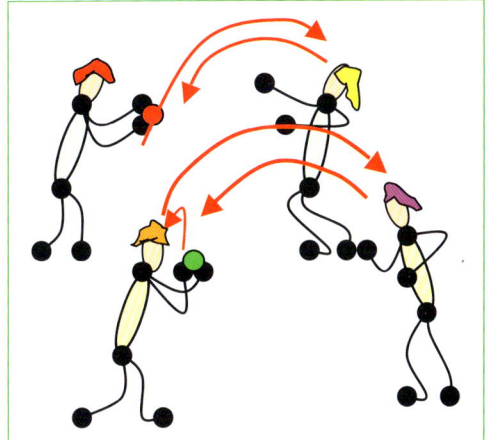

Mit zwei Bällen gleichzeitig umgehen können (mit Partner)

Notwendig sind gut springende und gleich große Bälle. Es eignen sich dafür besonders Volley- oder Gymnastikbälle (Keine Basketbälle! Verletzungsgefahr!). Mit ein wenig Phantasie lassen sich weitere originelle und schwierige Zuspiel- und Bringvarianten finden.

- Beide Bälle gleichzeitig zum Partner rollen; dieser nimmt sie auf und rollt sie wieder zurück.

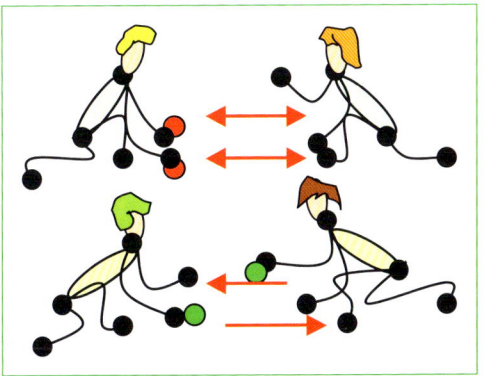

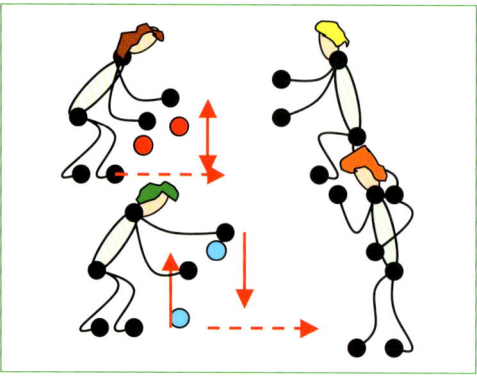

- Beide Bälle gleichzeitig dribbeln und dribbelnd – ohne die Kontrolle über die Bälle zu verlieren – dem Partner übergeben.
  - Beide Bälle berühren dabei gleichzeitig den Boden.
  - Die Bälle berühren nacheinander den Boden.

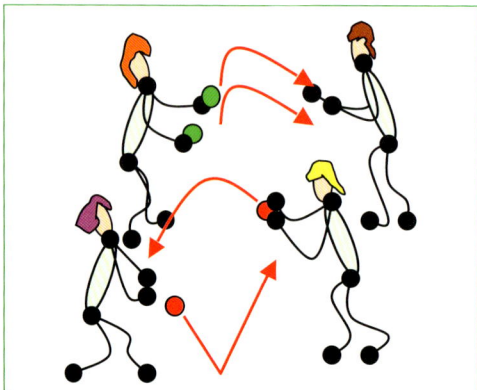

- Beide Bälle gleichzeitig hin- und herwerfen und fangen (Die Bälle werden direkt zugeworfen oder dürfen vor dem Fangen auf dem Boden aufprellen).
- Ein Ball wird vom einen Partner immer direkt, der andere Ball vom Partner immer indirekt (über den Boden) zugeworfen (ein- oder beidhändiger Wurf).

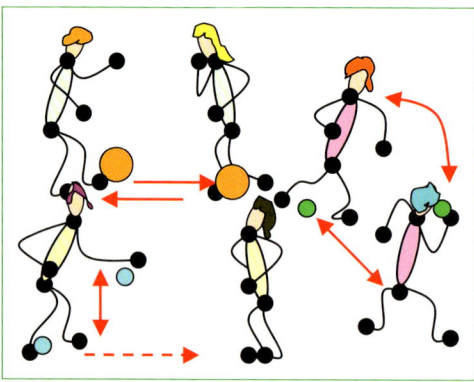

- Beide Bälle werden im Wechsel mit dem Fuß zugespielt (Bälle vor dem Zuspiel stoppen oder – wesentlich schwieriger – direkt spielen).
- Ein Ball wird geworfen und gefangen, der andere wechselseitig mit dem Fuß hin- und hergespielt.
- Einen Ball prellen oder dribbeln, den anderen am Fuß führen und so dem Partner übergeben.

Dribbeln, Prellen, sich fortbewegen, Werfen und Fangen (Grundlagen) – verpackt in ‚Kleine Spiele'

Sich fortbewegen mit dem Ball – mit Störung durch einen oder mehrere Gegenspieler

Viele Fangspiele lassen sich besonders interessant variieren, wenn jeder Schüler einen Ball mit sich führen muss. Nachfolgend einige Beispiele. In der Regel werden die Bälle gedribbelt; bei einigen Spielen ist es auch möglich, dass der Ball mit dem Fuß geführt wird.

‚Dribbelfangen – Variante I'

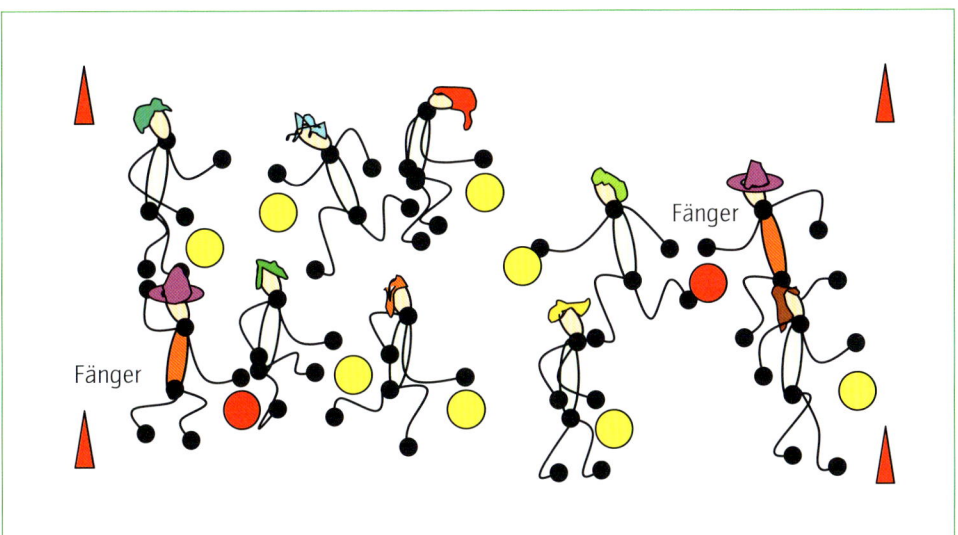

Alle Schüler bewegen sich dribbelnd mit ihrem Ball (einem Volley- oder Gymnastikball) in einem abgegrenzten Feld (z. B. im Basketballfeld). 2, 3 oder mehr Schüler sind mit einem alten Hut oder einer Mütze als Fänger gekennzeichnet. Gelingt es diesen, einen Mitspieler zu ‚fangen' (zu berühren), wird dieser neuer Fänger und bekommt das Fängerabzeichen.

Die Bälle sollen dabei möglichst nicht verloren gehen.
- Die Fänger dribbeln als Fängerabzeichen einen andersfarbenen Ball (z. B. einen Basketball).
- Alle dürfen sich nur auf den Hallenlinien bewegen.

‚Dribbelfangen – Variante II'

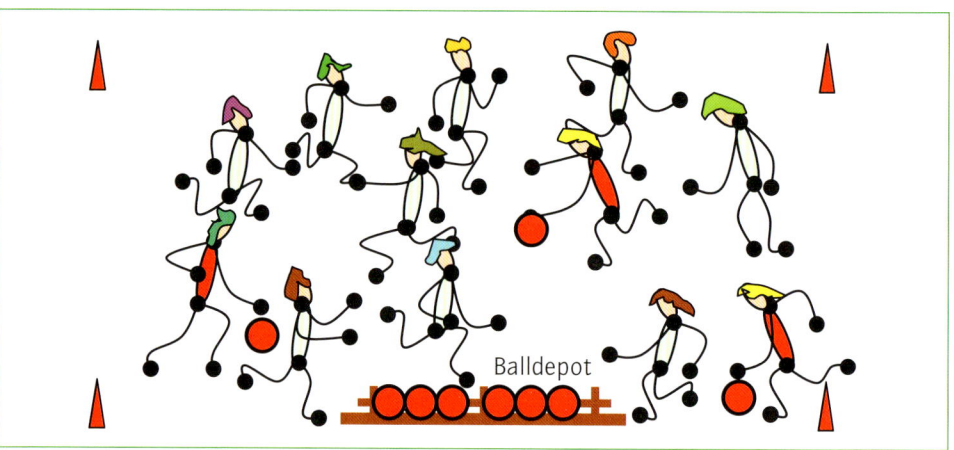

Balldepot

In einer umgekippten Bank liegen so viele Bälle, wie Schüler am Spiel teilnehmen.
2 bis 3 Schüler, die Fänger, bekommen einen Ball und sollen dribbelnd die anderen fangen (berühren). Wer von einem der Fänger berührt wurde, holt sich einen Ball aus dem Depot und wird zusätzlicher Fänger.
Die letzten beiden übriggebliebenen Schüler werden beim nächsten Durchgang Fänger; wer nun gefangen wird, legt seinen Ball ins Depot und hilft mit ...

Verzaubern – Entzaubern

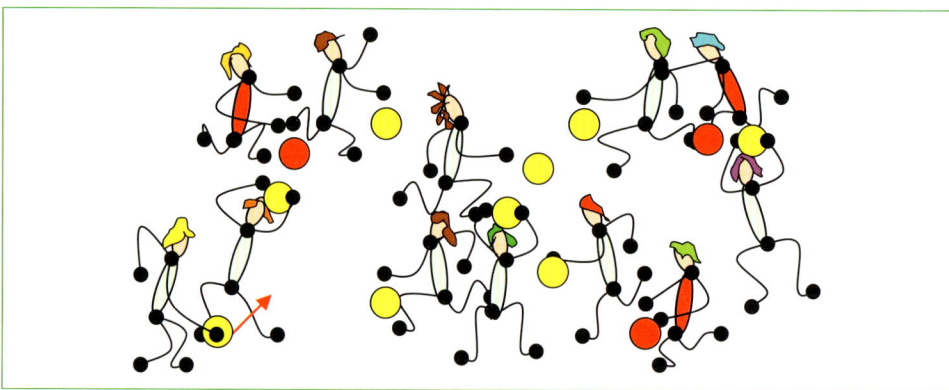

Alle Schüler dribbeln in einem abgegrenzten Feld (z. B. im Basketballfeld) einen gut springenden Ball. Etwa 5 ‚Zauberer' (gekennzeichnete Schüler) verwandeln durch Berühren die Mitspieler in ‚Steine'. ‚Versteinert' bleiben sie an der Stelle, wo sie gefangen wurden, mit gegrätschten Beinen stehen oder setzen sich hin. Sie warten, bis sie durch einen der noch freien Spieler wieder ‚erlöst' werden,
• indem dieser ihnen z. B. die Hand reicht ...
• ihnen auf den Rücken klopft ...
• seinen Ball durch die gegrätschten Beine rollt ...
• seinen Ball durch die gegrätschten Beine prellt ...
Schaffen es die ‚Zauberer', alle in ‚Steine' zu verzaubern?

„Wer hat Angst vor dem Räuberkönig?"

Alle Schüler, auch der ‚Räuberkönig', besitzen einen Ball. Sie wechseln dribbelnd auf ein Zeichen des ‚Räuberkönigs' von einer Startlinie auf die Gegenseite (z. B. von einer Hallenseite zur anderen).

Wieviel davon ‚erwischt' er, bevor sie die rettende Linie auf der Gegenseite erreichen?
- Nach jedem Durchgang wechselt der ‚Räuberkönig'.
- Die Gefangenen fangen – als zusätzliche Hindernisse – von dort aus mit, wo sie gefangen wurden, dürfen sich aber nicht bewegen.
- Unterschiedliche Arten der Fortbewegung und der Ballführung werden vom ‚Räuberkönig' vorgegeben.

Brückenwächter

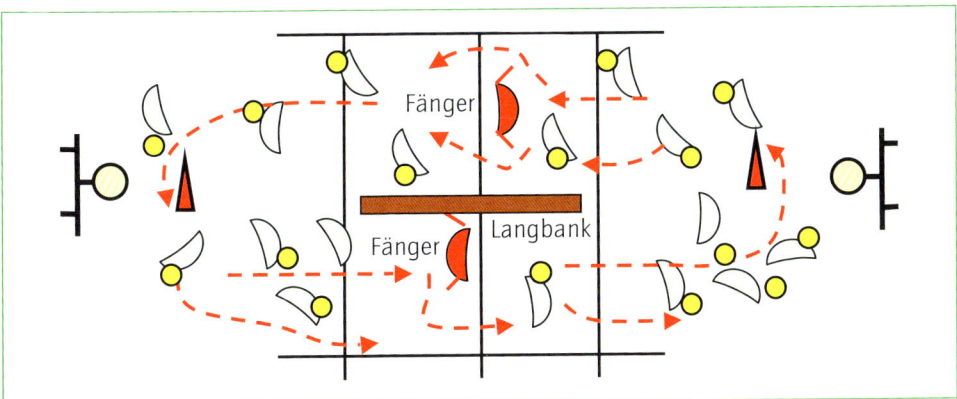

Die Schüler (mit Ball) versuchen, dribbelnd an zwei ‚Brückenwächtern' (Fänger), die keinen Ball mit sich führen, vorbei auf die gegenüberliegende Seite der Brücke zu kommen, ohne von einem der Brückenwächter berührt zu werden. Dabei müssen die vorgegebenen Laufwege, die durch eine Bank getrennt werden, eingehalten werden.

Welcher der beiden ‚Brückenwächter' erwischt (berührt) die meisten?
- Nach Überqueren der ‚Brücke' mit dem Ball 1x in ein Ziel (Tor, Basketballkorb...) treffen.

Wechselt die Seite

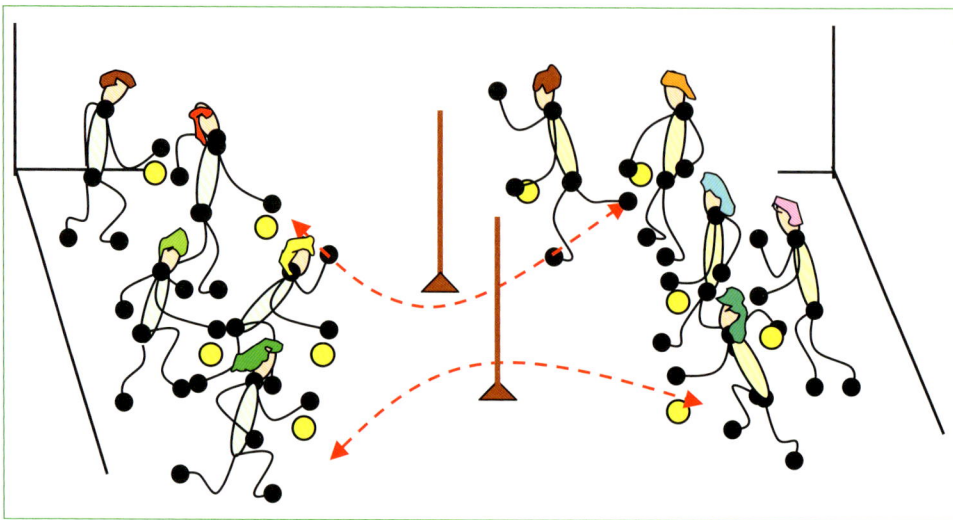

Zwei Schülergruppen (jeder Schüler hat einen Ball) stehen sich in großem Abstand hinter ,Startlinien' gegenüber. Zwischen den Gruppen bilden zwei Malstangen ein Tor. Alle sollen dribbelnd die gegenüberliegende Seite erreichen, ohne dass der Ball verloren geht und ohne dass andere behindert werden.

Wichtig: Qualität geht vor Geschwindigkeit!!!

• Nach jedem Durchgang werden die Malstangen etwas enger gestellt.

• Der Ball wird mit dem Fuß geführt.

Wer wird ,Dribbelkönig'?

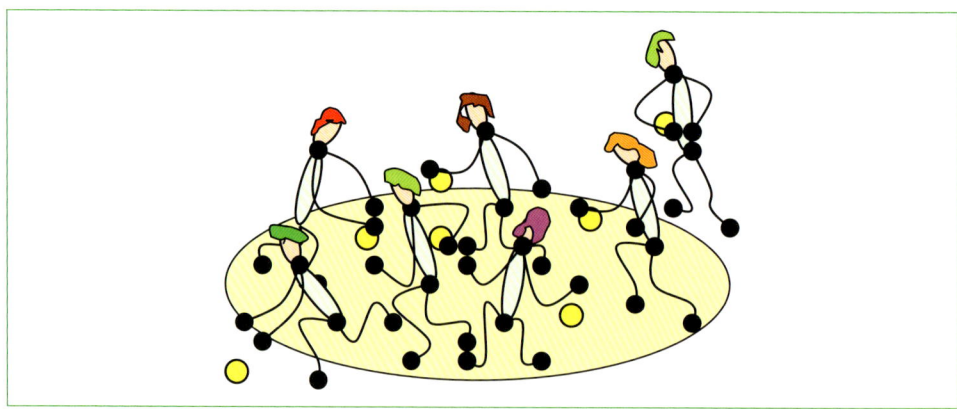

Jeder Schüler dribbelt seinen Ball. In einem kleinen Spielfeld (z. B. in einem der Basketballkreise) versuchen sie, sich gegenseitig die Bälle wegzuspielen. Rempeleien sind nicht erlaubt; es soll nur der Ball mit der Hand berührt werden.

Wer, um seinen weggespielten Ball zu holen, das Spielfeld verlassen muss, scheidet kurz bis zum nächsten Durchgang aus.

Wer übrig bleibt, ist der ,Dribbelkönig'.

Zuspielen – Fangen – einen Ball annehmen

Balljagd

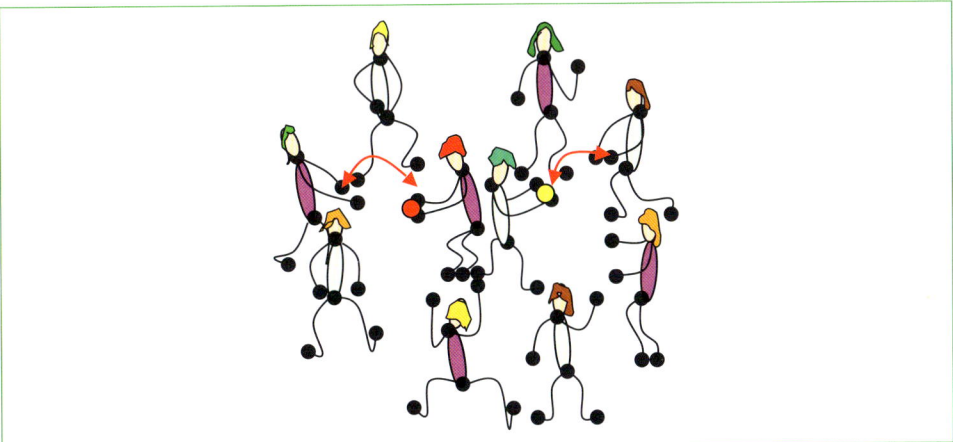

Die Spieler zweier Parteien (A und B) verteilen sich gleichmäßig (A – B – A – B ...) um einen Kreis herum (z. B. einen der Basketballkreise). In der Mitte des Kreises steht jeweils ein Spieler beider Parteien und passt nacheinander seinen eigenen Mitspielern im Uhrzeigersinn den Ball zu. Welcher Ball holt den anderen ein (Ziel: Tempo, Wettbewerb)?

* Welcher Ball fällt nicht zu Boden (Ziel: Qualität der Durchführung)?
* Welche Gruppe schafft die meisten Runden in vorgegebener Zeit – ohne dass der Ball auf den Boden fällt?

Tigerball

Die im Kreis lauernden beiden ‚Tiger' versuchen, den Ball, den sich die äußeren Spieler (etwa 5 bis 7) auch durch die Kreismitte zuwerfen, abzufangen. Gelingt es einem von beiden, den Ball zu berühren, wird er Kreisspieler und darf nach außen. Der Spieler, der zuletzt geworfen hat, wird neuer ‚Tiger'.

* Der Ball wird mit dem Fuß gespielt.

Torball – mit der Hand oder dem Fuß

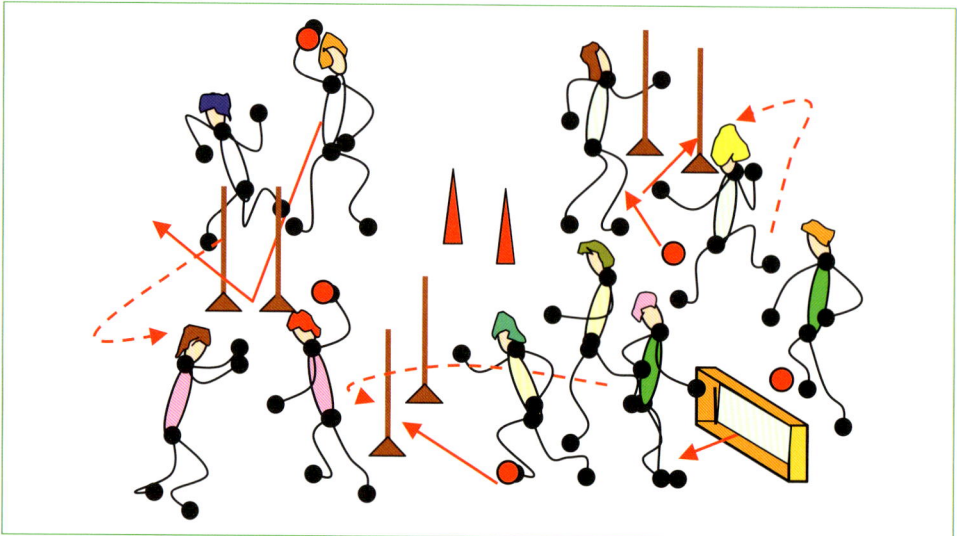

Je zwei Spieler haben einen Ball, den sie sich mit der Hand oder dem Fuß zuspielen. Sie bewegen sich dabei kreuz und quer durch den Raum hin zu kleinen Toren aus Malstangen, Kastenteilen oder Markierungshütchen, die in der ganzen Halle verteilt sind. Nacheinander sollen ‚Tore' erzielt werden, wobei ein Tor nur dann gilt, wenn der jeweils zugehörige Partner den Ball nach Passieren des Tores berührt oder gefangen hat. Andere Paare dürfen dabei nicht gestört werden.

- Wir erzielen Tore mit der Hand.
- Wir erzielen Tore mit dem Fuß.
- Welches Paar erzielt in vorgegebener Zeit (mit dem Fuß/mit der Hand) die meisten Tore?
- Welches Paar hat als erstes (mit dem Fuß/mit der Hand) alle Tore angespielt?

Passen – mit der Hand oder dem Fuß – und Laufen

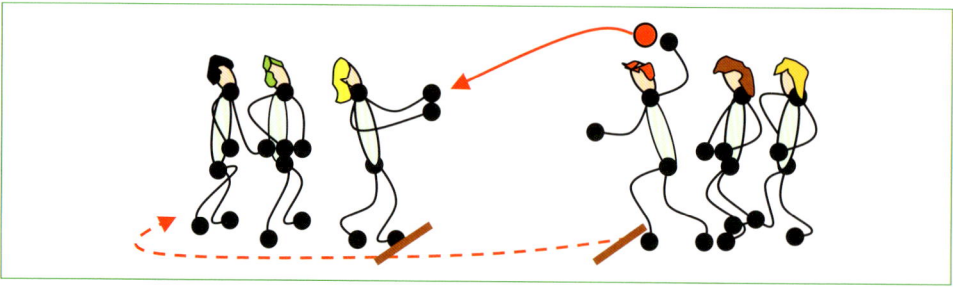

Wie bei einer Pendelstaffel stehen sich zwei (kleine) Schülergruppen in zwei Reihen gegenüber und ‚passen' sich über eine vorgegebene Distanz einen Ball zu. Wer den Ball abgespielt hat, läuft diesem nach und stellt sich ans Ende der anderen Gruppe. Wie oft gelingt ein Zuspiel, ohne dass der Ball verloren geht (laut mitzählen lassen)?

- Im Wettbewerb mit anderen Gruppen: Alle fangen gemeinsam an. Welche Gruppe hält am längsten durch, ohne dass der Ball verloren geht?

Zahlenpassen – mit der Hand oder dem Fuß

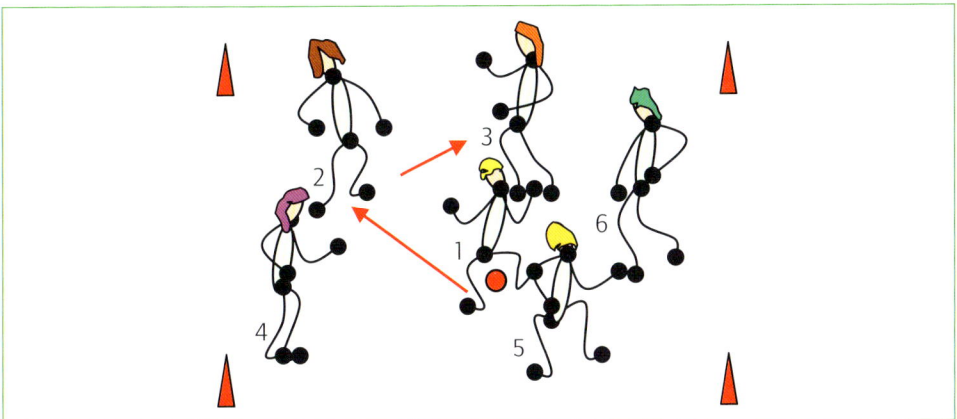

Ein Spielfeld wird mit 4 Malstangen oder Markierungshütchen gekennzeichnet. In einer Normalhalle lassen sich 3-4 solcher Felder aufbauen.

Eine Spielergruppe (z. B. 6 Schüler) ist von 1-6 durchnummeriert *und spielt sich genau in dieser Reihenfolge einen Ball zu.* Wer den Ball abgespielt hat, muss um irgendeine der vier Spielfeldecken laufen.

Folgende Regeln können gemeinsam erarbeitet werden:

- Mit dem Ball in der Hand darf nicht gelaufen werden.
- Ich kann dem, der mich anspielen muss, helfen, indem ich mich ‚anbiete‘.
- Vor dem Zuspiel muss ‚Blickkontakt‘ hergestellt werden.
- Der Ball soll beim Spiel mit der Hand möglichst nicht auf den Boden fallen. Spielen mehrere Gruppen gleichzeitig, ist ein Vergleich möglich, wenn auf Zeit gespielt wird.
- Besonders schwierig: Zwei deutlich gekennzeichnete Gruppen spielen im gleichen Feld!

‚Zehnerfang‘ – 4 gegen 4

Zwei Mannschaften mit je 4 Spielern spielen gegeneinander. Ein Ball wird durch ‚Schiedsrichterball‘ ins Spiel gebracht.

Jede der beiden Mannschaften versucht, sobald sie in Ballbesitz kommt, den Ball so oft wie möglich innerhalb der eigenen Mannschaft zu spielen. Alle zählen dabei laut mit.

- Welcher Mannschaft gelingen die häufigsten ununterbrochenen Zuspiele?

Erleichterung: Ein ‚neutraler‘ zusätzlicher Spieler, der nicht angegriffen werden darf, kann bei Bedarf von beiden Mannschaften angespielt werden. Er muss aber den Ball wieder jener Mannschaft zuspielen, von der er ihn bekommen hat.

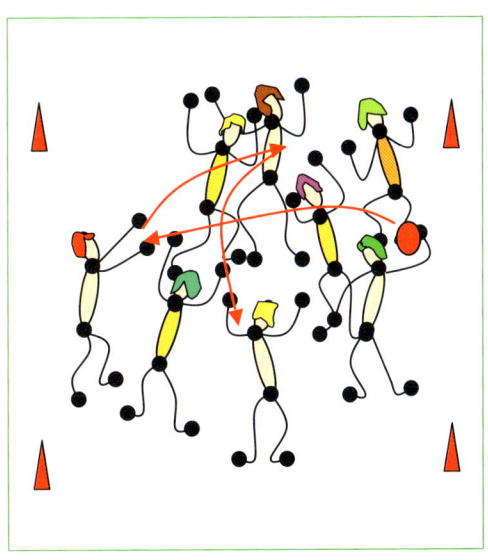

Fangen, Werfen, Schießen und Treffen

Schützenfest

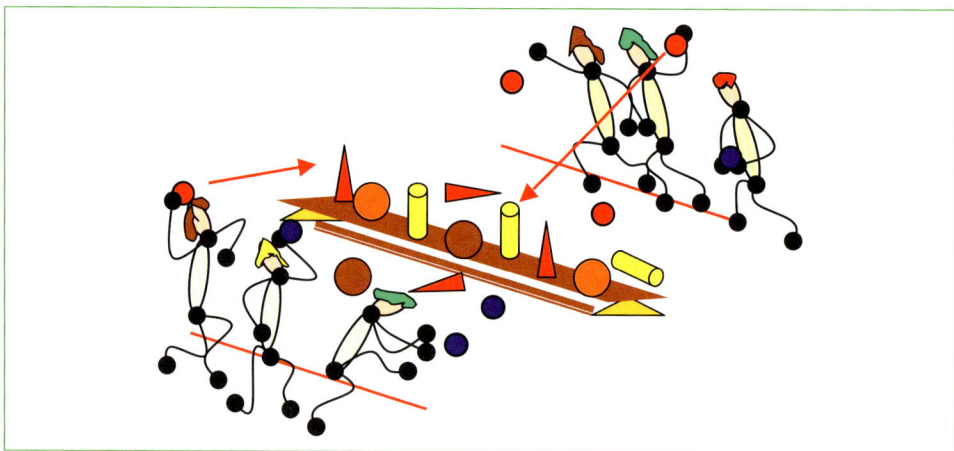

Zwischen zwei Gruppen, die jeweils hinter einer Abwurflinie postiert sind, steht eine Langbank, auf der alle möglichen (weichen) Gegenstände aufgebaut sind: Markierungshütchen, Medizinbälle, Fußbälle auf Ringtennisringen ...

Die beiden Gruppen werfen von beiden Seiten. Ist alles abgetroffen, wird gezählt auf welcher Seite weniger Gegenstände liegen – diese Gruppe hat dann gewonnen.

Henne und Habichte

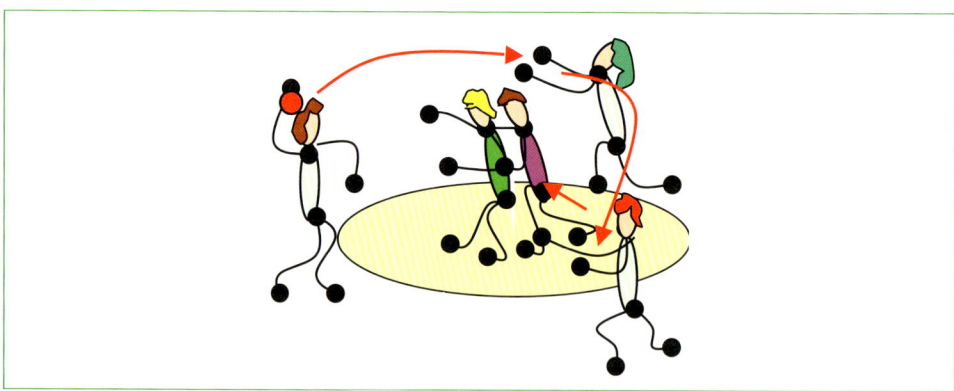

Drei ‚Habichte' spielen sich so geschickt einen (Weich-)Ball zu, dass sie ein ‚Küken', das sich hinter der ‚Henne' versteckt, abtreffen (Rücken oder Gesäß) können. Alle können sich frei bewegen; die ‚Henne' darf die geworfenen Bälle abwehren.

Ablösung: Der erfolgreiche Schütze wird zum ‚Küken', das ‚Küken' wird zur ‚Henne', diese wird zum ‚Habicht'.

- ‚Henne' und ‚Küken' bewegen sich innerhalb eines Kreises (z. B. Basketballkreis), der von den ‚Habichten' nicht betreten werden darf.

Wichtig: Weichball verwenden!!

Kreishetzball

In einem Kreis von etwa 5-6 m Durchmesser befinden sich mehrere Schüler, die sich hinter einem Kasten verstecken können. Sie sollen durch geschicktes Zuspiel und geschicktes Werfen von den außerhalb des Kreises stehenden Schülern abgetroffen werden. Der erfolgreiche Schütze wechselt mit dem, der abgetroffen wurde.
Wichtig: Weichball verwenden und möglichst nur auf die Beine zielen.

Jäger und Hasen I

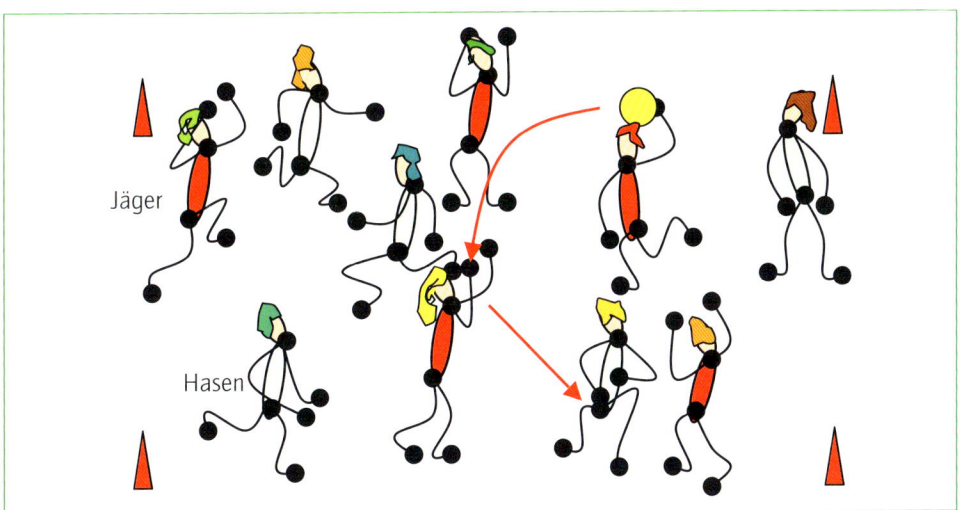

Fünf ‚Jäger' versuchen, mit einem Weichball fünf ‚Hasen' abzutreffen. Sie haben dazu 2 Minuten Zeit. Wieviel Treffer können sie in der kurzen Zeit insgesamt erzielen?
Getroffene ‚Hasen' scheiden nicht aus, dürfen aber nicht unmittelbar hintereinander 2 x abgetroffen werden.
Gültig sind nur Treffer an den Beinen und am Gesäß!

Jäger und Hasen II

Fünf ‚Jäger' jagen mit einem Ball (Weichball) fünf ‚Hasen', die sich hinter fünf ‚Hecken' verstecken können. Die ‚Hecken' sind frei beweglich und haben die Aufgabe, die ‚Hasen' zu beschützen, indem sie geworfene Bälle abwehren. Der Aufgabenwechsel erfolgt nach einigen Minuten. Welche Gruppe – sie müssen eindeutig gekennzeichnet sein – erzielt die meisten Treffer?

- Es gibt nur 4 oder weniger ‚Hecken'.
- ‚Hasen' und ‚Hecken' bewegen sich in einem Kreis, der von den ‚Jägern' nicht betreten werden darf.

Die Grundfertigkeiten (Werfen, Fangen, Rollen) in einem einfachen Spiel anwenden können

Ball aus dem Eck

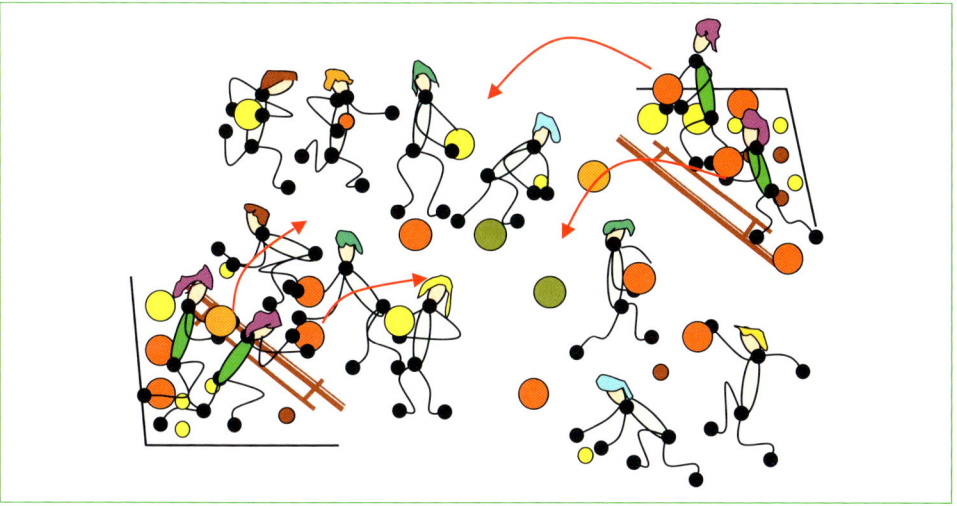

Einige Schüler werfen aus zwei mit Bänken abgegrenzten Hallenecken Bälle in Richtung Hallenmitte. Alle anderen Schüler sammeln diese wieder ein und tragen bzw. werfen sie wieder in eine der Ecken zurück.

Gelingt es, eine Ecke komplett zu leeren?

Haltet das Feld frei

Das Spielfeld ist mit Bänken in zwei Felder geteilt. In jedem der beiden Felder befinden sich gleich viel Schüler und Bälle.

Auf ein Startzeichen werden die Bälle ins gegenüberliegende Feld geworfen. Nach einem Zeichen des Lehrers hören die Schüler sofort auf zu werfen, legen oder setzen sich hin und berühren mit beiden Händen den Boden.

In welchem der beiden Felder liegen die wenigsten Bälle?

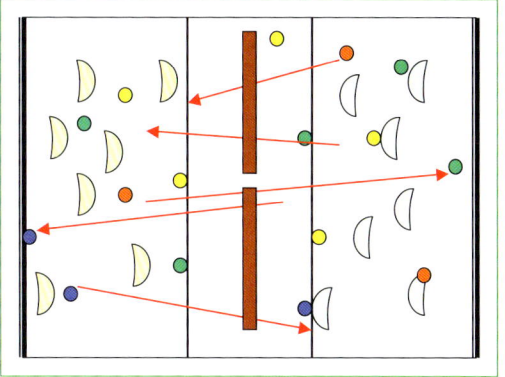

- Jede Mannschaft entsendet in das gegnerische Feld einen ‚Balldieb', dessen Aufgabe es ist, Bälle einzusammeln und dort in ein Kastenteil zu legen (dabei darf er nicht behindert und die Bälle im Kastenteil dürfen nicht entnommen werden). Welcher ‚Dieb' hat bei Spielende die meisten Bälle eingesammelt?
- Rechts und links der trennenden Bänke wird eine Zone eingerichtet, aus der zwar Bälle geholt, aus der heraus aber nicht geworfen und nicht abgetroffen werden darf.
- Die Felder sind durch ein in Kniehöhe gespanntes Baustellenband getrennt. Die Bälle werden unter dem Band hindurch mit dem Fuß in die andere Spielfeldhälfte ‚gekickt'.

Zielballspiel

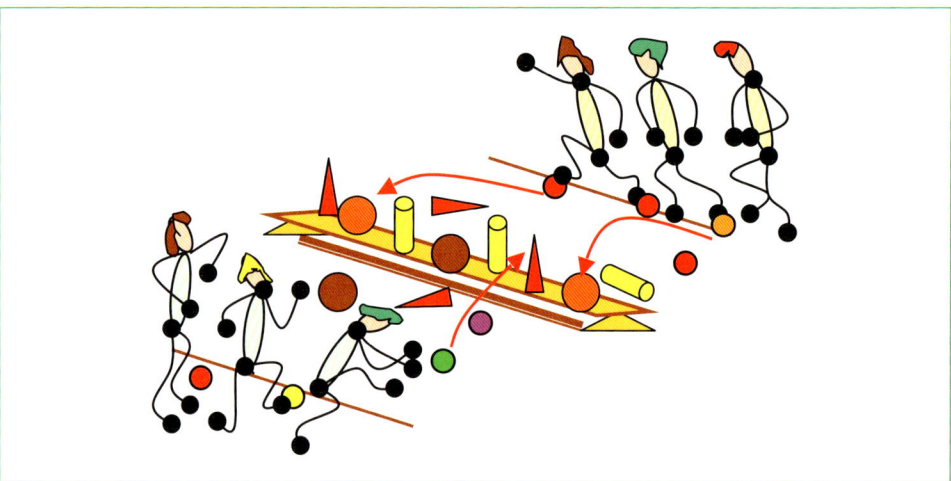

Von zwei Seiten werfen die Mannschaften aus angemessener Distanz (Abwurf hinter einer Linie) mit Gymnastikbällen auf große Bälle (Medizin-, Basket-, Fußbälle), die, fixiert auf Ringtennisringen, auf einer Bank in der Hallenmitte liegen.
Welcher Seite gelingt es, die meisten Bälle abzuwerfen?
• Die Schüler versuchen die Bälle mit dem Fuß abzuschießen.

‚Sautreiben'/Ball vertreiben

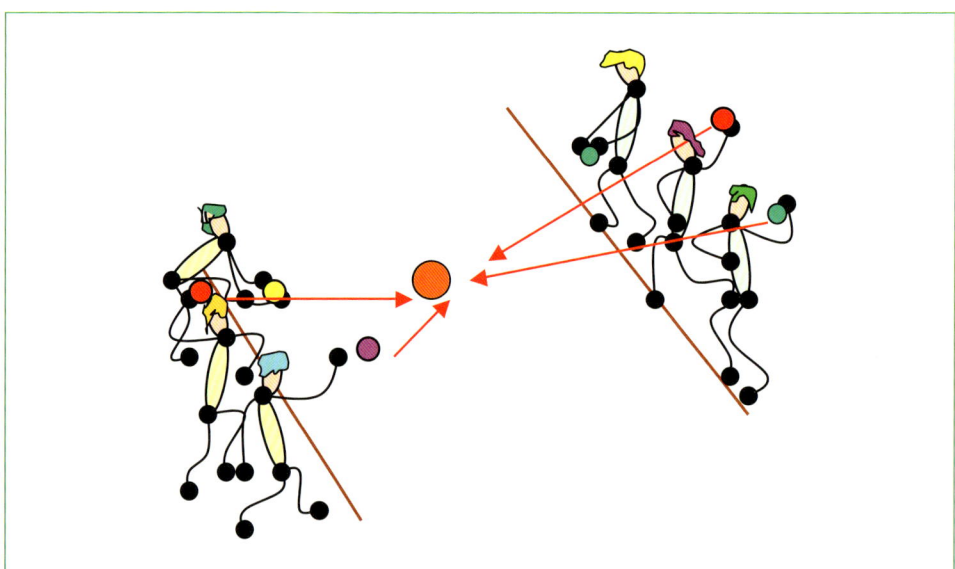

Zwei Mannschaften werfen von ihrer Seite aus mit Gymnastikbällen so auf einen leichten Medizinball (oder einen Basketball), dass dieser möglichst über die ‚gegnerische' Linie rollt. Der Wurfabstand richtet sich nach dem Können der Schüler. Die Abwurfzonen lassen sich auch durch Bänke markieren. Bei Spielbeginn liegt der zu treibende Ball in der Feldmitte.

Balljagd

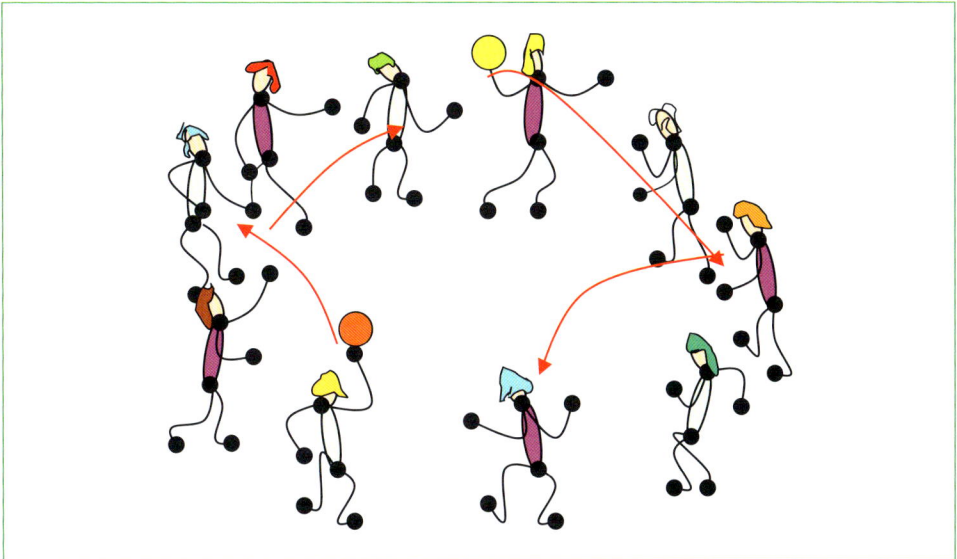

Zwei Mannschaften (A und B) stellen sich in Kreisform auf (Reihenfolge A – B – A – B …). Es ist dabei von Vorteil, wenn die Schüler z. B. durch farbige Mannschaftswesten gekennzeichnet sind.
Jede Mannschaft bekommt einen Ball, der nur in der eigenen Mannschaft weitergespielt (geworfen) wird. Die Bälle kreisen dabei in der gleichen Richtung.
Gelingt es, den Ball der anderen Mannschaft einzuholen?

Königsball

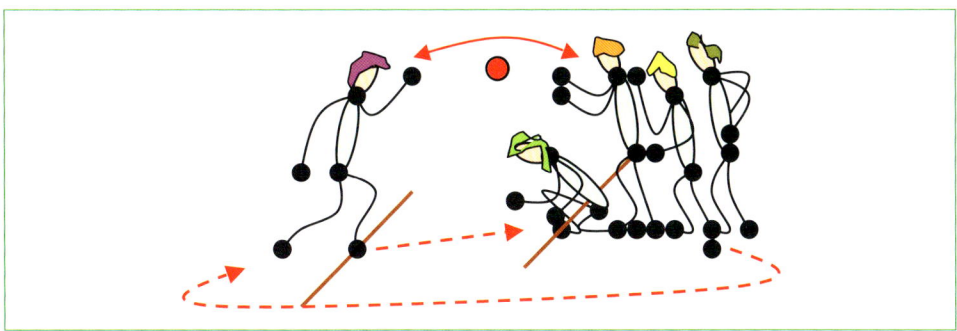

Maximal 5 Schüler stehen in einer Reihe; vor ihnen der ‚König'. Er wirft dem ersten Schüler den Ball zu; dieser wirft ihn zurück und geht in die Hocke. Der ‚König' wirft dem zweiten Schüler den Ball zu; dieser geht auch in die Hocke …
Der letzte Schüler nimmt den Ball, läuft auf die Position des ‚Königs' und löst diesen ab. Alle stehen wieder auf; der abgelöste ‚König' wird jetzt der erste Spieler in der Reihe. Die Aufgabe wird so lange fortgeführt, bis jeder einmal ‚König' war.
• Bei welcher Gruppe fallen die wenigsten Bälle auf den Boden?
• Welche Gruppe ist als erste fertig?

Ball unter der Schnur

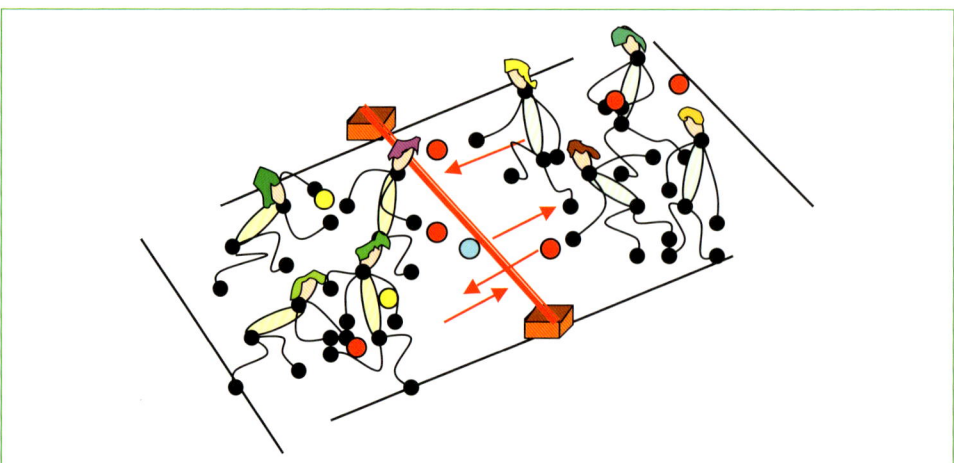

Ein Baustellenband – in etwa 50 cm Höhe zwischen zwei Kleinkästen gespannt – teilt die Halle in zwei Felder, die von gleich großen Mannschaften besetzt sind. Von beiden Seiten rollen diese 1 - 2 - 3 - 4 ... oder mehr Bälle unter dem Band hindurch auf die jeweils andere Seite und versuchen, dort die rückwärtige Hallenwand zu treffen.
Welche Mannschaft erzielt die meisten Treffer?
- Es darf geworfen werden (der Ball muss aber immer unter dem Band hindurch gespielt werden).
- Wer einen Ball erwischt, muss ihn selbst rollen bzw. werfen.
- Es kann differenziert werden in ,Torleute' und ,Roller bzw. Werfer'.
- Bei ängstlichen Schülern kann auf beiden Seiten des Bandes eine Sicherheitszone eingerichtet werden, die nicht betreten werden darf.

Keulen / Hütchen abkegeln

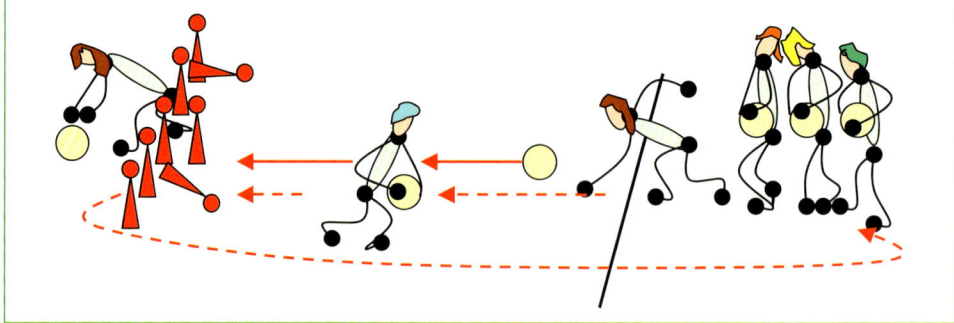

Die Klasse ist in Gruppen aufgeteilt (nicht mehr als 4 bis 5 Schüler pro Gruppe), die von ihrer Matte aus versuchen, die in einiger Distanz aufgestellten zugehörigen Kegel oder Hütchen umzukegeln.
Dabei läuft jeder Schüler seinem eigenen Ball nach, holt ihn und beginnt erneut von der Matte aus auf die noch stehenden Kegel/Hütchen zu zielen. Welche Gruppe hat als erste ihre Kegel/Hütchen umgekegelt?

Zuspiel – Rückpass – Treffen in ein Ziel: Eine Standardsituation bei allen Spielen (Übungsform)

Fast alle Technikelemente der ‚Großen Spiele' lassen sich spielerisch mit Hilfe der ‚Kleinen Spiele' hervorragend erarbeiten und festigen. Eine gelegentlich eingestreute Übungsform – wie bei den ‚Großen' – kann auch für Grundschüler motivierend sein. Die folgende Übungsform schult beispielhaft alles, was bislang erarbeitet wurde und stellt eine Standardsituation bei fast allen Spielen dar:

Zuspiel – Rückpass auf den Zuspieler – Treffen in ein Ziel

Zwei spielen zusammen

So...   oder so...   oder so...   oder so!

Gespielt wird ein Ball ...	Spielgerät
• mit dem Fuß,	Fuß-, Volley- oder Gymnastikball
• mit der Hand,	Hand-, Basket- oder Gymnastikball
• mit einem Hockeyschläger	Puck, Tennisball
Das Ziel kann sein ...	**Gespielt wird mit**
• eine Matte, an die Wand gelehnt,	Hand, Fuß oder Hockeyschläger
• eine liegende Matte,	Hockeyschläger
• ein Tor (z. B. Handballtor),	Hand, Fuß oder Hockeyschläger
• ein offenes Kastenteil,	Hand, Fuß oder Hockeyschläger
• ein hohes Ziel an der Wand,	Hand oder Fuß
• ein Korbballständer,	Hand
• die Sitzfläche einer umgelegten Bank,	Hand, Fuß oder Hockeyschläger
• ...	

Das Ziel kann auch von einem Torwart verteidigt werden. ‚Torwart' kann aber auch ein in bzw. vor das Ziel gestellter Kleinkasten oder ein anderer Gegenstand sein, an dem vorbei getroffen werden muss.

Das Hindernis kann sein …

- eine Malstange,
- ein Markierungshütchen,
- ein Kleinkasten,
- ein (passiver) Spieler,
- ein ‚aktiver' Spieler,
- …

Wie funktioniert das?

Spieler A spielt zu **Spieler B**, läuft an dem Hindernis vorbei, bekommt bei **A1** wieder seinen Ball von **Spieler B** zugespielt, nimmt den Ball an und schießt auf das Ziel, wirft in den Korb oder pritscht in ein hohes Ziel.

Diese Situation kommt z. B. bei Basket-, Fuß-, Handball, beim Hockeyspiel und anderen Spielen gleichermaßen vor. Wir sollten sie – mit der Hand, dem Fuß oder einem Hockeyschläger – auf hohe und niedrige Ziele spielend, rechtzeitig einüben.

Spieler A holt seinen Ball und stellt sich wieder hinter der wartenden Spielergruppe an. **Spieler B** wird nach einem oder mehreren Durchgängen abgelöst. Kleine Gruppen bilden!!

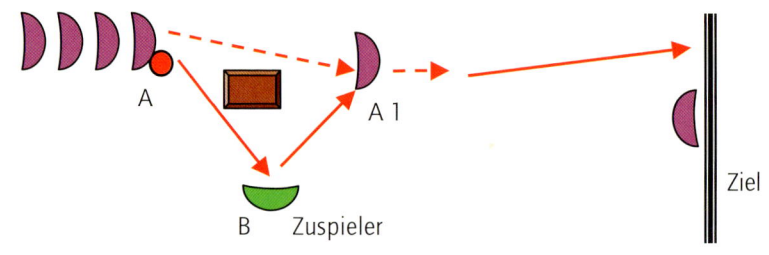

Spielen

Spiele

Spiel

Auf dem Weg zu den Sportspielen –

Sportartbezogene Erfahrungen

Spiele mit der Hand und Spiele mit dem Fuß

Was Schüler können und wissen sollten
Einige wichtige Lernziele

Die hier vorgestellten ‚Kleinen Sportspiele' sollen helfen, bereits im Grundschulalter (etwa ab dem 3. Schuljahr) den späteren Umgang mit wichtigen und weit verbreiteten ‚Großen Sportspielen'

- Basketball (BB)
- Handball (HB)
- Fußball (FB)
- Volleyball (VB)
- Hockey (Ho)

und anderen Spielen vorzubereiten.

Die aufgezeigten Spielformen beinhalten in der Regel die **GRUNDIDEE** des jeweiligen Zielspiels, erfahren jedoch eine **REDUKTION** im Hinblick auf ...

- das **Regelwerk** ⟶ – vereinfacht. Die Schüler sollen lernen, Schiedsrichteraufgaben wahrzunehmen.
- die **Zählweise** ⟶ – vereinfacht.
- die **Größe des Spielfeldes** ⟶ – meist kleiner.
- die **Mannschaftsstärke** ⟶ – geringer; d. h. möglichst kleine Gruppen (etwa 3–5 Schüler).
- die technischen und taktischen **Anforderungen** ⟶ – altersangemessen vereinfacht.

Einige Lernziele: Die Schüler sollen ...

... Spielregeln verstehen und einhalten können,	... die Rolle erfassen, die ihnen im Spiel zukommt (Torwart, Verteidiger, Angreifer ...),
... sich im Spielfeld orientieren können,	... sich auf den Partner (Mitspieler) einstellen können,
... sich auf den ‚Gegner' einstellen können,	... Spiele selbstständig organisieren können,
... Bälle gezielt zum Partner oder ins Ziel spielen können,	... gleichstarke Mannschaften bilden können,
... die Spielidee erfassen und umsetzen können,	... Spiele möglichst auch selbstständig leiten können ...
eigene Interessen hinter die der Mannschaft zurückstellen und sich ins Team einfügen können.	

Wichtige Grundsätze für die Umsetzung der Spiel- und Übungsformen in der Praxis
Ein paar Tipps und Tricks

Intensivierung

Schüler wollen handeln, aktiv sein und nicht warten! Deshalb sollten **möglichst alle Schüler gleichzeitig spielen oder üben** können! Es empfiehlt sich deshalb
- quer zur Halle zu spielen oder zu üben (z. B. in drei oder mehr kleinen Feldern),
- in kleinen Gruppen zu spielen und zu üben (2–4 Schüler pro Gruppe) und damit für viele Ballkontakte zu sorgen.
- Beispiel: Siehe Skizze.

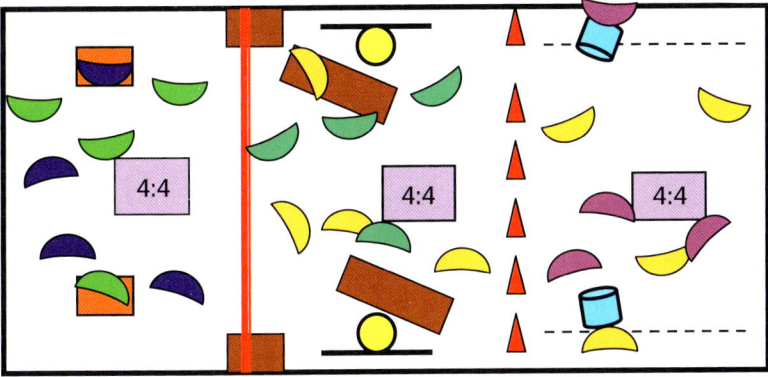

Turmball	Kapitänsbasketball	Schüsselbasketball
Siehe Seite 174	Siehe Seite 174	Siehe Seite 173

Differenzierung

Die Mannschaften sollten homogen, d. h. **möglichst gleich stark** sein, sofern es um Leistungsvergleiche geht. Daraus können sich durchaus pädagogisch wertvolle Ansätze ergeben:
- Wir können *differenzieren*. ‚Starke' Gruppen spielen gegen ‚starke' und ‚schwache' Gruppen spielen gegen ‚schwache'.
- Alle Mannschaften sind gleichermaßen mit ‚stärkeren' und ‚schwächeren' Spielern besetzt. Dies könnte für die ‚stärkeren' Spieler die Übernahme besonderer Verpflichtungen bedeuten:
    - ‚Stärkere' Spieler müssen sich in ihren Aktionen etwas zurücknehmen,
    - müssen besonders fair und rücksichtsvoll sein,
    - dürfen nur mit der linken Hand auf das Tor schießen …

Spielgeräte

Kind- und altersangemessene Bälle verwenden. Nicht immer sind die Originalbälle am besten geeignet.

Selbstorganisation

Schüler sollen in die Lage versetzt werden, ihre Mannschaften möglichst selbst zusammenzustellen und Spiele zu organisieren.

Der ‚Torwart'

Wer wird ‚Torwart'?
Oft neigen Schüler dazu, schwächere Mitspieler ins Tor zu stellen und sie dann dort zu belassen – sie sollten ja das eigene Spiel möglichst nicht stören.
Eine Vereinbarung, dass derjenige, der ein Tor oder einen Treffer erzielt hat, damit auch neuer ‚Torwart' wird, sorgt dafür, dass fast alle Schüler dieser – wichtigen – Aufgabe nachkommen können.

Kennzeichnung

Alle Gruppen und Mannschaften müssen **deutlich gekennzeichnet** sein (verschiedenfarbene Leibchen, Bänder, lange oder kurze Hosen ...).
Auch einzelne Spieler, denen eine besondere Aufgabe zukommt, werden besonders gekennzeichnet (z. B. durch eine Mütze, ein langes Stück Baustellenband, das sie mit sich tragen ...).

Spielfeldgrenzen

Die **Abgrenzung der Spielfelder** kann durch in Kniehöhe (z. B. zwischen zwei Kleinkästen) gespannte Baustellenbänder erfolgen oder durch ausgelegte Taue, Seilchen, Plastikstreifen oder Markierungshütchen. Bänke sollten nur im Notfall verwendet werden (Unfallgefahr).

Das ‚Ziel'

Das ‚Ziel' sollte (Tor, Korb, Matten, Zielfeld ...) so dimensioniert sein, dass **zahlreiche Treffer** ermöglicht werden; allerdings sollte nicht jeder Versuch zum Erfolg führen können. Endet ein Spiel z. B. 9:8, ist dies für alle Beteiligten, auch für die Verlierer, befriedigender als ein ‚mageres' 1:0, da
- die Chance des Gewinnens gegeben war,
- fast jeder Spieler einen Treffer erzielen konnte.

Große und hohe Tore verleiten beim Fußballspiel zum unerwünschten ‚Bolzen' – kleine und niedere Tore zum erwünschten und anspruchsvolleren Herausspielen von Torschussgelegenheiten.

Schiedsrichter und Spielbeobachter

Auch Schüler sollen sowohl **Spielbeobachtungsaufgaben** (z. B. das Zählen von Treffern, Kontrolle der Spielzeit ...) als auch **Schiedsrichteraufgaben** übernehmen können und so in der Lage sein, ihre Spiele möglichst selbstständig zu organisieren und durchzuführen.
Für diese Aufgaben können auch Schüler eingesetzt werden, die aus irgendwelchen Gründen nicht am Sportunterricht teilnehmen können, aber anwesend sein müssen.

Spieldauer

Den Spielern sollte man **eine Chance geben, ein Spiel zu wiederholen** (z. B. um ein besseres Ergebnis zu erzielen) oder mehrmals (auch gegen andere Mannschaften) zu spielen. Die letzten 3 Minuten vor dem Stundenende noch ein Spiel zu beginnen ist für alle unbefriedigend und führt in der Regel zu Störungen. Es sollten nach Schluss des Spiels noch Zeit bleiben, um über das Spiel zu sprechen und aufgetretene Unstimmigkeiten zu klären.

Spielbeginn und Spielende

Der **Spielbeginn** sollte ritualisiert sein; so kann z. B.
- in der Spielfeldmitte zwischen zwei Spielern der Spielball hochgeworfen oder
- die beginnende Mannschaft ausgelost werden.
Das **Spielende** kann vorgegeben sein
- durch eine Zeitbegrenzung oder
- das Erreichen einer vorab festgelegten Punkt- oder Trefferzahl.

Schüler- und Lehrerdemonstration

Lernen durch Sehen! Viele Erklärungen kann man sich ersparen durch
- **Schülerdemonstration** (vorzeigen lassen). Viele der Schüler bringen Können und Erfahrungen aus den Vereinen mit. Dies gilt es zu nutzen, zumal es für Schüler von Bedeutung ist, anderen etwas zeigen zu können.
- **Lehrerdemonstration** (vormachen) – aber nur, wenn man die zu demonstrierende Technik auch beherrscht.

Korrekturen

Korrekturen an der Technik der Ausführung einer Bewegung sollte man auf das Elementarste und Notwendigste beschränken.
Sollten Korrekturen notwendig werden, dann immer nur einen, den wichtigsten Fehler – und nicht alle Fehler auf einmal – korrigieren.

Blamage

Niemals darf ein Schüler mit all seinen Fehlern und Schwächen **vor den anderen bloßgestellt** werden! Er wird sonst Vermeidungstendenzen entwickeln und den Sportunterricht möglicherweise sogar ganz meiden.
Man tut als Lehrer gut daran, eine fehlerhafte Ausführung selbst zu demonstrieren; noch besser wäre, die Bewegungsausführung richtig zu zeigen oder zeigen zu lassen.

Gespräch über Sport und Spiel, gemeinsam Erlebtes

Über ein gemeinsam erlebtes Spiel kann und sollte man auch gemeinsam sprechen!

Mögliche Gesprächsinhalte können sein ...
- Der Sinn der Regeln, Veränderungsmöglichkeiten, Verbesserungen, Neufassung von Regeln ...
- Die Rolle der einzelnen Schüler in den Spielen (Abwehr und Angriff, Werfer und Fänger ...).
- ‚Taktisches‘ Verhalten z. B. als Angreifer, Verteidiger, Zuspieler ...
- Rolle der Schüler, die bereits Erfahrungen aus den Vereinen mitbringen und der Anfänger.
- ‚Fouls‘; faires Spiel.
- Erwünschte soziale Verhaltensweisen.
- Mögliche Gründe für Aggressionen.
- ...

Kleine Spiele und Kleine Sportspiele, die BASKETBALL vorbereiten helfen

Vorgeschlagen werden Spiele, die in ihrer Struktur basketballähnliche Merkmale aufweisen. Eine Reihung im Sinne eines Spiele-Lehrgangs ist dabei nicht vorgesehen. Es sind dies Spiele
- mit einem ‚großen‘ Ball,
- der in einem ‚weichen‘ Bogenwurf – anders als beim Handballspiel –
ins Ziel geworfen werden soll.

Auf die diesem Spiel eigenen technischen und taktischen Gegebenheiten kann nicht eingegangen werden, da dies den Rahmen der Handreichung sprengen würde.

Spezielle Basketballregeln müssen in der Anfangsphase nicht vorgegeben werden.
Es ist aber u. a. darauf zu achten, dass die Schüler
- schnell abstoppen, wenn ihnen der Ball zugespielt wird,
- nicht mit dem Ball in der Hand laufen,
- erst nach erfolgtem Abspiel des Balles weiterlaufen,
- ‚körperlos‘, d. h. ohne Fouls spielen,
- sich den Ball genau – möglichst in Brusthöhe – zuspielen,
- mit einem ‚weichen‘ Bogenwurf in das Ziel zu treffen suchen,
- ...

Als **Spielgeräte** eignen sich große Gymnastikbälle, leichte (filzbezogene) Fußbälle, Volleybälle oder Mini-Basketbälle. Die großen und schweren Original-Basketbälle bedürfen der Gewöhnung und sollten zunächst nicht verwendet werden.

Schüsselbasketball

Zwei Mannschaften (mit je 4 bis 5 Spielern) versuchen, einen großen Ball (es muss kein Original-Basketball sein) jeweils *in ihren eigenen Basketballkorb* zu treffen.
Ihr ‚Korb‘ wird dargestellt durch einen Spieler der *eigenen* Mannschaft, der eine große Plastikschüssel oder einen Eimer in beiden Händen hochhält und sich in einer schmalen, abgegrenzten Zone am Kopfende des Spielfeldes aufhält, die von keinem der Feldspieler betreten werden darf. In dieser Zone kann sich der ‚Korb‘ ungehindert nach rechts und links bewegen, um so

aktiv Treffer der eigenen Mannschaft zu ermöglichen.
Gespielt wird in mehreren kleinen Feldern quer zur Halle.
Ein Treffer ist dann erzielt, wenn es gelingt, den Ball gegen die verteidigende Mannschaft in den vom eigenen Mitspieler gehaltenen ‚Korb‘ zu werfen. Zum nachfolgenden Anspiel übergibt dieser den Ball an die gegnerische Mannschaft.

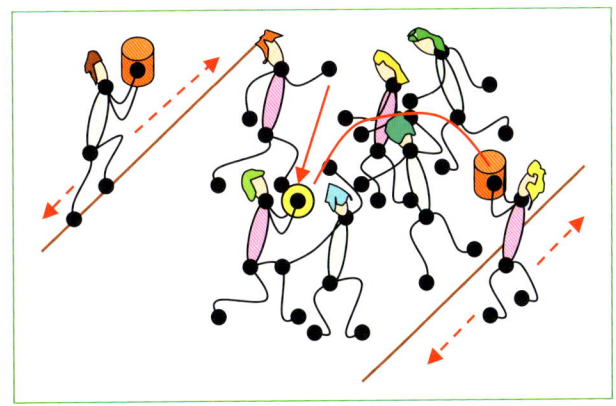

Turmball

Zwei Mannschaften (mit je 4 bis 5 Spielern) versuchen, den Ball jeweils ihrem eigenen ‚Turm'
zuzuspielen. Dieser ist dargestellt durch einen Mitspieler, der erhöht auf einem Kleinkasten
oder niedrigen Kasten steht. Eine Sicherheitszone (Kreis) um den ‚Turm' darf weder von der
eigenen noch der gegnerischen Mannschaft betreten werden.
Punkte können dann erzielt werden, wenn es gelingt, den Ball dem eigenen ‚Turm' so geschickt
zuzuspielen, dass ihn dieser – ohne von seinem Kasten absteigen zu müssen – fangen kann.
Zum nachfolgenden Anspiel wird der Ball an die gegnerische Mannschaft übergeben.
* Der ‚Turm' kann auch mit einem (beidhändig halten!) Eimer oder einem großen Markierungshütchen ausgestattet sein, mit dem er den zugeworfenen Ball zu fangen versucht.

Kapitänsbasketball

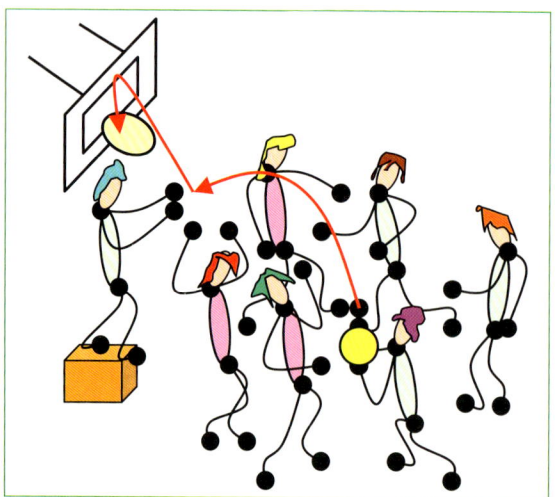

Unter den Basketballkörben oder
den Korbballständern stehen auf
niedrigen Kästen (2- bis 3-teilig) die
‚Kapitäne', denen jeweils von ihrer
eigenen Mannschaft der Ball zugespielt werden soll. Von den erhöhten
Wurfpositionen aus versuchen sie
dann, in den Basketballkorb oder
den Korbballständer zu treffen. Dabei dürfen sie von den Spielern der
gegnerischen Mannschaft *nicht behindert* werden!
Zum nachfolgenden Anspiel nach
einem Korberfolg wird der Ball an
die gegnerische Mannschaft übergeben.

* Wer dem ‚Kapitän' als letzter zugespielt hat, wird bei Korberfolg neuer ‚Kapitän';
* der ‚Kapitän' wird nach jeweils drei Treffern von einem anderen Spieler abgelöst.

Bandgassen – Basketball I

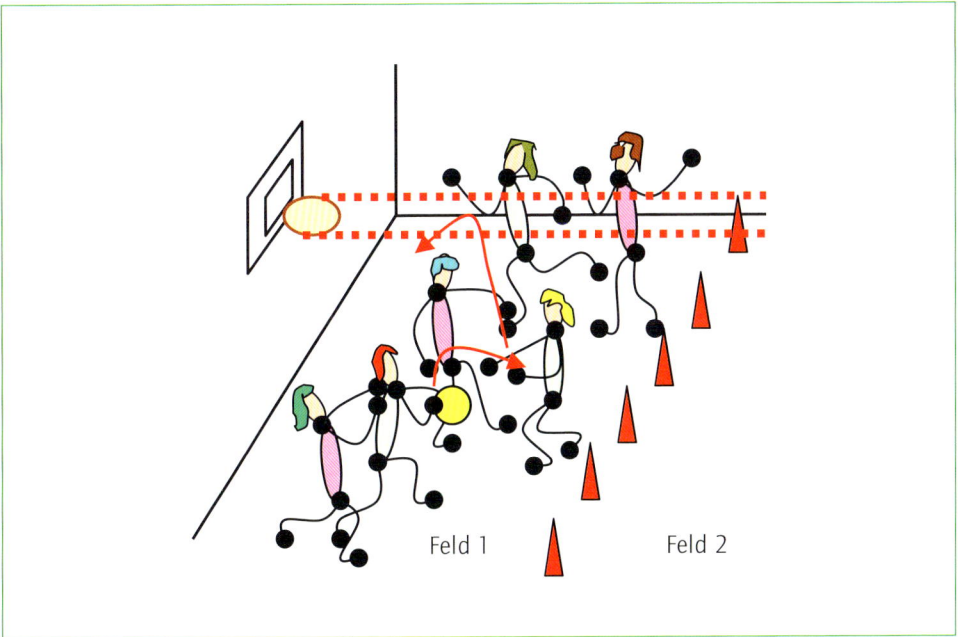

Feld 1   Feld 2

Zwischen zwei Basketballkörbe werden parallel zueinander in etwa 50 cm Abstand zwei Baustellenbänder gespannt. Sie bilden einen ‚Riesenkorb', in den etwas einfacher getroffen werden kann. Im Spiel *quer* zu diesem ‚Riesenkorb' versuchen nun kleine Mannschaften in den ‚Korb' zu treffen oder dies zu verhindern.
Eine wichtige Regel hilft, das Spiel etwas zu entzerren, das sich sonst nur unter dem ‚Korb' abspielen würde:

Immer dann, wenn ...
• ein ‚Korb' erzielt wurde oder
• der Ball bei einem misslungenen Wurfversuch die Bänder *über*quert hat,
muss er von der jeweils ballbesitzenden Mannschaft an eine der beiden das Spielfeld begrenzenden Wände gespielt werden. Erst dann darf wieder auf den ‚Korb' geworfen werden.
Keine der Mannschaften verteidigt dabei ein eigenes Feld; beide Seiten unter dem ‚Korb' dürfen von allen Spielern betreten werden.

Bandgassen – Basketball II (Variante)

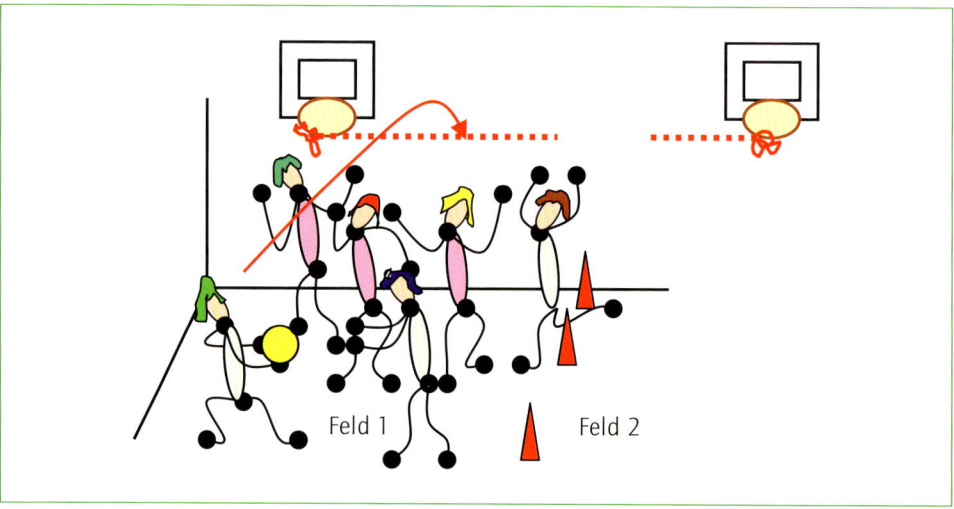

Feld 1 Feld 2

An manchen Hallen sind an den Längsseiten jeweils zwei Basketballkörbe angebracht. Verbindet man diese mit einem Baustellenband, ergibt sich gleichfalls ein ,Riesenkorb', auf den mit kleinen Mannschaften (3 gegen 3/4 gegen 4) in kleinen Feldern quer zur Halle gespielt werden kann.

Dabei muss der Ball, um als Treffer zu zählen, von oben den Raum zwischen Baustellenband und Wand passieren.

Im Unterschied zum vorherigen Spiel verteidigen die Mannschaften jeweils ihren eigenen ,Korb'.

Korbball – Basketball

Korbballständer, nahe an eine Wand gestellt, ermöglichen leichter indirekte Treffer über die Wand und eignen sich bestens als Ziele zum Üben von Würfen, da sie wesentlich niedriger als die richtigen Basketballkörbe sind.

- ,Basketballspiel' auf *einen* Korbballständer in einem kleinen Kreis, der von den beiden Mannschaften (3 gegen 3/4 gegen 4) nicht betreten werden darf. Wichtigste Regel: Die ballbesitzende Mannschaft muss sich in den eigenen Reihen den Ball mindestens 3x zuspielen, ehe wieder auf den Korb geworfen werden darf.

- ,Basketball' auf *zwei* Korbballständer. Beide Korbballständer stehen in einem Kreis, der von einem Korbwächter der verteidigenden Mannschaft besetzt ist. Der Kreis darf nicht betreten und der Korbwächter nicht bedrängt werden. Spiel in kleinen Gruppen (3 gegen 3/4 gegen 4) – je nach Anzahl der Körbe – quer zur Halle.

Kleine Spiele und Kleine Sportspiele, die FUSSBALL vorbereiten helfen

Es ist zwar der Wunsch vieler Schüler – und nicht nur der Buben – wie die Vorbilder aus den Ligen auf dem großen Fußballfeld mit großen Toren zu spielen. Dabei täuscht die Illusion, nun so zu sein wie die Stars, über das mangelnde technische Vermögen hinweg.

Es bedarf schon einiger Vorbereitung, um die grundlegenden Techniken zu erlernen und zu festigen. Was nicht bedeutet, dass nicht gelegentlich auch ‚richtig' Fußball gespielt werden sollte. Dann aber nicht – wie vor einiger Zeit selbst beobachtet, 16 gegen 16 auf dem großen Fußballfeld, sondern jeweils 4 gegen 4 auf 4 Spielfeldern quer zum Fußballplatz mit improvisierten Toren. Die Schüler hätten gewiss mehr davon gehabt!

> **Worauf unbedingt geachtet werden sollte**
> - Kleine Mannschaften bilden (lassen).
> - Allen Mitspielern häufige Ballkontakte ermöglichen – dies ist nur möglich beim Spiel in kleinen Gruppen.
> - Den Ball nicht nur mit dem ‚guten', sondern auch mit dem ‚schlechten' Fuß spielen.
> - Niedrige Ziele (Tore) anbieten, damit der Ball flach gespielt werden muss. Geringere Verletzungsgefahr!
> - Für ‚viele' Tore sorgen, damit Erfolge auch für die schwächeren und für mehr Schüler möglich werden (es ist für alle befriedigender, wenn ein Spiel 6:7 endet als 0:1).
> - Hohe und große Tore verleiten zum ‚Bolzen' – niedere, flache Tore zwingen zum erwünschten Herausspielen von Torschussgelegenheiten.

Braucht man unbedingt Original – Fußbälle?

Keinesfalls. Grundsätzlich können alle Arten von Bällen verwendet werden (Medizin- und Basketbälle und zu kleine Bälle natürlich ausgenommen). Es ist auch nicht notwendig, die Bälle hart aufzupumpen; weiche Bälle spielen sich wesentlich angenehmer. Inzwischen finden sich im Handel Bälle in Originalgröße, die weich und damit sehr ‚benutzerfreundlich' für Grundschüler zu spielen sind.

Wie groß sollten die Tore beim Wettspiel sein?

Ein Drittklässler in einem Original-Fußballtor mag sich zwar wie der Nationaltorwart fühlen, seine Chancen, einen Ball zu halten gehen aber gegen Null. Beobachtet man Kinder, die ein Fußballspiel selbst organisieren, stellt man fest, dass um die Größe des Tores oft diskutiert wird. In aller Regel wird es ‚angemessen' groß eingerichtet; d. h., dass sowohl der Schütze eine reelle Chance bekommt, ein Tor zu erzielen als auch der Torhüter, einen Torerfolg zu verhindern. Das Tor sollte auf jeden Fall so groß sein, dass genügend Tore fallen, aber nicht jeder Schuss aufs Tor zum Treffer wird.

Wer geht ins Tor?

Ideal wäre ein Wechselverfahren, das jeden Spieler verpflichtet, Torwart zu sein. Folgende Möglichkeiten bieten sich an:

• Wer ein Tor erzielt hat, wird automatisch neuer Torwart.
• Der Torwart spielt beim Angriff mit (so entsteht eine Überzahlsituation). Der jeweils ‚letzte‘ Spieler wird nach erfolgtem Angriff neuer Torwart.
• Der Torwart hat das Recht, einen anderen Spieler als Torwart zu bestimmen.
• Wechsel nach Zeit und in zuvor festgelegter Reihenfolge.
• Schüler melden sich freiwillig als Torwart.
• ...

Bälle tauschen

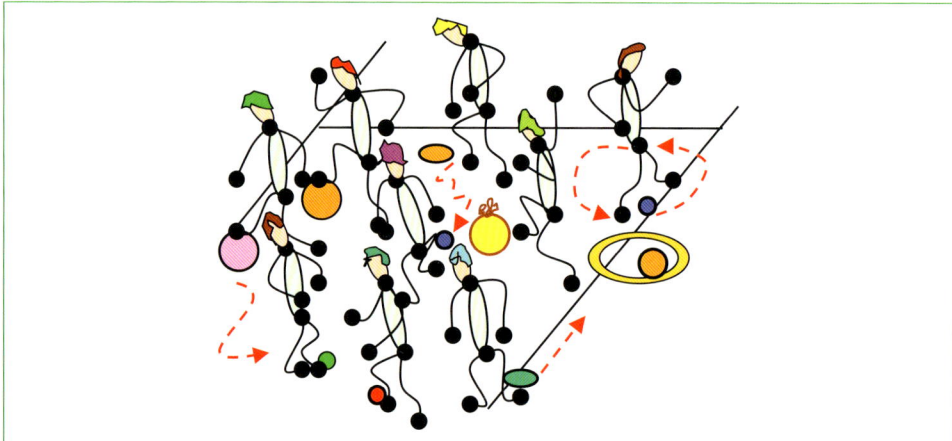

Jeder Spieler bekommt einen Ball (Luftballons, Gymnastik-, Rugby-, Hand-, Fuß-, Tennis-, Volley- oder Wasserball), den er mit dem Fuß kreuz und quer durch das Basketball- oder Volleyballfeld führt – ohne ihn zu verlieren oder mit anderen Schülern zusammenzustoßen.
Auf ein Zeichen des Lehrers ...

• führen alle den Ball mit dem anderen Fuß,
• wird der Ball mit einem Mitspieler getauscht,
• bewegen sich alle Schüler nur auf den Hallenlinien,
• führen alle ihren Ball auf einer Hallenlinie,
• beschreibt jeder einen großen/kleinen Kreis,
• fassen sich immer zwei an den Händen und bewegen gemeinsam ihre Bälle durch die Halle,
• begrüßen sich Schüler, die sich begegnen, mit Handschlag,
• bilden immer mehrere Schüler eine ‚Schlange‘,
• stoppen alle ihren Ball und bewegen sich in die entgegengesetzte Richtung,
• versuchen alle eine der in der Halle liegenden Turnmatten zu erreichen (Wer wird Letzter? Wer wird Erster?);
• versuchen alle mit dem Ball in einen der im Feld liegenden Gymnastikreifen zu gelangen (mit einem Reifen weniger als Schüler lässt sich auch ein kleiner Wettbewerb gestalten),
• laufen alle im 1., 2., 3. oder im Rückwärtsgang.
• ....

‚Zahlenpassen' mit dem Fuß

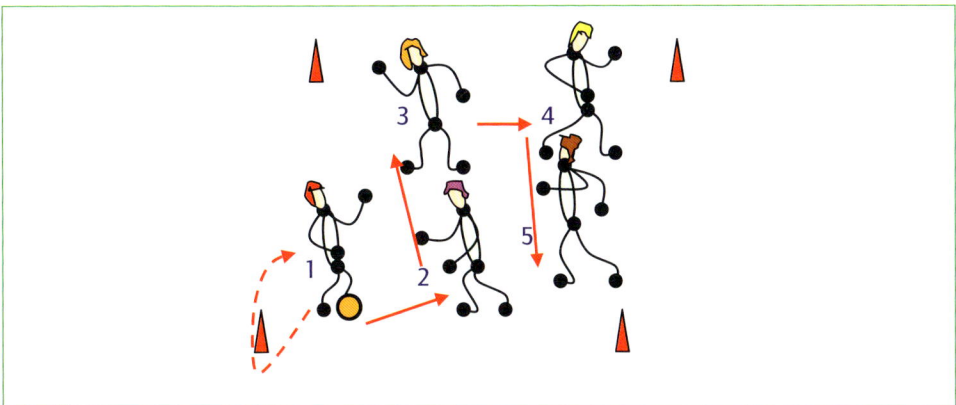

Eine Mannschaft besteht aus 4 oder 5 Schülern. Diese spielen sich einen Ball in einem begrenzten Feld (z. B. innerhalb von 4 Malstangen) in einer zuvor genau festgelegten Reihenfolge zu: Spieler 1 spielt den Ball zu Spieler 2, 2 spielt zu 3, 3 spielt zu 4, 4 zu 5 und 5 spielt wieder zu Spieler 1 ... Welcher Mannschaft gelingt dies besonders gut?

- In einem durch Malstangen begrenzten Feld können mehrere (gut gekennzeichnete) Mannschaften gleichzeitig spielen.
- Nach jedem Abspiel an einen Spielpartner muss der abspielende Spieler eine der vier Ecken (Malstangen) umlaufen.
- Spiel auf Zeit. Welche Mannschaft schafft die meisten Durchgänge (mit Umlaufen der Ecken)?
- Welche Mannschaft hat als erste 10 Durchgänge geschafft (mit Umlaufen der Ecken)?

‚Bälle fischen'

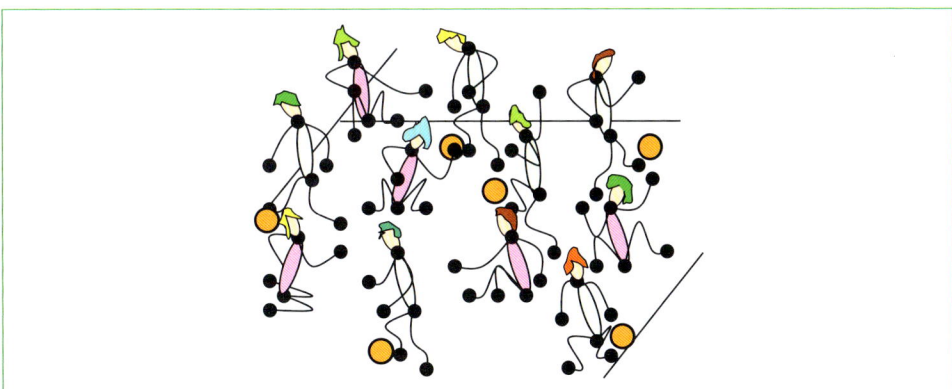

Zwei gleich große Gruppen sind verteilt in der ganzen Halle. Die Schüler der Gruppe 1 sitzen oder knien auf dem Boden; die Schüler der Gruppe 2 (jeder hat einen Ball) führen ihren Ball am Fuß (mit dem rechten/mit dem linken) durch die Halle. Schüler der Gruppe 1 versuchen einen Ball zu erwischen – dürfen dabei aber nicht aufstehen.
Gelingt ihnen dies,

- wechselt die Aufgabe für alle (Gruppe 1 führt nun den Ball und Gruppe 2 sitzt),
- oder nur die betroffenen Schüler wechseln die Aufgabe.

Den Ball erwischen (3 gegen 1)

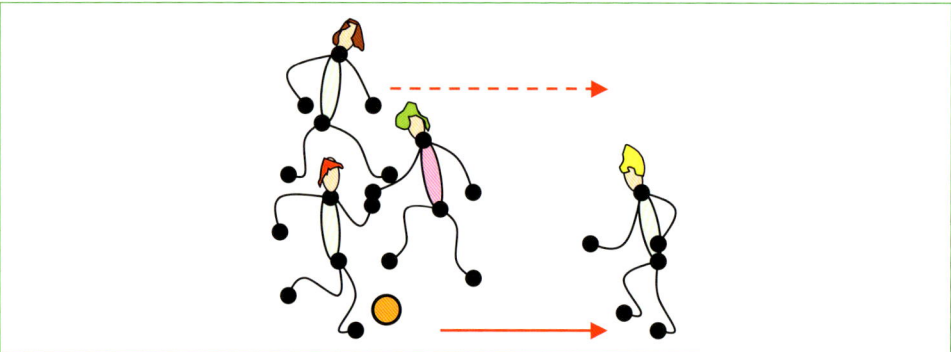

Drei Spieler bilden ein Dreieck. Sie spielen sich den Ball zu. Ein vierter Spieler in der Mitte versucht den Ball zu erwischen – berühren genügt.

Gelingt ihm dies, wechselt er mit dem Spieler, der den Ball zuletzt gespielt hat.

• Der Spieler, der nicht angespielt wird, kann seine Position so verändern, dass immer ein rechtwinkliges Dreieck entsteht. Dies erleichtert das Zuspiel und erschwert das Abfangen des Balles – eine der Standardübungen ‚richtiger‘ Fußballspieler.

‚Ball unter der Schnur‘ – ein Spiel für die Halle

Die Halle ist (längs oder quer) durch ein Baustellenband geteilt, das an den Enden über zwei Kästchen geführt und dort befestigt wird.

Im Spiel sind viele Bälle, die von beiden Mannschaften mit dem Fuß unter der ‚Schnur‘ hindurch gespielt werden. Dabei darf eine ‚Sicherheitszone‘ zu beiden Seiten der ‚Schnur‘ nicht betreten werden.

Ziel ist es, die auf der jeweils ‚gegnerischen‘ Seite vor der Wand aufgestellten Markierungskegel oder Medizinbälle auf Ringtennisringen zu treffen oder an eine umgekippte Bank oder ein Kastenteil zu schießen.

Jeder Spieler ist gleichzeitig ‚Torwart‘, ‚Angreifer‘ und ‚Verteidiger‘.

Ggf. Weichbälle verwenden und zuvor möglichst flaches Spielen des Balles in einfachen Formen üben.

Bälle durch das Tor – ruhender Ball

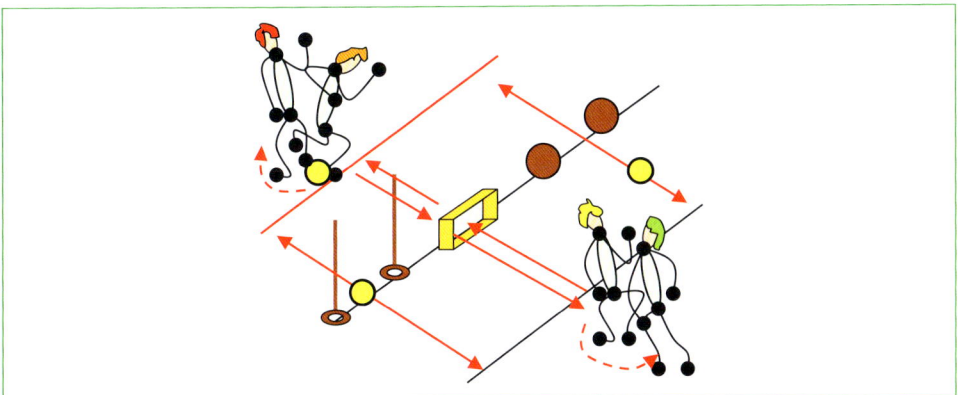

Zwei Spielerpaare stehen sich in ‚angemessenem' Abstand (etwa Hallenbreite) hinter einer Linie gegenüber. Zwischen beiden Paaren ist in der Hallenmitte ein Tor aufgebaut (Markierungshütchen, offenes Kastenteil, Male), durch das der Ball gespielt werden soll.

Abwechselnd wird der ruhende Ball von der vorgegebenen Linie aus auf das Tor geschossen. Welches Paar erzielt die meisten Treffer bzw. hat die wenigsten Fehlschüsse?

- Jeder Spieler muss mit dem ‚schlechten' Fuß spielen.
- Welches Paar erzielt in der vorgegebenen Zeit die meisten Treffer?

Bälle durch die Tore – sich bewegender Ball I (‚Tunnelball')

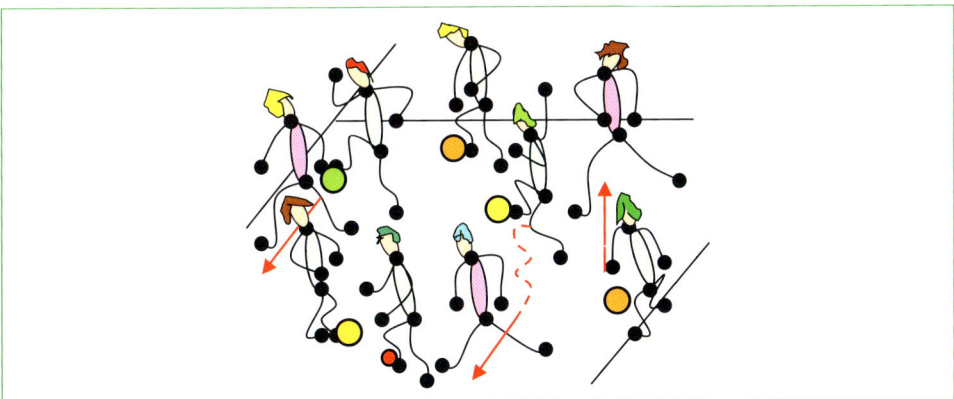

Alle Schüler (die ‚Spieler') haben einen Ball und dribbeln durch die Halle – bis auf 3, 4 oder 5 (je nach Klassengröße) besonders gekennzeichnete Schüler, die ‚Läufer', die kreuz und quer ohne Ball durcheinanderlaufen.

Auf ein Zeichen des Lehrers bleiben die ‚Läufer' stehen, grätschen weit die Beine und bilden so ‚Tore', durch die ‚Spieler' den Ball spielen sollen. Das gleiche ‚Tor' darf nicht 2 x direkt hintereinander angespielt werden.

- Nur von vorne ⁄ von hinten durch die Beine spielen.
- Wettbewerb auf Zeit.
- Wer hat als erster 10 ‚Tore' erzielt?
- Die ‚Tore' werden durch Läuferpaare gebildet, die durch einen Stab miteinander verbunden sind.

Bälle durch die Tore – sich bewegender Ball II ('Torball')

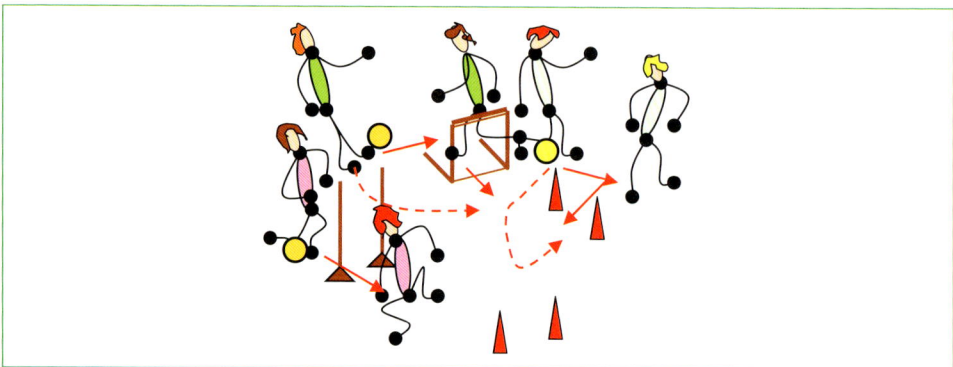

In der Halle sind zahlreiche kleine Tore aufgebaut, bestehend aus Malstangen, Markierungs-kegeln, Hürden, Kastenteilen usw. Spielerpaare passen sich mit dem Fuß ihren Ball zu und versuchen aus dem Laufen heraus durch die Tore zu treffen.

Als Treffer wird nur gewertet, wenn der Ball durch ein Tor gespielt und *auf der anderen Seite vom eigenen Partner* angenommen werden kann. Das gleiche 'Tor' darf nicht 2 x direkt hinter-einander angespielt werden.

• Welches Paar trifft am häufigsten?
• Wettbewerb auf Zeit.
• Welches Paar hat als erstes 10 Tore erzielt?

Spiel auf 1 Tor – mit Überzahl und Torwart

Tor ist die Sitzfläche einer auf die Seite gelegten Bank. Eine Mannschaft verteidigt, die ande-re Mannschaft greift an. Da immer 1 Spieler der jeweils verteidigenden Mannschaft Torwart ist, ergibt sich ein Überzahlverhältnis für die Angreifer (z. B. 2 gegen 3, 3 gegen 4).

Vor der Bank kann eine Zone markiert werden; nur innerhalb dieser Zone darf auf das Tor geschossen werden. 'Gewaltschüsse' aus großer Entfernung sollen so vermieden werden. Nur der zuvor bestimmte Torwart darf den Ball mit den Händen berühren.

• Eine Mannschaft greift 10 x an, dann wechselt sie mit der verteidigenden Mannschaft, der auch 10 Versuche zustehen. Ein neuer Angriff beginnt, wenn ein Tor erzielt wurde oder wenn ein Torschussversuch erfolgreich abgewehrt wurde. Begonnen wird in einiger Entfer-nung vom Tor.

Spiel auf *ein* ‚Zweiseitentor'

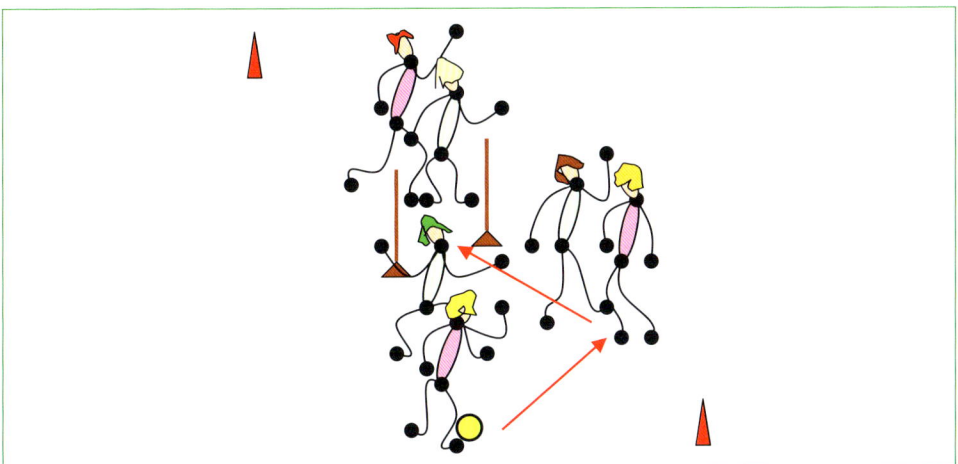

In der Halle, oder (besser) auf einem (Sport-)Platz können Tore aus einem offenen Kastenteil oder aus Malstangen aufgebaut werden. Kleine Mannschaften spielen auf dieses Tor (ohne Torwart) – z. B. 3:3 oder 4:4. Ein Tor kann von beiden Seiten erzielt werden.

Um Zusammenballungen vor dem Tor zu vermeiden, wird auf beiden Seiten des Tores in einiger Entfernung je ein Markierungskegel aufgestellt. Vor einem erneuten Torschuss muss einer der beiden Kegel von einer der beiden Mannschaften umspielt werden; erst dann darf wieder auf das Tor geschossen und ein Treffer erzielt werden.

Ein ‚richtiges' Fußballspiel

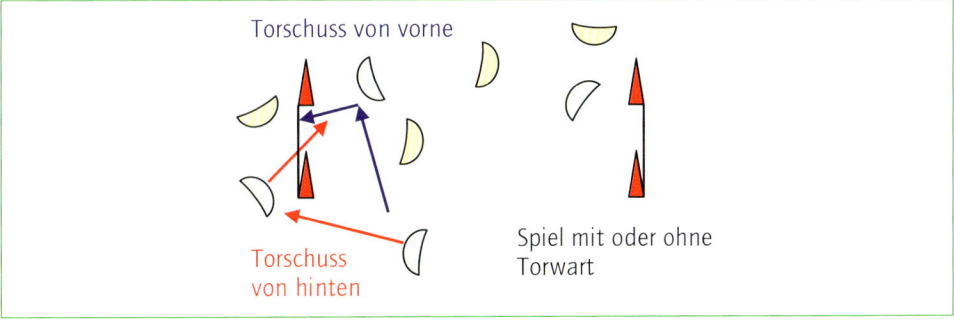

Es ist den Schülern ein besonderes Bedürfnis, wie die ‚Großen' zu spielen. Möglichst häufige Ballkontakte – auch dies ist ein Wunsch der Schüler – setzen allerdings voraus, dass *kleine Mannschaften* gebildet werden.

Das Spiel 11:11 wie in den Sportvereinen ist für Schüler der Grundschule wenig geeignet. Bevorzugt sollte deshalb quer zur Halle oder (besser und intensiver) zum Sportplatz auf kleinen Spielfeldern mit kleinen Mannschaften gespielt werden.

- Mit festem Torwart. Wer ein Tor erzielt hat, wird bis zum nächsten Treffer eines Mannschafts-kameraden Torwart.
- Ohne festen Torwart (aber ohne ‚Handspiel').
- Wird auf improvisierte Tore (z. B. Malstangen, Schulranzen, Markierungshütchen …) gespielt, kann ein Tor auch ‚von hinten' erzielt werden.

Kleine Spiele und Kleine Sportspiele, die HANDBALL vorbereiten helfen

Dargestellt sind Spiele, die in ihrer Struktur handballähnliche Merkmale aufweisen. Eine Reihung im Sinne eines Spiele-Lehrgangs ist dabei nicht vorgesehen. Es sind dies Spiele mit einem ‚handlichen' Ball, der kräftig und möglichst genau nach erfolgreichem Zusammenspiel mit Partnern in ein Ziel geworfen werden soll.

Auf die diesem Spiel eigenen technischen und taktischen Gegebenheiten kann nicht eingegangen werden, da dies den Rahmen der Handreichung sprengen würde.

Worauf man achten sollte:
- Mit dem Ball in der Hand nur drei Schritte laufen.
- Vor dem Zuspiel zum Partner ‚Blickverbindung' mit ihm aufnehmen, um sicher zu sein, dass er den Ball erwartet und ihn sicher fangen kann.
- Genaues Zuspiel direkt oder über den Boden und zwar möglichst so, dass der Ball in Brusthöhe beim Partner ankommt.
- Schnelles Zuspiel, um den Verteidigern zuvorzukommen.
- Erst dann auf das Ziel werfen, wenn ein Treffer möglich erscheint.
- Alle Mannschaften müssen deutlich gekennzeichnet sein.

Als **Spielgeräte** eignen sich vor allem Handbälle, Softbälle, Minihandbälle, Gymnastikbälle. Kleine Mannschaften (3 gegen 3 / 4 gegen 4) in mehreren kleinen Feldern sichern eine hohe Spiel- und damit Übungsintensität.

Wer geht ins Tor?

Ideal wäre ein Wechselverfahren, das jeden Spieler verpflichtet, Torwart zu sein.
Folgende Möglichkeiten bieten sich an:
- Wer ein Tor erzielt hat, wird automatisch neuer Torwart.
- Der Torwart spielt beim Angriff mit (so entsteht eine Überzahlsituation). Der jeweils ‚letzte' Spieler wird nach erfolgtem Angriff neuer Torwart.
- Der Torwart hat das Recht, einen anderen Spieler als Torwart zu bestimmen.
- Wechsel nach Zeit und in zuvor festgelegter Reihenfolge.
- Schüler melden sich freiwillig als Torwart.
- ...

Schnappballspiel

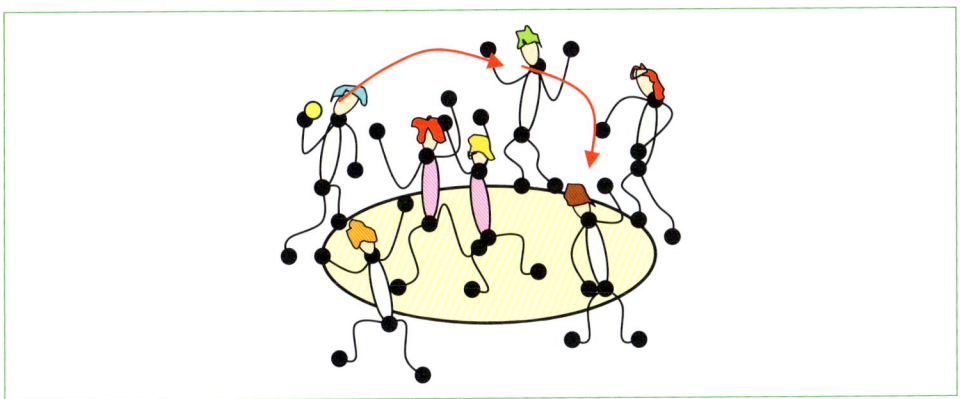

Mehrere Schüler (5 bis 8) bilden einen Kreis und spielen sich einen Ball zu; andere Schüler (1 bis 3) innerhalb des Kreises versuchen den Ball zu berühren oder zu fangen (muss zuvor festgelegt werden). Wem dies gelingt tauscht seinen Platz mit dem Schüler, der den Ball zuletzt gespielt hat.

Hinweis
• Dieses Spiel kann auch als Fußball- oder Hockeyspiel gespielt werden.

Kombinationsball

Grün: Ballbesitzende Mannschaft

Zwei nicht allzu große Mannschaften spielen in einem begrenzten Feld gegeneinander. Jede Mannschaft versucht, den Ball so lange wie möglich in den eigenen Reihen zu halten.
Gelingt dies (je nach Festlegung) einer Mannschaft z. B. 5 x, bekommt sie einen Punkt.
Erleichterung: Ein neutraler – besonders deutlich gekennzeichneter – Spieler darf von beiden Mannschaften angespielt werden, muss aber dann den Ball wieder an die gleiche Mannschaft zurückspielen.

Variante
• Zuspiel nur mit Bodenpässen.

Kombinationsball über die Schnur

Grün: Ballbesitzende Mannschaft

Zwei Spielfelder sind durch eine hohe Leine (Baustellenband längs der Halle) geteilt. Auf beiden Seiten befindet sich je die Hälfte der Spieler zweier Mannschaften. Gespielt wird wie beim Kombinationsballspiel – mit dem Unterschied, dass nur dann ein Punkt erzielt werden kann, wenn der Ball über die Leine *zu einem Spieler der eigenen Mannschaft* gespielt wird und dieser den Ball fangen kann.

Beliebig viele Zuspiele innerhalb einer Feldhälfte sind erlaubt und erwünscht, führen aber zu keinem Punkterfolg!

Reifenhandball

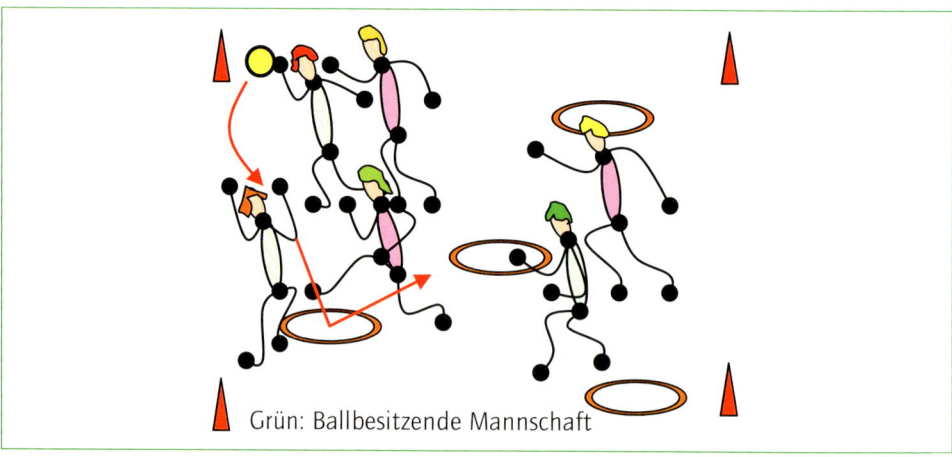

Grün: Ballbesitzende Mannschaft

Zwei Mannschaften spielen in einem begrenzten Feld, in dem einige Gymnastikreifen ausgelegt sind, gegeneinander.

Ein Punkt ist erzielt, wenn es einer Mannschaft gelingt, den Ball in einen Reifen zu spielen und ihn dort aufprellen lassen.

Spieler der nicht ballbesitzenden Mannschaft können dies verhindern, indem sie einen ‚Fuß' in den Reifen stellen.

Hechtball

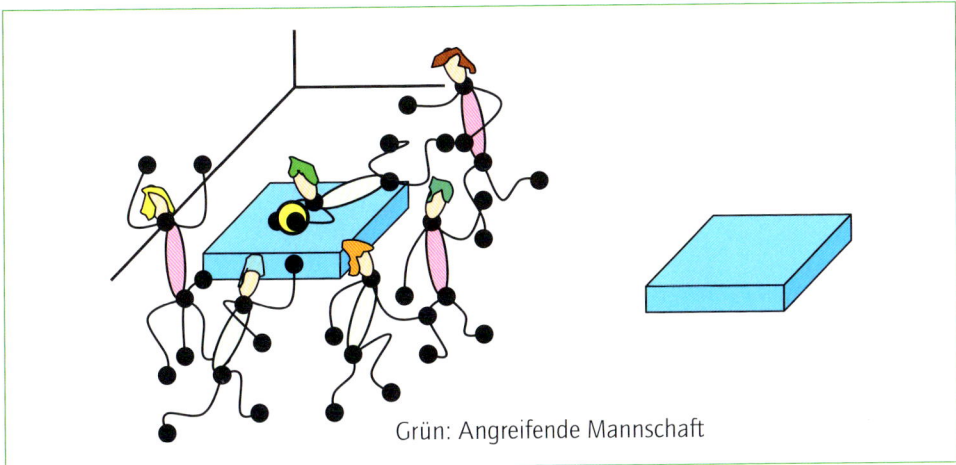

Grün: Angreifende Mannschaft

Zwei Mannschaften spielen gegeneinander. Tore sind Weichböden, die – weit genug von der Wand entfernt – auf dem Boden liegen. Ein Treffer ist dann erzielt, wenn es einem Spieler gelingt, den Ball in beiden Händen haltend, diesen auf der Weichbodenmatte des Gegners abzulegen. Ihm ist es erlaubt, auf die Matte zu ,hechten' – von den Abwehrspielern darf die Matte weder berührt noch überquert oder betreten werden (Gilt als Torerfolg für die angreifende Mannschaft!)!

Wandball

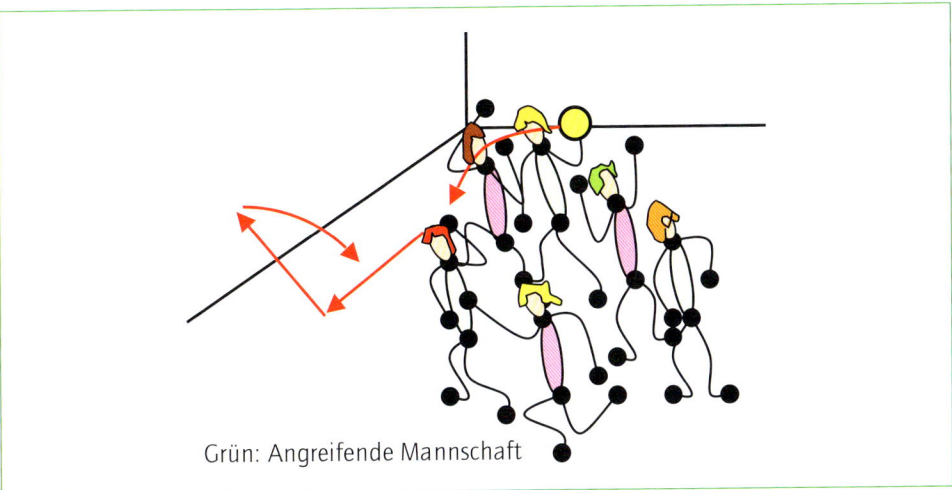

Grün: Angreifende Mannschaft

Zwei nicht allzu große Mannschaften spielen – z. B. quer zur Halle – gegeneinander. Die gesamte Wand (oder nur ein größerer Teil davon) stellt das Tor dar. Ein Tor ist nur dann erzielt, wenn es einer Mannschaft gelingt, den Ball als ,Aufsetzerball' (Boden – Wand – Boden) an die gegnerische Wand zu werfen. Gelingt es allerdings einem der verteidigenden Spieler, den von der Wand zurückprellenden Ball zu fangen (der Ball fällt also nach der Wandberührung nicht auf den Boden), gilt dies nicht als Tor.

Kastentorball

Zwei Mannschaften (3 gegen 3/4 gegen 4) spielen quer zur Halle gegeneinander. Tore werden durch jeweils drei offene Kastenteile dargestellt, die nebeneinander etwa 1 m von der Wand entfernt aufgestellt sind (lange Seite liegt auf dem Boden).

Ein Tor ist dann erzielt, wenn es gelingt, den Ball durch eines der drei Kastenteile zu spielen.

Variante

• Ein ‚Torwart' bewacht die drei Tore.

Stangentorball

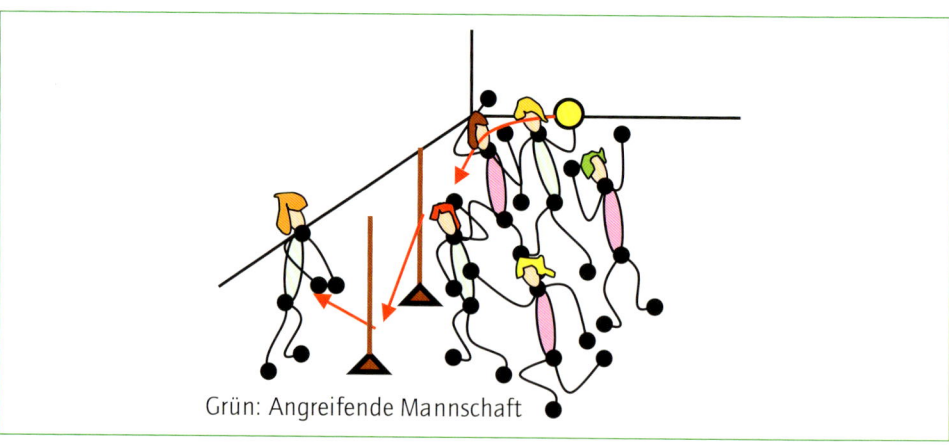

Grün: Angreifende Mannschaft

Zwei Mannschaften (3 gegen 3/4 gegen 4) spielen quer zur Halle gegeneinander. Jede Mannschaft verteidigt ihr Tor, das aus zwei weit auseinander stehenden Malstangen – aufgebaut in einiger Entfernung von der Wand – besteht. Ein Treffer ist dann erzielt, wenn der Ball als ‚Aufsetzerball' durch das Tor gespielt und auf der anderen Seite von einem Spieler der eigenen Mannschaft gefangen werden kann.

Varianten

• Die Torbreite wird verändert. Schwieriger wird es, wenn die Torstangen enger zusammengerückt werden.

• Vor einem Torwurfversuch muss der Ball mindestens 3 x in den eigenen Reihen zugespielt werden.

Mattentorball

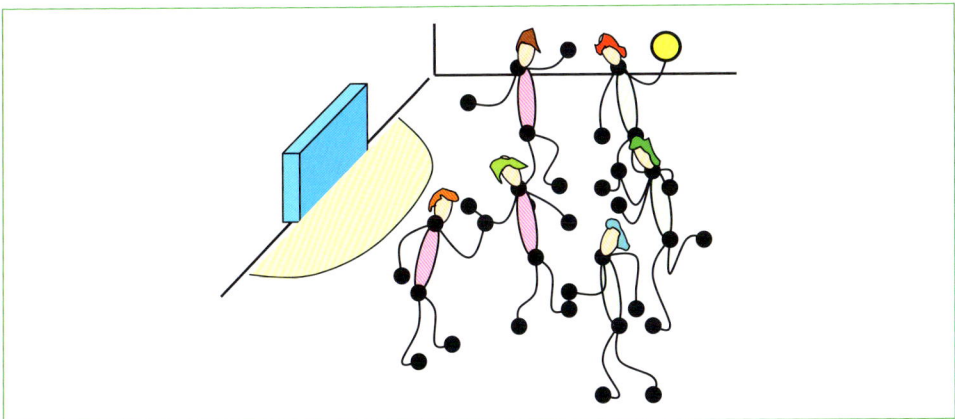

Zwei Mannschaften (3 gegen 3/4 gegen 4) spielen quer zur Halle gegeneinander. Jede Mannschaft verteidigt ihr Tor, das aus einer an die Wand gelehnten Turnmatte besteht. Gespielt wird ohne Torwart. Ein Halbkreis (Klebeband) vor der Matte oder eine Linie in einiger Entfernung bezeichnet den Raum, der weder zum Wurf noch zur Verteidigung betreten werden darf.

Varianten
- Vorgegeben wird die Zahl der Zuspiele in den eigenen Reihen vor einem Torwurfversuch.
- Ein Tor besteht aus mehreren Matten, die von einem Torwart verteidigt werden.
- Nur ‚Aufsetzerbälle' gelten als Tore.

Kastentorball auf zwei Tore um ganze Kreise

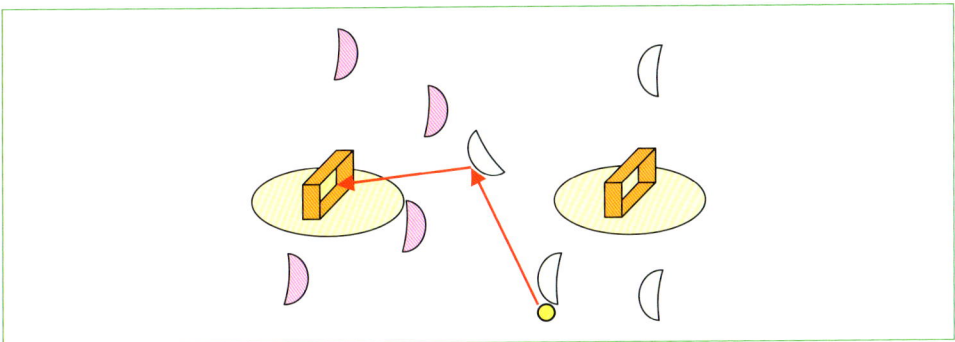

Zwei Mannschaften (3 gegen 3/4 gegen 4) spielen in einem kleinen Feld gegeneinander. Ziel ist es, den Ball durch das gegnerische Tor – ein Kastenteil in einem Kreis – zu werfen und gleichzeitig das eigene Tor zu beschützen. Das Kreisinnere darf von niemandem betreten werden. Die ‚Tore' stehen so weit von der Wand entfernt, dass von beiden Seiten geworfen werden kann.

Varianten
- Vorgegeben wird die Zahl der Zuspiele in den eigenen Reihen vor einem Torwurfversuch.
- Ein Torwart bewacht sein Tor.

Kleine Spiele und Kleine Sportspiele, die ‚volley-spielen' und damit auch das VOLLEYBALLSPIEL vorbereiten helfen

‚Volley – spielen', bedeutet, dass ein Spielgerät – z. B. ein Ball, eine Indiaca oder ein Federball – so gespielt wird, dass es möglichst nicht auf den Boden fällt. Dazu bedarf es einiger Übung und, vor allem beim Volleyballspiel, einer besonderen Technik.

Beim Umgang mit vielfältigen Spielgeräten, die hochgeworfen und wieder aufgefangen, an die Wand gespielt und wieder gefangen oder über eine hochgespannte Leine zum Partner oder in ein Ziel geworfen werden, schulen wir wichtige koordinative Voraussetzungen für diese Spiele und gewöhnen die Kinder an den Umgang mit den fliegenden Spielgeräten.

> Zur Vorbereitung des Volleyballspiels empfiehlt sich das **beidhändige Werfen und Fangen eines Balles *vor und über der Stirn*. Dabei sollten die Daumen nicht zum anfliegenden Ball, sondern in Richtung Stirn zeigen!** Es empfiehlt sich, weiche Bälle (es gibt im Handel spezielle Bälle für Volleyballanfänger) zu verwenden. Für die ‚Ball über die Schnur' – Spiele (bei denen die Bälle gefangen und geworfen werden) eignen sich auch nicht allzu hart aufgepumpte Hand-, Volley- oder Gymnastikbälle.

Organisation

Längs der Halle wird von Tor zu Tor (die Tore müssen fest verankert und gegen Umfallen gesichert sein!!), von Basketballkorb zu Basketballkorb oder von Wand zu Wand ein Baustellenband gespannt (‚Zauberschnüre' eignen sich weniger, weil sie durchhängen und schlecht sichtbar sind). Die durch eine hoch gespannte Leine initiierte **hohe Flugkurve** des Spielgerätes erleichtert das Fangen. Das Spielgerät ist länger ‚unterwegs' ist und die Kinder können sich so besser darauf einstellen.

Aus der Fülle der vorhandenen Hallenlinien oder neu angebrachter Feldmarkierungen (Hütchen, Seilchen, Taue, Plastik- oder Klebestreifen ...) lassen sich zahlreiche **kleine Spielfelder** quer zur Halle bilden, in denen **kleine Gruppen (1:1, 2:2, oder maximal 3:3)** *mit*- oder *gegen*einander spielen können. Spielpartner und -gegner sollten gelegentlich gewechselt werden.

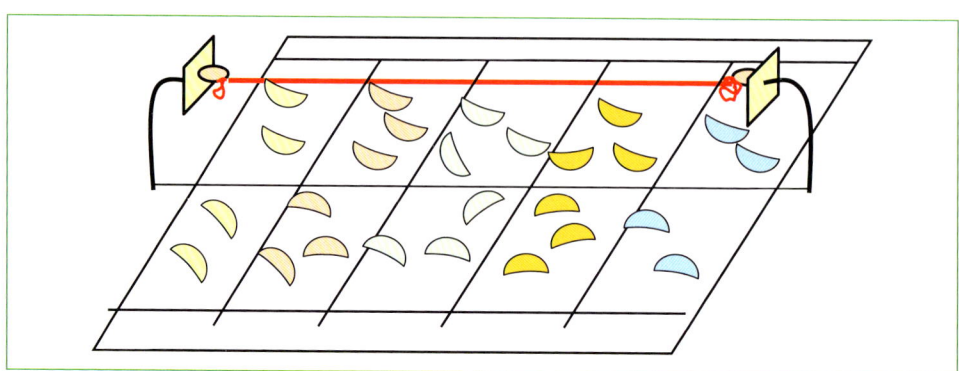

Die Spiele müssen so organisiert sein, **dass jeder Spieler so oft wie möglich mit dem fliegenden Ball in Kontakt kommen kann!**

Fehler

- Das Spielgerät fällt im Spielfeld auf den Boden (die Begrenzung zählt zum Spielfeld) – Fehler der annehmenden Mannschaft.
- Das Spielgerät fällt außerhalb des Spielfeldes auf den Boden – Fehler der gegnerischen Mannschaft.
- Es wird mit dem Spielgerät in der Hand gelaufen.
- Der Ball (bei den Spielen über die Schnur) wird einhändig geworfen oder gefangen.

Was die Schüler dabei lernen sollen

- Ein fliegendes Spielgerät richtig berechnen können,
- bei den Spielen ‚Ball über die Schnur' rechtzeitig hinter und unter dem Ball sein und den Ball mit beiden Händen vor und über der Stirn werfen und fangen können,
- schnell reagieren können,
- lernen, sich auf einen Mitspieler einzustellen,
- zusammen mit dem Mitspieler ein kleines Spielfeld ‚beherrschen' lernen,
- erkennen, wenn ein Ball ins ‚Aus' fliegt ...

Ball über die Schnur – Miteinander spielen

Möglichst genaues
Zuspiel

Die Schüler werfen sich in einem kleinen Feld den Ball beidhändig (vor und über der Stirn) über die hohe Leine zu. Sie sollen laut mitzählen, wie oft dieser die Leine passiert hat und gefangen wurde, ohne auf den Boden zu fallen.
Die Fangstelle ist auch die Abwurfstelle. Geworfen und gefangen wird mit beiden Händen vor und über der Stirn!
- Gespielt wird 1 mit 1 oder 2 mit 2.
- Vergleiche können sich mit den Leistungen der anderen Gruppen ergeben.

Ball über die Schnur – Gegeneinander spielen

So spielen, dass der Ball schwer zu fangen ist

Die Schüler werfen sich in einem kleinen Feld den Ball beidhändig (vor und über der Stirn) über die hohe Leine so zu, dass ihn der gegenüberstehende Partner bzw. die gegenüberstehende Mannschaft innerhalb des vorgegebenen Feldes möglichst nicht fangen kann.
Die Fangstelle ist auch die Abwurfstelle. Geworfen und gefangen wird mit beiden Händen vor und über der Stirn! Schnell spielen!
Gespielt wird 1 gegen 1 oder 2 gegen 2.

Ball über die Schnur mit Zuspiel (2:2)

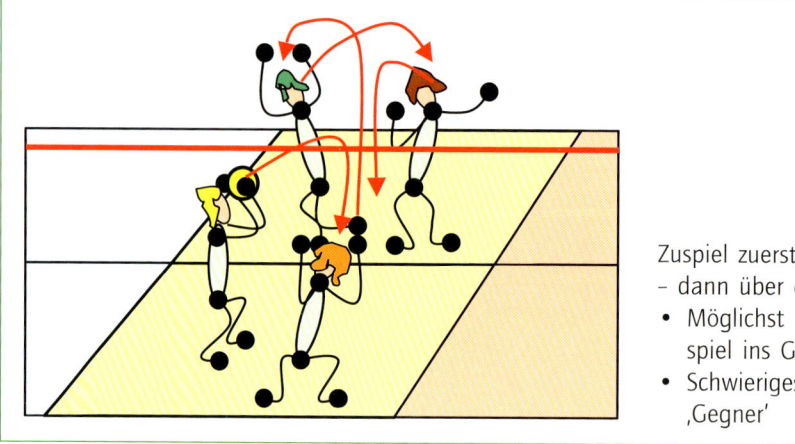

Zuspiel zuerst zum Partner
– dann über die Leine
- Möglichst genaues Zuspiel ins Gegenfeld
- Schwieriges Zuspiel zum ‚Gegner'

Zweiergruppen. Die Schüler werfen sich in einem kleinen Feld den Ball beidhändig (vor und über der Stirn) über die hohe Leine so zu, dass ihn der gegenüberstehende Partner bzw. die gegenüberstehende Mannschaft innerhalb des vorgegebenen Feldes möglichst nicht fangen kann.
Geworfen und gefangen wird mit beiden Händen vor und über der Stirn! Schnell spielen! Zuspiel zum Mitspieler!
Wer den Ball fängt, muss ihn ‚abgeben', d. h., er muss ihn dem eigenen Mitspieler zuwerfen. Dieser wirft ihn dann über die Leine ins Gegenfeld.

Ball über die Schnur (2 : 2). Werfen – Pritschen – Fangen mit dem Partner

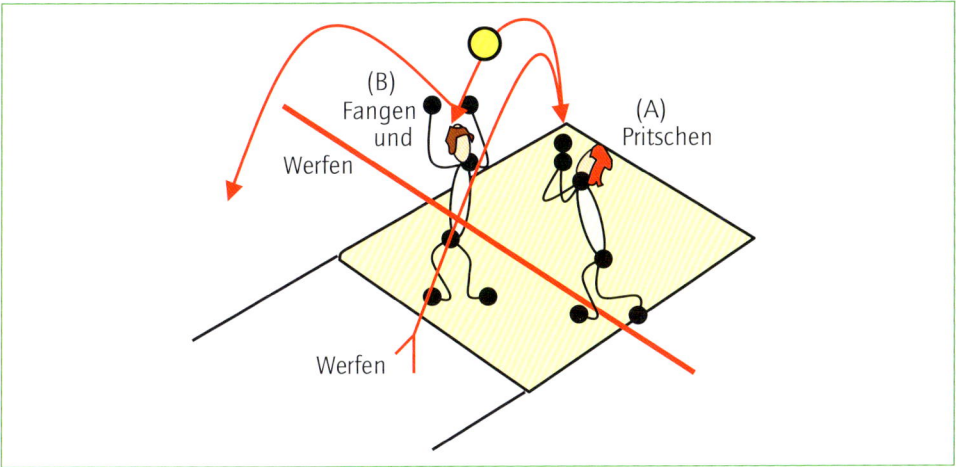

Zweiergruppen. Der Ball wird von einem Spieler beidhändig (vor und über der Stirn) über die hohe Leine ins Gegenfeld geworfen. Der dort annehmende Spieler (A) darf den Ball nicht fangen, sondern muss ihn so hochspielen (pritschen), dass er von seinem Partner (B) gefangen werden kann.

Nun wirft B ins Gegenfeld; der dort annehmende Spieler ... (siehe oben).

Ball über die Schnur – ‚Rondo'

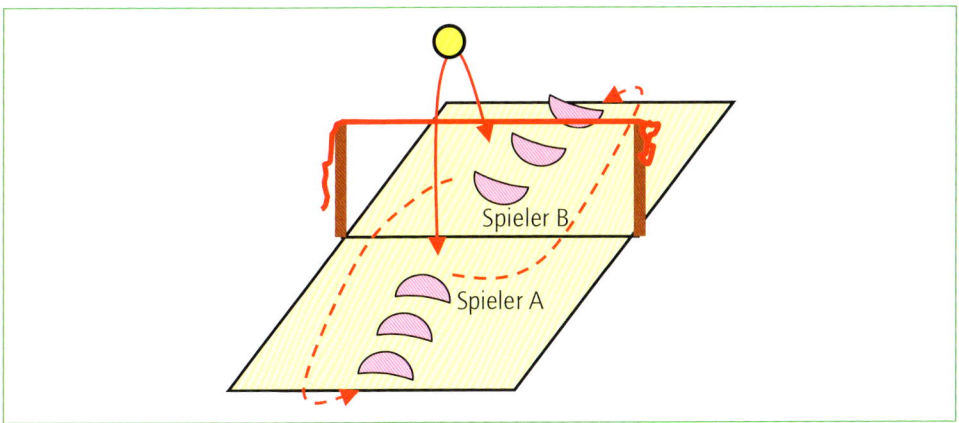

Zwei Spielergruppen (mit jeweils 3–5 Schülern) stehen sich, getrennt durch eine hohe Leine, gegenüber. Spieler A wirft den Ball beidhändig (vor und über der Stirn) über die Leine zu Spieler B der gegenüberstehenden Gruppe, läuft dem Ball nach und schließt sich an der dortigen Spielergruppe an. Spieler B wirft den Ball über die Leine zu Spieler C, läuft dem Ball nach und schließt sich ...

- *Miteinander spielen:* Wie oft gelingt dies, ohne dass der Ball auf den Boden fällt? Genau zuwerfen!!
- *Miteinander spielen:* Wie oft gelingt dies innerhalb einer vorgegebenen Zeitspanne? Genau zuwerfen!!

- *Gegeneinander spielen:* Die beiden Gruppen stehen jeweils in einem kleinen Spielfeld. Jeder Spieler hat drei ‚Leben'. Wer also dreimal einen Fehler macht, scheidet (nur bis zum nächsten Durchgang) aus. Bleiben schließlich nur noch zwei Spieler übrig, ist ein Seitenwechsel nicht mehr möglich. Diese spielen den Sieger wie bei ‚Ball über die Schnur' aus. Dann beginnt ein neuer Durchgang mit der ganzen Gruppe.
- *Miteinander oder gegeneinander:* Der Spieler, der den Ball über die Leine zugeworfen bekommt, muss diesen hochpritschen und darf ihn erst dann fangen, um ihn danach in beidhändigem Wurf auf die Gegenseite zu werfen.
- Die beschriebenen ‚Rondoformen' lassen sich auch mit Ringtennisringen, Indiacas, Badmintonschlägern und -bällen durchführen.

... über die Schnur – mit anderen Spielgeräten

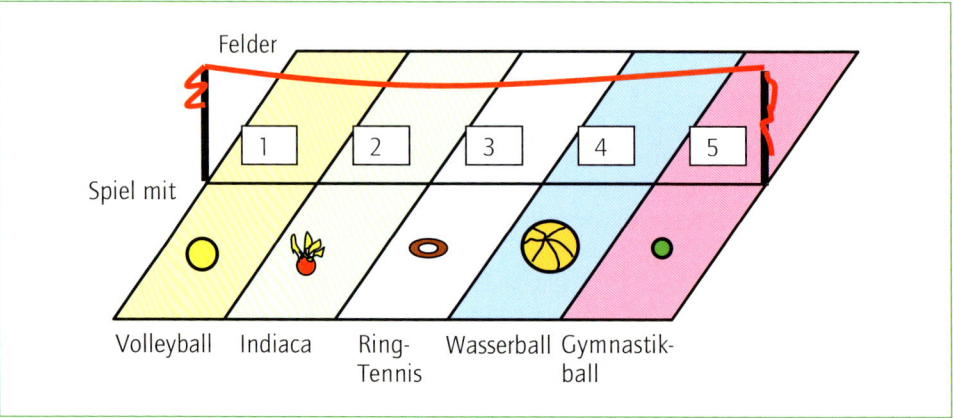

Felder

Spiel mit

| 1 | 2 | 3 | 4 | 5 |

Volleyball Indiaca Ring- Wasserball Gymnastik-
Tennis ball

Verwendung finden dabei Wasserbälle, Volleybälle, Gymnastikbälle, Ringtennisringe, Indiacas usw. Die oben genannten Grundsätze gelten auch hier in gleicher Weise.
Dabei kann
- auf allen Feldern mit dem gleichen Spielgerät gespielt werden,
oder
- es wird in den verschiedenen Feldern mit unterschiedlichen Spielgeräten gespielt. Wechsel erfolgen nach vorgegebenen Zeitabschnitten.

Weitere Kleine Sportspiele

Sie ergänzen unser Repertoire an Spielen und dienen vor allem dazu, in unterschiedlichen Spielsituationen mit den verschiedensten Spielgeräten Erfahrungen zu sammeln, andere Sportspiele aufzuzeigen oder vorzubereiten und die Koordination im Umgang mit springenden, hüpfenden und fliegenden Spielgeräten zu schulen. Und sie bereiten Freude und bringen Abwechslung in den Unterricht!

Ringhockey

Zwei Mannschaften versuchen mit Hilfe von Gymnastikstäben einen Ringtennisring, der flach auf dem Boden ‚geschlenzt' wird, in das gegnerische Tor zu schießen.

Turnmatten, in einiger Entfernung von der Wand auf den Boden gelegt, stellen die Tore dar, die umspielt werden dürfen und auf die von allen Seiten geschossen werden darf. Ein Tor ist dann erzielt, wenn der Ring die Matte berührt.

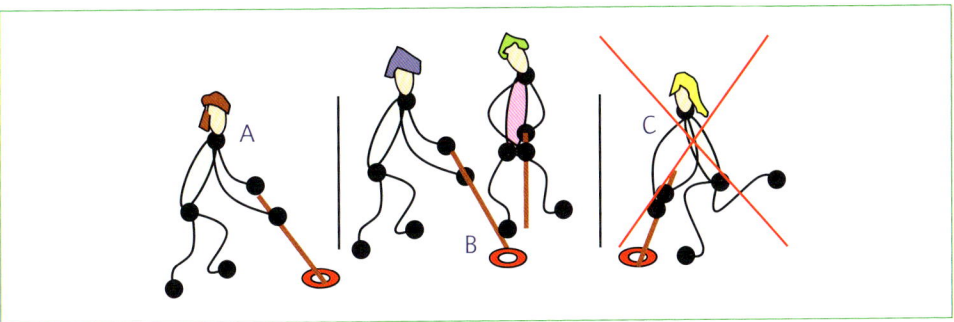

Besonders wichtige Regeln:

- Der Stab muss immer mit beiden Händen gefasst werden (A).
- Wer den Ring unter Kontrolle hat, darf nicht angegriffen werden (B). Er muss die Chance zum Abspiel haben.
- Mit dem Stab im Ring darf nicht gelaufen werden (C); sich aber auf der Stelle zu drehen ist erlaubt.
- Der Ring darf mit dem Fuß zwar gestoppt, aber nicht gespielt werden.

Unihockey

... ist inzwischen eine etablierte Spielsportart, zu der vielfältige Literatur existiert. Spielgerät ist ein Schläger aus Plastikmaterial, mit dem ein Gummipuck, ein Tennisball oder ein leichter, kleiner Plastikball (‚Lochball') gespielt werden kann (Offizieller Spielball ist der ‚Lochball'). Aber Vorsicht: Auch mit einem Schläger aus Plastik darf nicht unsachgemäß umgegangen werden!

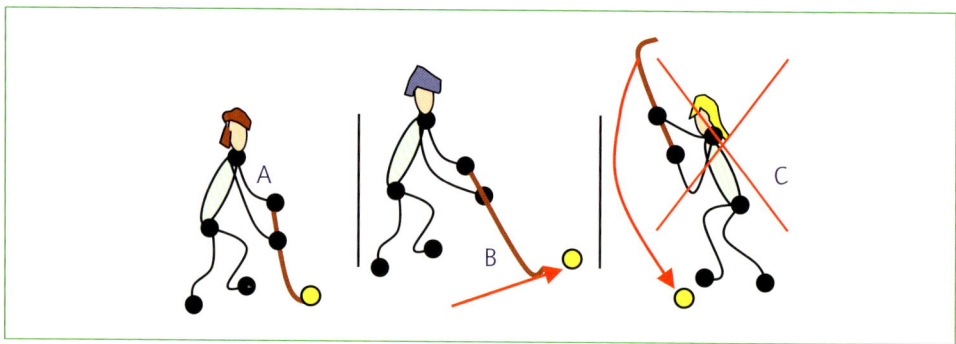

Besonders wichtige Regeln:

- Der Schläger muss immer mit beiden Händen gefasst werden (A).
- Der Schlägerkopf darf nicht über Kniehöhe angehoben werden (B).
- ‚Rundschläge' sind nicht erlaubt. Damit kann man Golf spielen, aber nicht Unihockey. Der Ball muss ‚geschlenzt' werden.
- Der Ball darf mit dem Fuß zwar gestoppt, aber nicht gespielt werden.

Spinnenfußball

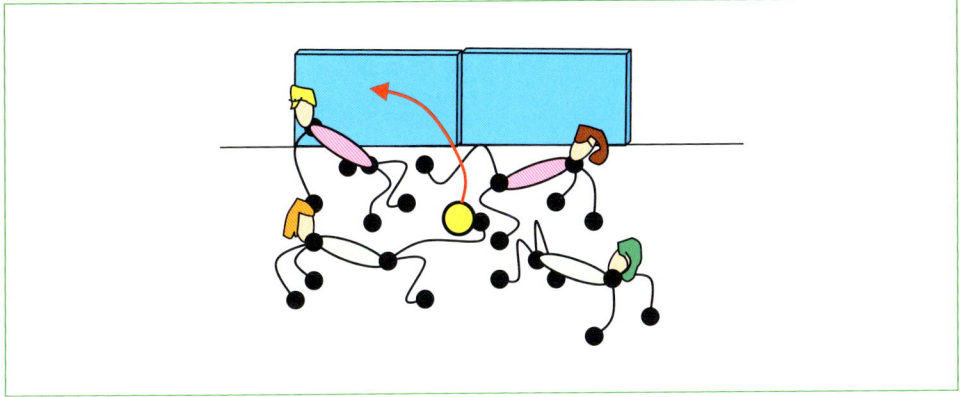

... ist ein Spiel, das sich für einen kleinen Raum und etwas größere Gruppen besonders eignet. Dabei dürfen sich alle Spieler nur wie ‚Spinnen' auf allen Vieren, *Bauch nach oben*, fortbewegen. Mit einem großen und leichten Ball sollen, gegen den Widerstand der anderen Mannschaft, *nur mit dem Fuß* Tore erzielt werden.

Nur ein Torwart (nur sofern so verabredet) darf den Ball mit der Hand berühren. Das Tor muss groß genug sein, um Erfolge zu ermöglichen (z. B. mehrere Turnmatten nebeneinander gestellt, Weichbodenmatten, die ganze Stirnseite der Halle ...).

• Alle sind Torwart und Spieler zugleich. Der Ball darf dabei nicht mit der Hand gespielt werden. Nach einem Torerfolg wird einfach weitergespielt.

Indiaca

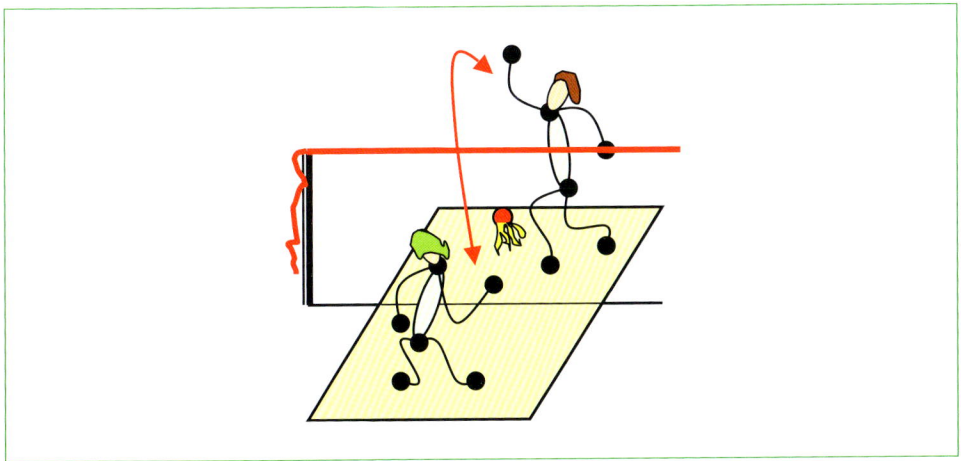

Das Indiaca wird mit der offenen Handfläche oder mit einem leichten Plastikschläger über eine hohe Leine hin- und hergeschlagen. Gespielt werden kann, wie bei den volleyball- und tennisähnlichen Rückschlagspielen in kleinen Gruppen auf kleinen Spielfeldern quer zur Halle mit- oder gegeneinander.

Speckbrett-Tennis

Beim Umgang mit tennisschlägerähnlichen Geräten sind Hinweise zum Bewegungsablauf, zur Schlägerhaltung und zur Schlagtechnik unumgänglich. Überdauernde Fehlhaltungen können dadurch vermieden werden. Der örtliche Tennisclub ist möglicherweise bereit, hier Hilfestellung zu geben.

Spielen kann man mit ...
- einem ‚Speckbrett', einem modifizierten ‚Vesperbrett' aus Holz, das größer, dicker und schwerer ist als ein Tennisschläger;
- einem ‚Kinder-Tennisschläger', einem billigeren, leichteren und mit einem kürzeren Griff versehenen Tennisschläger.

Als Bälle eignen sich ...
- Tennisbälle (gebrauchte, aber für schulische Zwecke immer noch gut geeignete Bälle gibt jeder Tennisclub ab);
- Schaumstoffbälle in Tennisballgröße, die gut springen. Sie fliegen langsamer, sind leichter beherrschbar, geräuscharm und tun nicht weh.

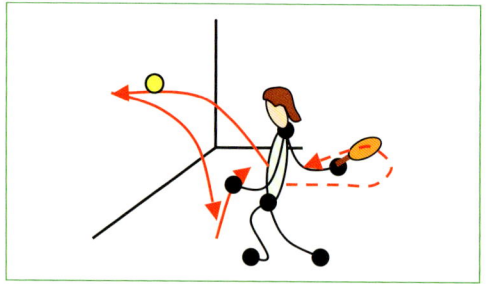

- **‚Wandball'.** Die Schüler spielen den Ball gegen die Wand, lassen ihn auf dem Boden aufspringen und spielen ihn wieder gegen die Wand ... Wie oft gelingt dies ohne Unterbrechung?

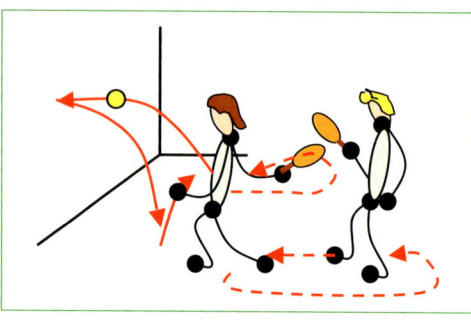

- **‚Wandball' mit Partner.** Die Schüler spielen abwechselnd den Ball gegen die Wand, lassen ihn auf dem Boden aufspringen und spielen ihn wieder gegen die Wand ... Wie oft gelingt dies ohne Unterbrechung?

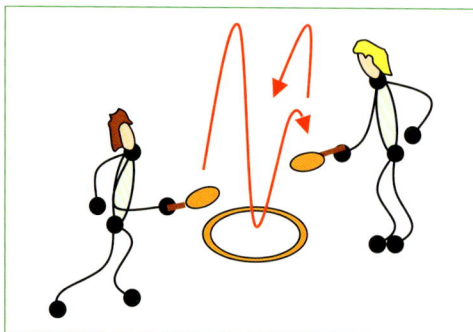

- **‚Hoch den Ball'.** Zwei Schüler spielen abwechselnd den Ball möglichst senkrecht in die Höhe, lassen ihn dazwischen auf dem Boden aufspringen und spielen ihn wieder. Wie oft gelingt dies? Erschwernis: Der Ball soll in einem auf dem Boden liegenden Reifen aufspringen.

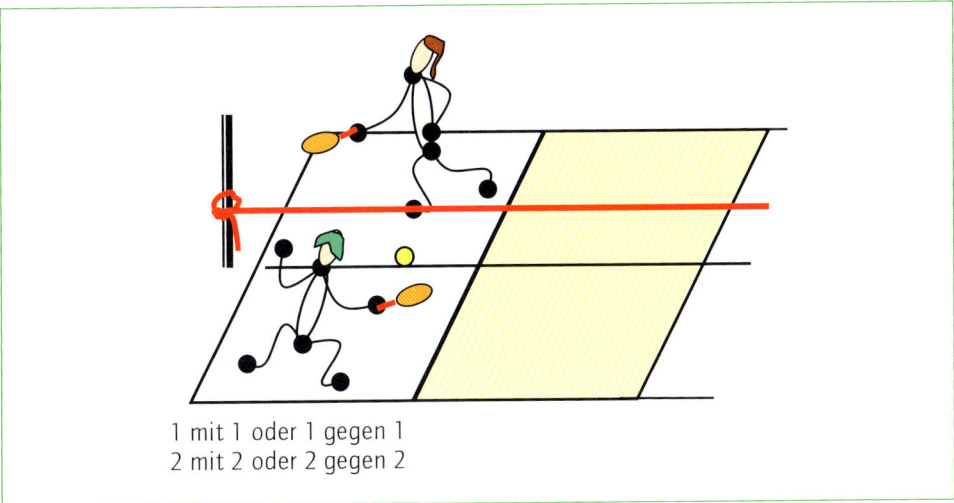

1 mit 1 oder 1 gegen 1
2 mit 2 oder 2 gegen 2

- **‚Leinentennis' miteinander.** Über ein längs der Hallenmitte gespanntes Baustellenband (knapp 1 Meter hoch) spielen sich zwei Schüler den Ball zu. Wie oft gelingt dies ohne Unterbrechung?

- **‚Leinentennis' gegeneinander (1:1).** Über ein längs der Hallenmitte gespanntes Baustellenband (knapp 1 Meter hoch) spielen zwei Schüler in einem kleinen Feld den Ball hin und her. Sie versuchen dabei so zu spielen, dass der Ball zwar innerhalb des gegnerischen Feldes aufspringt, es aber dem anderen schwer fällt, ihn zu erreichen oder zu spielen.

- **‚Leinentennis' gegeneinander (2:2).** Wie oben – es spielen aber jeweils zwei Spieler gegeneinander.

Wir spielen ein Turnier – vier spannende Turnierformen für alle

Ein Turnier zu spielen kann Höhepunkt oder Abschluss einer längeren Spiel- oder Übungsphase sein. Einige wichtige Aspekte:
- Möglichst alle Schüler sollten gleichzeitig spielen. Deshalb richten wir entsprechend der Zahl der Schüler mehrere Spielfelder quer zur Halle ein.
- Bildung von möglichst gleich starken Mannschaften.
- Deutlich unterscheidbare Kennzeichnung der Mannschaften erleichtert die Organisation.
- Die Mannschaften bekommen Namen (VfB, Inter Mailand, Goldhamster ...).
- Einfache und für alle geltende und von allen akzeptierte Regeln (gemeinsam) festlegen, die allen bekannt sein müssen.
- Wenn Preise vergeben werden, dann an alle – auch an die ‚Verlierer'!

Gespielt werden können z. B. kleine Sportspiele aus den Bereichen
- Basketball,
- Fußball,
- Handball,
- Hockey, Unihockey,
- Volleyball, Indiaca, Speckbretttennis, Faustball, Prellball ... Dabei sollte längs der Halle in entsprechender Höhe ein Baustellenband (Keine ‚Zauberschnur') gespannt werden, das die Felder mittig teilt.

Was tun bei zuviel Mannschaften? Einige Möglichkeiten.
- Prüfen, ob die Spielerzahl erhöht werden kann.
- Prüfen, ob mehr Felder eingerichtet werden können.
- Eine oder mehrere Mannschaften bekommt(en) einen Spieler mehr. Während des Spiels wird ständig gewechselt.
- Die ‚überzählige' Mannschaft setzt aus und wird beim Weiterrücken eingewechselt.
- Die ‚überzählige' Mannschaft setzt aus und wird beim Weiterrücken eingewechselt. Die freien Spieler werden für einen Durchgang Schiedsrichter.
- Wer (bei ungerader Spielerzahl) beim Mannschaftsmix (siehe Seiten 33, 204) eine 0 zieht, setzt für einen Durchgang aus – aber nur 1 x!

Ligaturnier (Kaiserturnier)

Beispiel

Aus einer Klasse mit 24 Schülern werden 8 möglichst gleich starke Mannschaften zu je 3 Schülern gebildet.

Jeweils zwei Mannschaften besetzen die vier vorbereiteten Spielfelder und spielen um den Aufstieg in die nächst höhere Liga. Dabei spielt

- in Feld 1 die ‚**Bundesliga**‘,
- in Feld 2 die ‚**Regionalliga**‘,
- in Feld 3 die ‚**Oberliga**‘,
- in Feld 4 die ‚**Landesliga**‘.

Wird auf mehr als 4 Feldern gespielt, können weitere Ligen angefügt werden.

- Gespielt wird auf Zeit (z. B. 5 Minuten). Nach jeder Runde steigen die Sieger in die nächst höhere Liga (in das nächste Feld) auf, die Verlierer steigen in die nächst niedrige Liga ab.

Wichtig: Der Sieger in der höchsten Liga und der Verlierer in der niedrigsten Liga bleiben. Sie können weder auf- noch absteigen.

Werden einige Durchgänge auf diese Weise gespielt, haben alle Mannschaften die Chance, in die oberste Liga aufzusteigen.

Mannschaftsturnier

Beispiel

Aus einer Klasse mit 24 Schülern werden 8 möglichst gleich starke Mannschaften zu je 3 Schülern gebildet, die jeweils einen Mannschaftskapitän bestimmen. Jede Mannschaft wählt sich einen Namen.

Nach dem Zufallsprinzip wird bestimmt, welche Mannschaften 5 Minuten gegeneinander spielen. Dabei ziehen vor Beginn einer neuen Spielrunde die Kapitäne der einzelnen Mannschaften ‚blind' aus einem Säckchen mit 8 Tischtennisbällen, die jeweils doppelt mit den Spielfeldnummern von 1–4 gekennzeichnet sind, ihr Spielfeld – und damit auch ihren Gegner.

Dabei kann es bei mehreren Durchgängen durchaus vorkommen, dass Mannschaften wiederholt aufeinandertreffen.

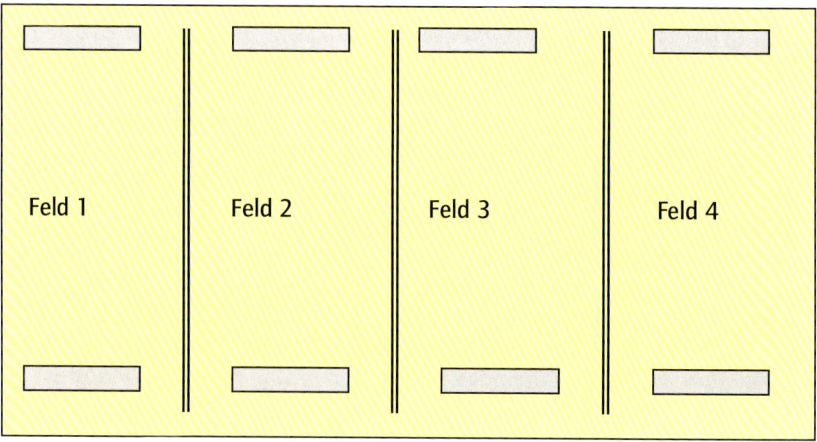

Nach Ende eines jeden Durchgangs werden die Ergebnisse notiert. Der Sieger bekommt drei Punkte, der Verlierer 1 Punkt; geht ein Spiel unentschieden aus, bekommt jede Mannschaft 2 Punkte. Am Ende des Turniers lässt sich anhand der Punktzahl leicht der Sieger bestimmen.

Turnierplan (Beispiel)

	1. Spiel	2. Spiel	3. Spiel	4. Spiel
VfB				
‚Tote Hosen'				
‚Rote Radler'				
‚Höfleswetzer'				
usw.				

Jeder gegen Jeden

Beispiel

Aus einer Klasse mit 24 Schülern werden 8 möglichst gleich starke Mannschaften zu je 3 Schülern gebildet.

Sie werden auf die Felder verteilt und rücken nach jedem Spieldurchgang (Dauer etwa 5 Minuten) in der vorgegebenen Reihenfolge in das nächste Spielfeld weiter.

Ausnahme: Mannschaft A bleibt immer in ihrem Spielfeld! Nur dann hat nach dem 7. Durchgang jede Mannschaft gegen jede gespielt!

Eine siegreiche Mannschaft lässt sich – sofern erwünscht – auf die gleiche Weise wie beim Mannschaftsturnier (siehe Seite 202) feststellen, indem bei Sieg, Niederlage oder Unentschieden Punkte vergeben und notiert werden.

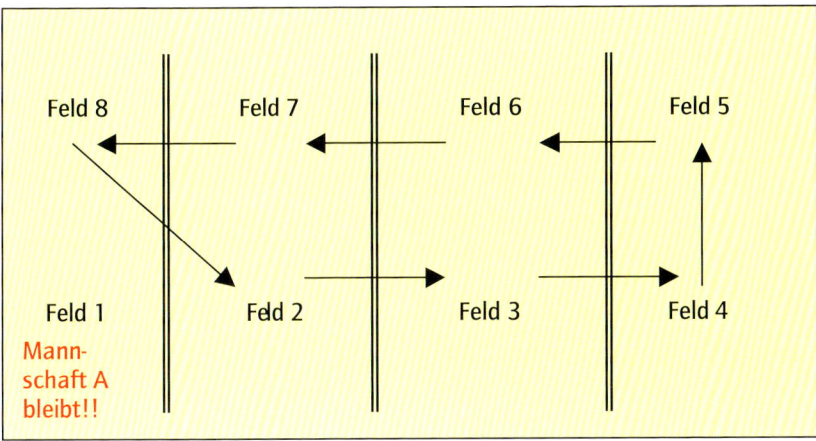

Mannschaftsmix

Beispiel

Aus einer Klasse mit 24 Schülern werden 8 Mannschaften zu je 3 Schülern gebildet – indem jeder Schüler ‚blind' in ein Säckchen greift, in dem von 1–24 durchnummerierte Tischtennisbälle liegen, und einen dieser Bälle zieht.

Bei z. B. 25 Schülern wird ein Ball mit der Nummer 0 dazugegeben. Wer diesen Ball zieht, setzt (leider) aus bzw. bekommt Schiedsrichteraufgaben.

Festgelegt wurde zuvor, dass, z. B. wer 1, 2 und 3 gezogen hat, in **Feld 1,** 4, 5 und 6 in **Feld 2,** 7, 8 und 9 in **Feld 3** … usw. spielen.

Nach der so erfolgten Mannschaftswahl nach dem Zufallsprinzip müssen alle Tischtennisbälle zurückgelegt werden. Beim nächsten Durchgang wird wieder neu gewählt, so dass ständig neue Mannschaften entstehen.

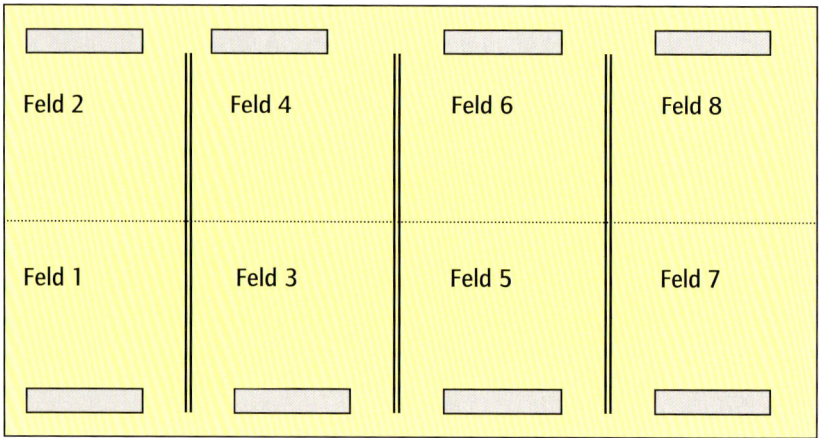

Ein Sieger lässt sich – sofern erwünscht – auf die gleiche Weise wie beim Mannschaftsturnier (siehe Seite 202) feststellen, indem bei Sieg, Niederlage oder Unentschieden Punkte vergeben und *hinter dem Namen* des Spielers notiert werden.

Spielen

Spiele

Spiel

Anhang

Geräteausstattung – mit Phantasie

Die Geräteausstattung der Sporthallen ist in den einzelnen Bundesländern durch Erlasse geregelt. In den „Ergänzungsrichtlinien Baden-Württemberg zur DIN 18032 Teil 1 für den Bau und Ausstattung der Sporthallen" zum Beispiel ist für dieses Bundesland genau vorgegeben, wie eine Sportstätte ausgestattet sein muss. Diese Ausstattung orientiert sich in der Regel an den Bedürfnissen des normorientierten Sports.

Den Lehrern und Schülern an Grundschulen ist damit nicht immer gedient; sie bedürfen zusätzlicher Geräte und Materialien, um kindgerecht arbeiten zu können.

Über die Grundausstattung hinaus notwendige Geräte und Materialien könnten sein:

Zeitungen	Schuhschachteln	Bettlaken
Luftballons	Bananenschachteln	Wäscheklammern
Zeichenkarton	Chiffontücher	Tischtennisbälle
Schaumstoffbälle in verschiedenen Größen	Große Schaumstoffwürfel in verschiedenen Farben	Stabile Papprollen (beim Raumausstatter)
Baustellenband (aus dem Baumarkt)	Befestigungsbänder mit Klettverschluss	Sandsäckchen oder Bohnensäckchen
Japan-Papierbälle	Tennisbälle	Fallschirm
Pedalos	alte Handtücher	Rollwägelchen
Blechbüchsen	Schwungtuch/-tücher	Markierungshütchen
Uni-Hockeyschläger	Balancierkreisel	Speckbrettchen
Gummipuck	alte Hüte, alte Mützen	Rohre aus Plastik
Lochbälle aus Plastik	Wasserbälle	Riesenluftballons
Indiacabälle	Indiaca-Plastikschläger	Ringtennisringe
Federbälle	Badmintonschläger	Bierdeckel
Schleuderhörner	Erdball	Jonglierbälle
Frisbee-Scheiben (Plastik oder Schaumstoff)	Spielkarten (zum Auslosen der Mannschaften)	Tennisschläger mit kurzem Griff
Plastikeimer	Korken	Teppichfliesen
Farbstifte	Wackelbrett, Balancierteller	Styroporkugeln
Diabolos	Augenbinden	Wattebäusche
Trapezstangen für Ringe	Krepp-Klebebänder	Eierschachteln
Plastik-Trinkbecher	Plastik-Müllsäcke	‚Schweifbälle'
Rugby-Bälle	‚Erdball'	Joghurtbecher
Bälle aus Zeitungspapier	Zeitungsseiten	...
Plastikfolie	Stelzen	

Ganz bewusst ist bei der – gewiss unvollständigen – Aufzählung weiterer ergänzender Spielgeräte und Materialien aus dem reichen und immer wieder neuen Angebot des Handels auf eine Gliederung verzichtet worden. Phantasie ist angesagt bei deren Auswahl und Einsatz – wobei der Erfindungs- und Ideenreichtum der Schüler zu manch neuem Spiel, cleverer Aufgabenstellung und pfiffiger Umsetzung führen kann. Deren Ideen sollte man nutzen!

Die Suche nach Neuem und Spektakulärem darf allerdings nicht zu oberflächlichem ‚Gerätekonsum' und kurzfristigem Amüsement verleiten; außergewöhnliche Spielgeräte sollten immer auch außergewöhnlich bleiben.

Literaturhinweise

Gewiss sind fast alle der aufgeführten Spiel- und Übungsformen bereits irgendwo schriftlich niedergelegt. Sie exakt einem Urheber zuzuordnen ist kaum mehr möglich; wohl auch, weil viele dieser Spiele bereits seit Generationen gespielt werden und sich bewährt haben. Sie sind deshalb keinesfalls weniger attraktiv als die ‚modernen' ‚New Games', die oftmals nur durch andere Bezeichnungen (Anglizismen) und moderne Materialien notdürftig kaschieren können, dass sie eigentlich ‚uralt' sind.

Die intensive Beschäftigung mit zahlreichen Büchern, Materialien und Broschüren älteren und neueren Datums hat die vorliegende Ausarbeitung beeinflusst.
Der bewusste
* **Verzicht auf Spektakuläres**,
* die **Beschränkung auf Bewährtes**
* und der Versuch einer **Begrenzung auf Machbares**
sind der Grund dafür, dass nicht ausschließlich Literatur neuesten Datums genannt wird.

Darüber hinaus habe ich wertvolle Anregungen von vielen Kolleginnen und Kollegen im Gespräch und bei Fortbildungsveranstaltungen erhalten. Hilfreich waren auch die Hinweise der Mitarbeiter der Verbände (Basket-, Fuß-, Hand- und Volleyball).

* Afflerbach, H. u. a. (2004). *Ballorientierte Koordination.* Stuttgart: Württembergischer Fußballverband.
* Bad., Südbad. und Württ. Fußballverband (1991). *Fußball in der Schule – Stundenbilder 1 für die Grundschule.* Stuttgart: Württembergischer Fußballverband.
* Beutler, B. & Wolf, M. (2004). *Unihockeybasics – Spielentwicklung in Schule und Verein.* Herzogenbuchsee/Schweiz: Ingold Verlag.
* Bucher, W. (Hrsg.). (2000). *Bewegtes Lernen.* Bd. 1 (Kiga und Grundschule); Bd. 2 (4.–6. Schuljahr). Schorndorf: Hofmann-Verlag.
* Bucher, W. (Hrsg.). (2000) *1000 Spiel- und Übungsformen zum Aufwärmen* (9. Aufl.). Schorndorf: Hofmann-Verlag.
* Bucher, W. (Hrsg.). (2005). *1012 Spiele und Übungsformen in der Freizeit* (8. Aufl.). Schorndorf: Hofmann-Verlag.
* Bucher, W. (Hrsg.). (2008). *999 Spiel- und Übungsformen im Ringen, Raufen und Kämpfen.* Schorndorf: Hofmann-Verlag.
* Döbler, H. und E. (1972). *Kleine Spiele – ein Handbuch für Schule und Sportgemeinschaft.* Berlin: Volkseigener Verlag Volk und Wissen.
* Emrich, A. (2001). *Spielend Handball lernen in Schule und Verein* (3. Aufl.). Wiebelsheim.
* Frommann, B. (2006). *Wilde Spiele* (Praxisideen, Bd. 25). Schorndorf: Hofmann-Verlag.
* Hahmann, H. (Schriftleiter). (1982). *Lehr- und Übungsbuch Sportförderunterricht.* Bonn: Dümmler Verlag.
* Hirtz, P., Hotz, A. & Ludwig, G. (2003). *Bewegungsgefühl* (Praxisideen, Bd. 12). Schorndorf: Hofmann-Verlag.
* Keller, R. (1991). *Ballspielen lernen. Impulse für den Unterricht van Primarschulen.* Zürich: Verlagsinstitut für Lehrmittel.
* Kerkmann, K. (1990). *Wir spielen in der Grundschule* (7. Aufl.) (Schriftenreihe zur Praxis der Leibeserziehung und des Sports, Bd. 35). Schorndorf: Hofmann-Verlag.
* Kerkmann, K. (1979). *Kleine Parteiballspiele* (2. Aufl.) (Schriftenreihe zur Praxis der Leibeserziehung und des Sports, Bd. 88). Schorndorf: Hofmann-Verlag.

- Kleinmann, A. (2005). *Teamfähigkeit* (Praxisideen, Bd. 20). Schorndorf: Hofmann-Verlag.
- König, S. & Eisele, A. (1997). *Handball unterrichten.* Schorndorf: Hofmann-Verlag.
- Kosel, A. (2001). *Schulung der Bewegungskoordination. Übungen und Spiele für den Sportunterricht in der Grundschule* (6. Aufl.). Schorndorf: Hofmann-Verlag.
- Kröger, Ch. & Roth, K. (2005). *Ballschule – Ein ABC für Spielanfänger* (Praxisideen, Bd. 1). Schorndorf: Hofmann-Verlag.
- Kuhn, P. & Ganslmeier, K. (2003). *Bewegungskünste* (Praxisideen, Bd. 9). Schorndorf: Hofmann-Verlag.
- Lang, H. (2007). *Staffelspiele und Gruppenwettbewerbe. Anregungen für Grundschulen, weiterführende Schulen und Vereine.* Schorndorf: Hofmann-Verlag.
- Lang, H. (2008). *Fang- und Bewegungsspiele – attraktiv, intensiv, koedukativ. Anregungen für Grundschulen, weiterführende Schulen und Vereine.* Schorndorf: Hofmann-Verlag.
- Löscher, A. (1986). *Kleine Spiele für viele.* Berlin.
- Lutter, M. (2004). *Reise ins Abenteuerland. Singspiele und Bewegungsgeschichten (1–8 Jahre).* Schorndorf: Hofmann-Verlag.
- Martin, K. & Ellermann, U. (1998). *Rhythmische Vielseitigkeitsschulung – eine praktische Bewegungslehre.* Schorndorf: Hofmann-Verlag.
- Medler, M. & Schuster, A. (1996). *Ballspielen. Ein integrativer Ansatz für Grundschule.* Neumünster: Sportbuch-Verlag Corinna Medler.
- Mitterbauer, G. & Schmidt, G. (1985). *300 Bewegungsspiele.* Innsbruck: Steiger Verlag.
- Moosmann, K. (2003). *Kleine Aufwärmspiele* (4. Aufl.). Wiebelsheim.
- Müller, Ch. u. a. (2005). *Sportunterricht gestalten. Erproben, Üben, Spielen.* Lehrer-Bücherei: Grundschule. Berlin: Cornelsen.
- Nickel, F.-U. (2003). *Bewegen, Spielen, Darstellen* (Praxisideen, Bd. 3). Schorndorf: Hofmann-Verlag.
- Rammler, H. & Zöller, H. (1985). *Kleine Spiele – wozu?* Bad Homburg: Limpert Verlag.
- Roth, K., Kröger, Chr. & Memmert, D. (2002). *Ballschule Rückschlagspiele* (Praxisideen, Bd. 7). Schorndorf: Hofmann-Verlag.
- Scherer, H. (2005). *Aufwärmen mit dem Ball* (Praxisideen, Bd. 28). Schorndorf: Hofmann-Verlag.
- Scherer, H. & Roth, K. (2008). *Übungen und Wettkämpfe mit Alltagsmaterialien* (Praxisideen, Bd. 31). Schorndorf: Hofmann-Verlag.
- Scheuer, W., Schmidt, G. & Zöller, H. (1986). *Praxis Handbuch Sport* (Bd. 1, Basketball und Fußball). Böblingen: CD-Verlagsgesellschaft.
- Scheuer, W., Schmidt, G. & Zöller, H. (1986). *Praxis Handbuch Sport* (Bd. 2, Handball und Volleyball). Böblingen: CD-Verlagsgesellschaft.
- Schmid, W. (2004). *Fußball. Spielen-Erleben-Verstehen* (Praxisideen, Bd. 11). Schorndorf: Hofmann-Verlag.
- Schmidt, G. (1991). *Abenteuer-Spielstunden.* Innsbruck: Steiger Verlag.
- Scholz, M. (2005). *Erlebnis-Wagnis-Abenteuer* (Praxisideen, Bd. 15). Schorndorf: Hofmann-Verlag.
- Schrenk, H., Gallwitz, G., Gröger, H., Heinrich, E. & Herbster, S. (1986). *Sport mit Grundschulkindern. Praxishandbuch Band A und B.* Gammertingen.
- Stiehler, G., Konzag, I. & Döbler, H. (1988). *Sportspiele. Hochschullehrbuch.* Berlin: Sportverlag.
- Stumpp, U. (1991). *Spielerisch zur Kondition.* Niedernhausen, Ts.: Falken Verlag.
- Weigl, U. (2002). *Das kleine Sportspielebuch.* Schorndorf: Hofmann-Verlag.
- Weigl, U. (2004). *Gleichgewichtsparcours.* Schorndorf: Hofmann-Verlag.

Broschüren

- BAG (2006). *Kinder fördern durch Bewegung und Sport. Band 1: Koordination; Band 2: Haltung und Ausdauer; Band 3: Wahrnehmung; Band 4: Selbstkonzept, Bewegungskultur, Bewegungsdiagnostik.* Wiesbaden: Bundesarbeitsgemeinschaft für Haltungs- und Bewegungsförderung (BAG).
- Baumann, K. & Sladeczek, B.-M. (1991). *Sportunterricht in der Grundschule. Materialien zum Unterricht Bd. 3.* Wiesbaden: Hessisches Institut für Bildungsplanung und Schulentwicklung.
- Baumann, R. u. a. (1988). *Handreichungen für den Sportunterricht in der Primarstufe.* Hamburg: Behörde für Schule, Jugend und Berufsbildung.
- Bernhardt H. u. a. (1999). *Ballspiele in der Schule. Fußball.* Ministerium für Kultus, Jugend und Sport Baden Württemberg.
- Holler, Chr., Korinek, W., Kussel, M. & Schmoll, P. (2005). *Fairkämpfen – sicher fallen und Fairkämpfen.* Ministerium für Kultus, Jugend und Sport Baden Württemberg.
- Lang, H. u. a. (2008). *Volley-Spielen. Eine Hinführung zum Duo-Volleyball. Für Lehrkräfte in der Primar- und Sekundarstufe I.* Ministerium für Kultus, Jugend und Sport Baden Württemberg.
- Meis, H. & Schaller, B. (2001). *Von der Hand zum Racket – Kl. 1–2 bis Klasse 5.* Ministerium für Kultus, Jugend und Sport Baden Württemberg.
- Schlegel, K. (2006). *Bewegen und Lernen.* Duisburg: Sportjugend im Landessportbund Nordrhein-Westfalen.

Zur Klärung einiger Begriffe

Aufsetzerball	Ein Ball wird so geworfen, dass er, bevor er sein Ziel (Tor, Partner) erreicht, auf dem Boden ‚aufsetzt'.
Außenstirnkreis	Aufstellung im Kreis, wobei das Gesicht nach außen zeigt.
Ball dribbeln (Dribbling)	Ein Ball wird im Stand oder in der Bewegung ununterbrochen auf den Boden ‚gespielt' – ohne dass er dabei gefangen wird.
Ball prellen	Nach jedem Aufprellen des Balles auf den Boden wird er wieder ein- oder beidhändig gefangen und festgehalten.
Bankposition	Der Schüler kniet auf dem Boden, die Hände sind aufgestützt.
Baustellenband	Billiges Material aus dem Baustoffhandel, das z. B. ein hoch gespanntes Netz ersetzen oder mit dem man Spielfelder abgrenzen kann.
Blickkontakt	Bevor ein Ball einem Mitspieler zugespielt werden soll, muss ein Blickkontakt bestehen, um sicher zu gehen, dass der Spielpartner zur Annahme bereit ist.
Brücke machen	Ein möglichst hohen Liegestütz vorlings oder rücklings stellt eine ‚Brücke' dar, unter der z. B. Mitspieler hindurchkriechen können.
Bodenpass	Ein Ball wird einem Mitspieler nicht direkt zugespielt; der geworfene Ball prellt zunächst auf den Boden, bevor er gefangen werden kann (wie ‚Aufsetzerball').
Doppelstirnkreis	Zwei Kreise – jeweils zwei Schüler stehen hintereinander – wobei beide zur Kreismitte schauen.
Durchzählen auf z. B. „fünf"	Die Schüler stehen/sitzen im Kreis. Ein Schüler beginnt mit „eins", der nächste mit „zwei" ... Nach dem fünften Schüler geht es wieder mit „eins" ... weiter. Jeder merkt sich seine Zahl.
Flankenkreis	Kreisaufstellung, wobei z. B. bei allen Schülern die linke Schulter zur Kreismitte zeigt.
Große Spiele	Die mit nationalem oder internationalem Regelwerk versehenen Spiele wie Hand-, Fuß-, Volley-, Basketball, Tchoukball, Hockey, Tennis, Badminton usw.
Indiaca	Ein weicher, lederbezogener kleiner ‚Ball' mit Federn, die den Flug stabilisieren.
Innenstirnkreis	Aufstellung im Kreis, wobei das Gesicht zur Kreismitte zeigt.
Judomatten	Gelegentlich in den Turnhallen vorhandene dünne Matten (1 x 1 Meter); speziell für den Judosport geeignet.
Kleine Spiele	Die Gesamtheit z. B. der Fang-, Rauf-, Staffel-, Platzsuch-, Platzwechsel-, Wahrnehmungsspiele usw., die keine unmittelbare Verbindung zu den Großen Spielen darstellen.
Kleine Sportspiele	Spielformen, die als Vorformen der Großen Spiele gelten, diese vorbereiten helfen und meist nicht so komplex sind (Bsp.: Ball über die Schnur als eine mögliche Vorform des Volleyballspiels).
Krebsgang	Die Schüler sitzen auf dem Boden, stützen sich mit den Händen ab, heben das Gesäß und bewegen sich auf diese Weise im Spielfeld.

Linie	Die Schüler stehen oder sitzen nebeneinander.
Lochball	Ein leichter, hohler kleiner Plastikball mit Löchern (leicht und ungefährlich).
Mehrfach-handlungen	Die Fähigkeit, mehrere Dinge gleichzeitig zu tun (z. B. Balancieren und dabei einen Ball prellen).
Passen	Zielgenaues Zuspiel eines Spielgerätes mit dem Fuß oder der Hand zum Partner.
Passiver Spieler	Ein Spieler, der ohne aktiv einzugreifen, ein Hindernis darstellen soll – im Gegensatz zum ‚aktiven' Spieler (Verteidiger).
Peripheres Sehen	Die Fähigkeit, mehrere Dinge gleichzeitig zu sehen (im Spiel z. B. den Gegner, den Ball und den Mitspieler ...).
Pritschen	Eine Technik des Volleyballspiels, wobei der Ball vor und über der Stirn mit beiden Händen gespielt wird, ohne dabei festgehalten zu werden. Die Daumen zeigen dabei zur Stirn.
Reepschnur	Ein dünnes langes Seil mit etwa 4–6 mm Durchmesser.
Reihe	Die Schüler stehen oder sitzen hintereinander.
Reißverschluss-system	• Die Schüler stehen oder liegen nebeneinander. Jeder zweite Schüler schaut dabei in die andere Richtung. • Schüler stehen oder liegen in einer Gasse auf ‚Lücke'.
Rundtau	Ein Tau, das an den beiden Enden zusammengeknotet wird.
Schlenzen	Ein Ball oder ein Puck wird mit einem Hockeyschläger so kräftig ‚angeschoben' (nicht geschlagen), dass er, auf dem Boden bleibend, sich fortbewegt.
Schwebesitz	Im Sitz werden, ohne sich mit den Händen aufzustützen, die Füße und Beine vom Boden abgehoben.
Schweifball	Ein Tennis- oder kleiner Schaumstoffball, an dem ein Stück Baustellenband (der Schweif) befestigt ist oder der in einem Damenstrumpf steckt.
Speckbrett	Eine Sonderform des schwäbischen ‚Spätzlebrettes'. Ein ovales oder eckiges dünnes Brett mit einem Griff.
Speedplay-Keule	Ein handlicher Griff mit Schlaufe, an dem eine luftgefüllte Keule befestigt ist, mit der z. B. ein Ball geschlagen werden kann.
Taktik	Eine Vorgehensweise, die bestmöglich zum Erfolg führen soll.
Turnmatte	Die meist in den Schulen vorhandenen blauen Matten in der Größe 1 x 2 Meter (mit oder ohne seitlich angebrachte Schlaufen).
‚Volley-spielen'	Ein Spielgerät (Ball, Badminton, Indiaca, Ringtennisring) wird im Flug weitergespielt, ohne zuvor den Boden zu berühren.
Weichbälle	Bälle unterschiedlicher Größe aus Schaumstoffmaterial, die in der Regel leicht und griffig sind.
Weichboden-matte	Extradicke und -große Matte, die ein weiches Landen sicherstellt.

Legende

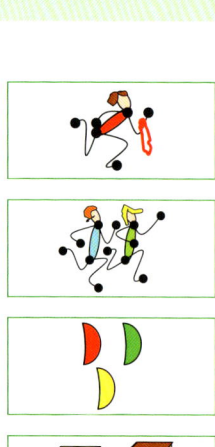 Fänger mit Fängerabzeichen

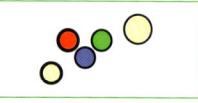 Weichbälle, Volley- oder Gymnastikbälle

 Spieler

 Luftballon

Spieler, Blickrichtung nach rechts

 Fuß-, Basket-, Medizinball

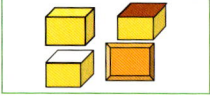 Kleinkasten
– umgedreht
– Draufsicht

 Rugbyball

 Großer Kasten (Draufsicht)

 Laufweg der Spieler

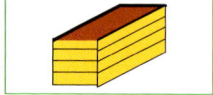 Mehrteiliger Kasten

 Weg des Balles oder eines Gerätes

 Rollbrett Pedalo

 Stabile Gymnastikstäbe

 Gymnastikreifen

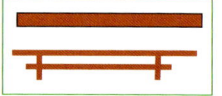 Langbank Langbank umgelegt

 Mannschaftsbänder

 Kennzeichnungswesten (als Wurfgeschosse)

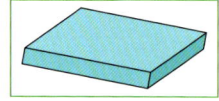 Weichbodenmatte

 Bock

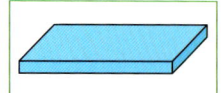 Turnmatte

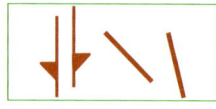 Stelzen Stäbe

 Turnmatte (Draufsicht)

 Joghurtbecher

 Kastenteil

 Tischtennisschläger

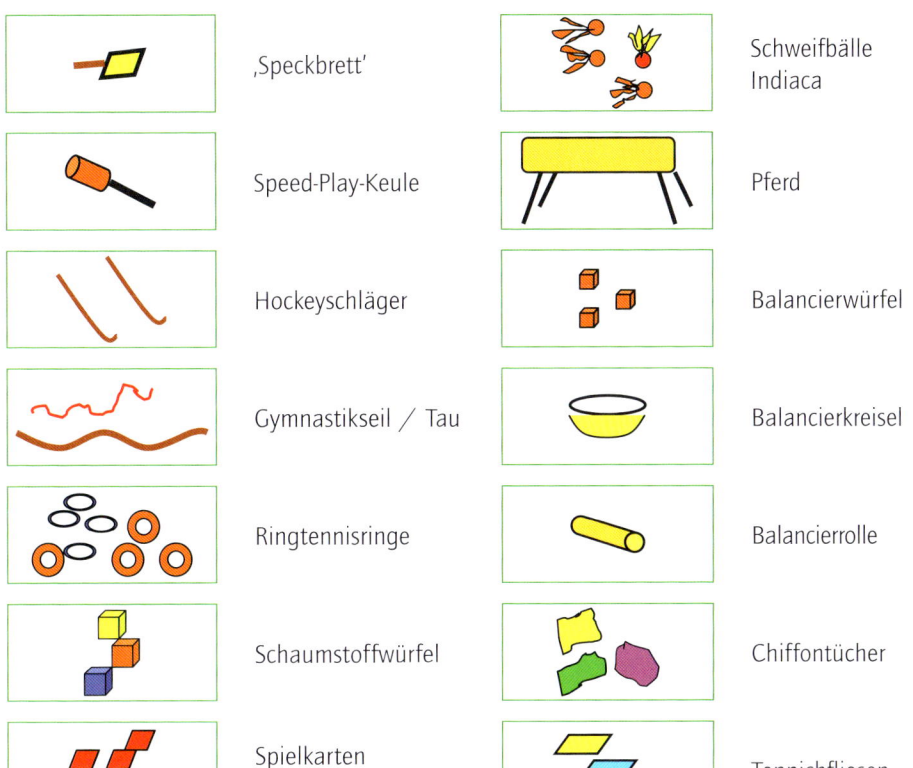

,Speckbrett'	Schweifbälle Indiaca
Speed-Play-Keule	Pferd
Hockeyschläger	Balancierwürfel
Gymnastikseil / Tau	Balancierkreisel
Ringtennisringe	Balancierrolle
Schaumstoffwürfel	Chiffontücher
Spielkarten oder Arbeitsaufträge	Teppichfliesen

Erst (ab)wägen – dann wagen

Heinz Lang

(Schul-)sportliche Problemlöseaufgaben für fast alle Altersstufen

Mit etwas Fantasie, „strategischem" Denken, Absprache mit den Partnern, durch Versuch und Irrtum lassen sich die gestellten Aufgaben lösen – nach dem Motto „Erst (ab)wägen, dann wagen".

Die meisten Beispiele eignen sich für alle Altersstufen (vor allem Grundschule und Sekundarstufe I). Die Rolle der Lehrkraft besteht darin, die (offene) Aufgabe vorzugeben und einen sicheren Rahmen zu gewährleisten.

2015. 16,5 x 24 cm, 96 Seiten
ISBN 978-3-7780-8940-8

Bestell-Nr. 8940   **€ 14.90**
E-Book auf sportfachbuch.de   € 11.90

hofmann. VERLAG   Steinwasenstraße 6–8 • 73614 Schorndorf
Telefon (0 71 81) 402-0 • Fax (0 71 81) 402-111
www.hofmann-verlag.de
hofmann@svk.de

Neue Spiele – Alte Spiele

Heinz Lang

Sportliche Spiele mit Bällen und Spielgeräten

Faszinierend für Schüler aller Altersstufen ist immer die Spielidee, unabhängig davon, ob es sich um ein altes oder neues Spiel handelt. Manchmal muss ein Spiel nur alt genug und in Vergessenheit geraten sein, um als neues Spiel wiederentdeckt zu werden. In diesem Buch werden ca. 90 attraktive und leicht zu organisierende alte und neue Spiele unterschiedlicher Art für Freigelände und Halle aufgezeigt, kurz erläutert und die wichtigsten Regeln dargestellt.

Zudem enthält das Buch Beispiele für vier einfach zu organisierende Turnierformen, Möglichkeiten der Gestaltung eines Tores bzw. Ziels, Tipps zur Kennzeichnung der Mannschaften, zur Spieleröffnung oder der Einführung von Spielregeln. Dadurch finden auch fachfremd unterrichtende Lehrkräfte leichter Zugang zu den Spielen.

2012. 16,5 x 24 cm, 152 Seiten
ISBN 978-3-7780-8740-4

Bestell-Nr. 8740 **€ 18.–**
E-Book auf sportfachbuch.de € 14.90

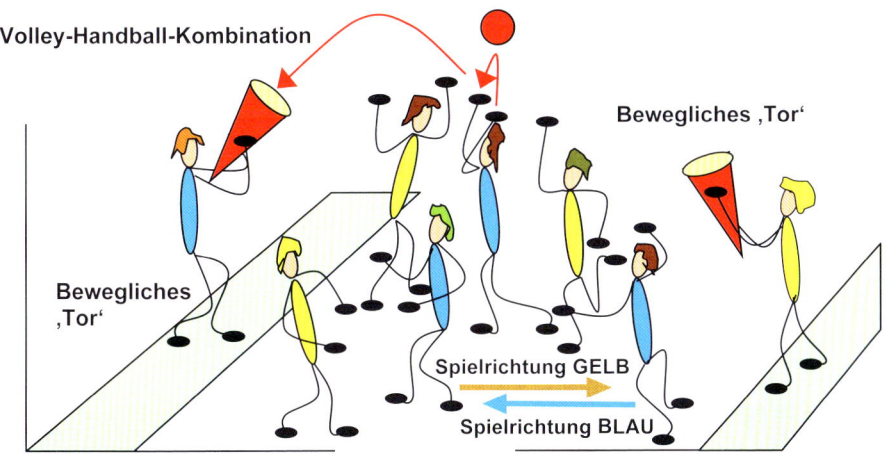

Steinwasenstraße 6–8 · 73614 Schorndorf · www.hofmann-verlag.de
Telefon (0 71 81) 402-0 · Fax (0 71 81) 402-111 · hofmann@svk.de

Fang- und Bewegungsspiele

2009. 16,5 x 24 cm, 144 Seiten
ISBN 978-3-7780-8590-5

Bestell-Nr. 8590   **€ 14.90**

Heinz Lang

aktiv – intensiv – koedukativ

Anregungen für Grundschulen,
weiterführende Schulen und Vereine

Im ersten Teil werden einige wichtige Rahmen-
bedingungen aufgezeigt, die Unterricht gelingen
lassen und die bedacht werden sollten.
Im umfangreichen zweiten Teil werden in Wort und
Bild 118 Fang- und Bewegungsspiele beschrieben.
Da eine eindeutige altersstufenbezogene Zuordnung
kaum möglich erscheint, sind die Spiele nach ihrer
„Komplexität" geordnet, wohl wissend, dass
bereits kleine Veränderungen aus einem einfachen
Spiel für die Primarstufe ein hoch komplexes für
die Sekundarstufe II entstehen lassen.

Steinwasenstraße 6–8 • 73614 Schorndorf   www.hofmann-verlag.de
Telefon (0 71 81) 402-0 • Fax (0 71 81) 402-111   hofmann@svk.de